마음의
욕심
놓아버리고

원성취
지장기도

과거의일 알려하면 현재받는 그것이라
미래의일 알려하면 현재의행 그것이라

인연과보 원인결과 내가지어 내가받네
생로병사 사주팔자 팔만사천 사성진리
모두모두 내마음의 작위이고 수행이네

지장보살 원을받아 동업인연 기도하니
조상부모 자손형제 세상천지 밝고밝네

- 법우림 합장

※ 법우림 스님과 함께 하는
　원성취 지장기도는 불자들이 집이나 사찰에서 대원 소원 발원을 세워 7·21·49·백일 등 날짜를 정하여 기도할 수 있도록 편집되어 있으며, 순서대로 기도하시거나, 어느 한 편을 집중적으로 기도할 수 있습니다.

※ 지장기도는 어떻게 하는지 원찰에 계신 스님이나 법우림 스님께 교육을 받으시고 기도 하시는 것이 원을 빨리 성취하고 삿된 견해와 아집에서 벗어날 수 있습니다.

※ 지장기도나 조상 천도재에 대하여 궁금하신 사항은 언제라도 스님께 문의하시면 상세하게 지도해 드리겠습니다.

문의 / 삼약사·자성사 : 1566-1316　서울 : 1566-8426　울산 : 1566-8416

자성사 합동 천도재 봉송 중

지장기도와 천도재

※ 薦度齋 薦 천거할 천 度 법도 제도 건널 도 齋 (재계 엄숙 삼가 공손 상복)

우리는 인연 속에서 살아갑니다. 그중에 혈연으로 맺은 인연은 가장 많은 과와 보를 서로가 주고 받습니다. 내가 원인이 되어 가족이 환경조건이 되어 여러 가지 결과를 만들어 놓는 것입니다.

내가 원인이 되면 가족은 환경조건이 되고, 가족이 원인이 되면 내가 환경조건이 되며, 또한 내가 원인이 되면 조상이 환경조건이 되고, 조상이 원인이 되면 내가 환경조건이 되어 인과보를 만들어 내는 것입니다. 그래서 내가 고통스러우면 가족도 고통스럽고 내가 괴로우면 조상도 괴롭습니다. 또한 조상이 고통스러우면 내가 고통스럽고 가족이 괴로우면 내가 괴로운 것입니다. 옆에 있는 가족들은 수행기도를 통해서 삼악을 벗어나지만 영가는 재를 통해서 부처님의 가지력을 입고 해탈할 수 있는 것입니다.

천도재는 그래서 필요합니다. 천도재를 지내주면 영가들이 깨우침을 얻어 영가들의 마음(식)이 밝아지고 고통에서 벗어나므로 그 자손들과 인연된 모든 이들도 덕을 입게 되는 것입니다.

영가는 몸이 없습니다. 중요한 것은 영가는 마음과 마음, 식과 식으로 깨우침을 얻는다는 것입니다. 형식보다 깨우친 마음이 더 중요합니다.

그래서 영가 천도는 식이 밝은 스님이 해야 하며, 스님과 가족 모두의 정성으로 이루어집니다.

천도재를 지낼 때는 오계를 지키며 대승경전을 독송하며 불사 법공양 등의 보시공덕을 지어야 좋습니다.

꼭 천도해야 할 영가들의 영향으로 장애를 받게 되면 다음과 같은 일들이 나타납니다.

1. 하는 일이 잘 안 풀리는 경우
2. 자녀들의 혼사가 잘 이루어지지 않는 경우 (낙태·유산 등 어릴때 죽은 동남동녀가 많은 경우)
3. 자녀 중 성장하면서 비뚤어진 생각이나 성격으로 변하고 과격한 행동을 보이는 경우
4. 조상이나 부모형제 가까운 친인척이 불치의 병으로 사망했을 경우 이 영가의 영향이 미치면 후손에게 암이나 불치의 병을 유발시킬 수 있으며 집안에 병자가 있으면 스님과 상의하여 천도재를 지내주고 치료를 받는 것이 좋습니다.
5. 식구들 중에서 정신적인 질환자가 있을 경우(억울하게 죽은 영가의 빙의가 많습니다.)
6. 잘되던 사업이 갑자기 어려워지거나 집안에 우환이 계속적으로 생기면 최근 주위에 좋지 않게 죽은 사람이 있는지 살펴보고 가족 산소를 보고 천도해 주면 좋습니다.
7. 술만 먹으면 정신을 잃고 주사가 심한 사람도, 영가의 영향을 받고 있는 경우가 많습니다.
8. 꿈에 돌아가신 분들이 말도 없이 자주 보일 때 천도해 달라는 뜻이며 앞으로 집안에 좋지 못한 일이 생길 것이라는 영가 장애의 신호이기도 합니다.

9. 꿈에 아이들이 자주 보이거나 하는 것도 낙태·유산 영가들이 천도해 달라는 뜻이며 천도를 안 해주면 자녀들에게 영향을 줍니다.
10. 매일 밤 악몽을 꾸는 사람도 영가들의 파장으로 장애가 생깁니다.
11. 부부가 육체적으로 이상이 없는데 아이가 없는 경우
12. 병원에 가면 별 이상이 없는데 본인은 무기력하고 원인 모를 병으로 고통 받는 사람
13. 부부간에 매일 원수지간처럼 싸움하는 경우
14. 형제자매간에 화목하지 못하고 남보다 못한 경우
15. 자녀들 중에 가출하는 일들이 자주 생기는 경우
16. 부부간에 의처증·의부증으로 서로 못 믿는 경우

이 외에도 많은 장애 현상이 있습니다.

집안에 우환이 심하거나 꿈자리가 연일 좋지 못하면 일단 조상의 장애를 생각하며 천도재를 지내거나 지장기도를 합니다. 나와 인연 있는 모든 영가가 영향을 줍니다. 기도와 천도재의 대상은 **나와 인연 있는 모든 영가**가 됩니다. 지장기도 후에 조상천도재를 지내면 더욱 가피가 있습니다.

자성사에서는 매년 정월에 원성취 합동천도재를 봉행하고 있습니다. 인연되시는 모든 분들의 수희동참 바랍니다.

나무 대원본존 지장보살 마하살

기도(祈禱)의 의미와 육법공양(六法供養)

1. 기도의 의미

　기도는 부처님의 가르침대로 올바로 살아가고자 원(願)을 세우고 이를 반드시 성취시키고자 할 때 자신의 업장을 소멸하고 세속의 거센 물결을 헤쳐 나가겠다는 힘과 믿음을 키우는 것이다. 그러나 무수한 세월에 걸쳐 지어온 죄업과 현생에 길들여진 삿된 가치관과 습관은 너무나 두터워 쉽게 그 업장을 소멸시키기가 어렵다.

　하지만, 우리에게는 업장에 감춰진 무한한 능력이 있다. 거짓 가치에 대한 완벽한 거부, 욕망과 쾌락에 찌든 육신에 대한 철저한 부정 그리고 진리를 위해서라면 신명을 바칠 각오로 싸워나갈 때 부처님의 원력을 든든한 배경으로 업장을 소멸하고 원을 성취시킬 수 있는 것이다.

　올바르게 살려는 자신의 의지에 대한 믿음을 통한 부처님의 가피력을 입으려는 표현이 기도인 것이다.

2. 기도의 종류

① 상구보리(上求菩提)의 기도

　삶의 진실한 가치를 바로 볼 수 있는 지혜를 얻게 해달라는 것이다. 다시는 무명의 구름 속에서 헤매이지 않게 지혜의 눈을 뜨게 해달라는 것, 이것이 상구보리의 기도이다.

② 하화중생(下化衆生)의 기도

고통받는 뭇 중생의 고통을 여의어 달라는 것이다. 모든 중생이 성불하여 영원한 기쁨을 누릴 수 있도록 해달라는 기도이다. 지옥 중생들을 볼 때, 내가 잠시라도 그들의 고통을 대신 받고 그들이 구현될 수 있도록 해 달라는 기도이어야 한다.

③ 원력(願力)의 기도

지혜를 증득하고 자비의 행을 할 수 있는 힘을 주십사 하는 기도이다. 정의를 실현하기 위해서 고난을 이겨낼 수 있기 위해서, 용기와 인내를 갖게 해주십사 하는 기도이며, 그런 능력을 갖게 해주기를 기원하는 원력의 기도이다.

④ 회향(廻向)의 기도

모든 기도의 성취와 공덕은 일체중생의 노력에 의한 것이며, 제불보살의 가피력으로 일체의 공덕은 일체 중생에게 돌아가게 해달라는 감사와 회향의 기도인 것이다.

⑤ 구복(求福)의 기도

개인적인 기도라고 하더라도 병의 완쾌와 건강의 회복과 고통의 소멸 등 자신 기쁨이 이웃의 고통을 동반하지 않는 기도여야 한다.

인연과(因緣果)의 원리에서는 이웃을 위한 기도가 곧 자신을 위한 기도가 된다. 베풀어 가짐으로써 함께 기쁨을 누리는 기도여야 한다. 기도는 죄업을 소멸하는 것이다. 욕망충족이나 저주의 기도를 함으로써 이웃을 욕되게 하는 기도는 오히려 죄업을 쌓는 과보를 초래하게 된다.

※ **불공(佛供)**

불공이란 부처님께 올리는 공양을 말한다. 부처님의 십대 명호 중 응공(應供)이란 존칭이 있는데, 이는 응당히 공양받을 분이란 뜻이다. 부처님은 모든 중생의 고통을 구제하시고 모든 중생의 어리석음을 깨우쳐 주시며 모든 중생을 열반에 인도하신 분으로 온 우주의 대 스승이시며, 모든 생명의 자비스런 어버이되시기에 우리는 응당히 부처님의 은혜에 보답하는 마음의 표시로 공양을 올리는 것이고, 그것은 곧 일체중생의 은혜를 갚는 길이기도 한 것이다.

내가 입고 쓰고 자고 먹는 행위 가운데 중생의 노고로 이루어지지 않는 것이 없을진대, 그 은혜에 보답하는 길은 모든 것을 아낌없이 베풀어 줌으로써만 가능하다. 나의 재물과 명예와 권위를 일체중생에게 돌려주는 회향(廻向)이 바로 불공인 것이다. 부처님께 올림으로써 일체중생에게 회향하도록 하는 것이 불공의 참 뜻이다.

육법공양(六法供養)

공양물(供養物)에는 대표적으로 여섯 가지가 있다. 우리는 이 공양물을 육법(六法)으로 이해하고 염원해야 한다.

① 향 : 해탈향(解脫香)이다. 우리는 명예, 돈, 권력에서 해탈되어야 한다. 아집의 몸을 버리고, 훌훌 연기가 되어 자유로운 몸이 되어간다. 즉, 향은 해탈, 자유로움을 상징한다. 향은 자기를 태워 주위를 밝게 하므로 희생을 상징한다. 화합을 상징한다. 또한 부처님 도량을 향기롭게 하는 공덕을 짓는다.

② 등(초) : 반야등(般若燈)이다. 지혜가 없으면 어둠에 사는 인생이요, 지혜가 있으면 모든 인생을 바르게 보며 참되게 산다. 즉, 등불은 지혜를 상징한다. 또한, 자기를 태워 세상을 밝히므로 희생을 의미하기도 하며, 등불은 말 그대로 광명이며 불도량을 밝히는 찬탄이다.

③ 꽃 : 만행화(萬行花)이다. 꽃은 피기 위해 온갖 인고의 세월을 견딘다. 이처럼 우리 중생들도 성취의 꽃을 피우기 위해 온갖 수행을 해야 하는 것이다. 즉, 꽃은 만행을 상징한다. 꽃은 불도량을 화려하게 장엄하며 찬탄한다.

④ 과일 : 보리과(菩提果)다. 과일은 열매이다. 우리들의 수행과 공부는 깨달음이란 열매를 거두기 위해서다. 깨달음의 열매로 영글어 가는 공부가 기도, 참선, 주력, 독경, 사경, 보살행 등이다.

⑤ 차(청수) : 감로다(甘露茶)다. 부처님의 법문은 감로의 법문이다. 목마를 때 마시는 한잔의 물은 말 그대로 감로수이다. 부처님의 법문은 만족과

청량함을 준다. 즉, 청수의 공양은 만족과 청량을 의미한다.

⑥ 쌀 : 선열미(禪悅米)다. 쌀은 농부에게 있어서 곧 기쁨이다. 탈곡 후 한 줌의 쌀을 손에 든 농부는 환희스러울 뿐이다. 쌀 공양은 이처럼 기쁨과 환희를 준다. 선열이란 불교를 신행하면서 일어나는 기쁜 마음이다. 쌀의 어원은 사리다. 사리는 만 중생에게 기쁨과 환희를 준다. 쌀 공양은 결국 선열을 상징한다.

이 외에 금전공양, 떡공양, 음성공양, 법공양 등이 있다.

무재칠시 (無財七施)

재물이 아닌 마음으로 하는 7가지 보시

1. 화안시 : 항상 얼굴에 화색을 띠는 보시
2. 언사시 : 말에 친절을 담는 보시
3. 심   시 : 따뜻한 마음으로 남을 대하는 보시
4. 안   시 : 눈에 호의를 담는 보시. 웃는 눈빛으로 상대를 보는 보시
5. 지   시 : 물으면 친절히 이것저것 잘 가르쳐 주는 보시
6. 상좌시 : 앉는 자리를 남에게 양보하는 보시
7. 방사시 : 가족이나 남에게 잠자리를 깨끗하게 해주는 보시

〔마음 닦는 법 중에서〕

하고 싶거나 안 되는 일이 있을 때는 원을 세우세요. 자기의 복에 넘치는 것은 이루어지지 않지만 자꾸 복을 지어서 그 일이 이루어질 만큼 복이 차면 원은 꼭 이루어집니다. 부처님 법이 참으로 불가사의한 것이 아무리 자기의 마음에 없는 말이라 해도 부처님 앞에서 크고 밝은 원을 세우면 그것이 결국에는 현실로 되는 것입니다.

복은 마음에 짓습니다. 부처님 전에 공양을 올릴 때는 올렸다는 그 마음에 복이 지어지는 것입니다. 부처님 법을 옹호하는 일, 남에게 금강경을 읽도록 포교하고 인도하는 일, 부처님 도량을 만들고 가꾸는 일, 이런 것이 모두 복 짓는 일입니다. 그러나 무엇보다 부처님 전에 복 짓겠다는 간절한 마음이 서고 공경심과 환희심이 나는 순간 큰 복이 지어집니다. 그리고 "나"라는 생각을 내지 않고 부처님 기쁘게 해드리기 위해 복 짓는 사람이 있다면 그이는 자기가 복 지었다는 그 한 생각마저도 부처님 전에 공양을 올립니다.

모두 큰 공덕이 아닐 수 없지만, 부처님 법을 설할 수 있고 중생들에게 법문 한 구절이라도 들을 수 있는 절 도량이 바로 세워지는데 동참하는 공덕이 가장 크다고 합니다. 성불하세요.

"행복한 불교
신나는 기도
소중한 경전
즐거운 교리강의
우리 함께 합니다."

약사여래부처님께
일념으로 기도를 해보세요.
법우림스님과 함께 하시면,
소원은 반드시 성취됩니다.
"당신이 행복합니다."

지장대성위신력 地藏大聖威神力	지장보살 대성인의 성스러운 위신력은
항하사겁설난진 恒河沙劫說難盡	영원토록 설하여도 다말하지 못하나니
견문첨례일념간 見聞瞻禮一念間	보고듣고 우러러서 한생각만 예배해도
이익인천무량사 利益人天無量事	인간천상 모두함께 한량없는 이익언네

작약산 갈미봉산하 삼약사에서
법우림 합장

법우림 스님과 함께 하는 원성취 (　　　) 기도
나 (　　　) 의 기도는 반드시 성취 됩니다.

※ 나의 수행은 기도입니다.
※ 기도는 불교 수행의 모든 방법이 다 들어 있습니다.

※ 원성취 기도는 확고한 믿음과 지극한 마음으로 해야 합니다.
※ 원성취 기도 중 어떠한 어려움(마장)이 오더라도 중단하지 말고 해야 합니다.
※ 원성취 기도 중 여러 사람의 말을 듣지 않고 오로지 지도 법사 스님만 따릅니다.
※ 원성취 기도 중에는 진정한 보시행을 많이 하십시오. (복전이 됩니다.)
※ 원성취 기도는 1시간 30분 이상 해야 하며, 기도 방법은 스님과 상의합니다.

※ 원성취 기도는 내일 행복의 문이 되어 열린답니다.
※ 원성취 기도는 청정한 마음으로부터 시작합니다.
※ 원성취 기도는 헌신적인 참회와 감사의 생활입니다.
※ 원성취 기도는 언제나 미소의 생활입니다.
※ 원성취 기도는 법력과 근기를 자라게 하고 가지력을 받게 합니다.
※ 원성취 기도는 부처님을 닮아 하나 되는 모습입니다.

나의 수행기도 일과

나는 일어나면서 부처님을 생각하며 미소 짓고 웃습니다. (귀의인연)
나는 오늘도 기도(수행)를 하고 경전이나 법문을 들었습니다. (지혜)
나는 오늘 인연 있는 모든 이에게 보시공덕을 수행합니다. (복덕)
나는 오늘 모든 일을 화합과 긍정으로 실천합니다. (자비)
나는 오늘 부처님의 말씀을 내 이웃에게 설하였습니다. (전법)
나는 오늘 부처님의 생각으로 미소 지으며 잠듭니다. (귀의회향)

차례

예불문 ·· 16

천수경 ·· 20

지장경약찬게 ······································· 34

지장예찬 ·· 43

지장예참 ·· 60

지장보살몽수경 ···································· 99

즘부경 ··· 100

총귀진언 ··· 101

광명진언 ··· 102

기도발원문 ·· 110

이산혜연선사 발원문 ··························· 114

화엄경약찬게 ····································· 116

반야심경 ··· 118

항마진언 ··· 120

법성게 ·· 121

지장본원경 ·· 124

원 성취 예불문

(차를 올리오며)

제가이제 **청정수**를

감로다의 **정성**으로

삼보님께 올리오니

원하오니 어여삐 받아 주옵소서

원하오니 어여삐 받아 주옵소서

원하옵건대 자비로써

어여삐 받아 주옵소서

① (다게 茶偈)

아금청정수
我今淸淨水

변위감로다
變爲甘露茶

봉헌삼보전
奉獻三寶前

원수애납수
願垂哀納受

원수애납수
願垂哀納受

원수자비애납수
願垂慈悲哀納受

(향을 올리오며)

계율선정 지혜향과 해탈향과

해탈지견향의

광명구름 온법계에 두루두루 가득하니

시방삼세 한량없는 불·법·승

삼보님전 **공양**하옵니다

② (오분향례 五分香禮)

계향 정향 혜향 해탈향
戒香 定香 慧香 解脫香

해탈지견향
解脫知見香

광명운대 주변법계
光明雲臺 周遍法界

공양시방 무량불법승
供養十方 無量佛法僧

향 사루며 올리옵는 진언　　　　　헌향진언 獻香眞言

옴 바아라 도비야 훔 (3)

지극한 마음으로

욕계색계 무색계의 자상하신 길잡이며

태란습화 모든생명 자애로운 어버이고

사바세계 교주시며 저희들의 스승이신

석가모니 부처님께 이한생명 다바쳐서

귀의합니다

③ **지심귀명례**
至心歸命禮

삼계도사 사생자부
三界導師 四生慈父

시아본사 석가모니불
是我本師 釋迦牟尼佛

지극한 마음으로

시방삼세 어디에나 항상계신 한량없는

부처님께 이한생명 다바쳐서

귀의합니다

④ **지심귀명례**
至心歸命禮

시방삼세 제망찰해
十方三世 帝網刹海

상주일체 불타야중
常住一切 佛陀耶衆

지극한 마음으로

시방삼세 어디에나 항상계신 한량없는

⑤ **지심귀명례**
至心歸命禮

시방삼세 제망찰해
十方三世 帝網刹海

가르침에 이한생명 다바쳐서

귀의합니다

상주일체 달마야중
常住一切 達摩耶衆

지극한 마음으로

크신지혜 문수보살 크신행원 보현보살

크신자비 관음보살 크신원력 지장보살

모든보살 마하살께 이한생명 다바쳐서

귀의합니다

⑥ **지심귀명례**
至心歸命禮

대지문수사리보살
大智文殊舍利菩薩

대행보현보살
大行普賢菩薩

대비관세음보살
大悲觀世音菩薩

대원본존지장보살
大願本尊地藏菩薩

마하살
摩訶薩

지극한 마음으로

부처님법 부촉받은 십대제자 십육성자

오백성자 독수성자 일천이백 아라한등

한량없는 자비성중 이한생명 다바쳐서

귀의합니다

⑦ **지심귀명례**
至心歸命禮

영산당시 수불부촉
靈山當時 受佛咐囑

십대제자 십육성
十大弟子 十六聖

오백성 독수성 내지
五百聖 獨修聖 乃至

천이백 제대아라한
千二百 諸大阿羅漢

무량자비성중
無量慈悲聖衆

지극한 마음으로
인도에서 중국으로 우리나라 이르도록
거룩하신 역대전등 제대조사 천하종사
한량없는 선지식께 이한생명 다바쳐서
귀의합니다

⑧ **지심귀명례**
至心歸命禮
서건동진 급아해동
西乾東震 及我海東
역대전등 제대조사
歷代傳燈 諸大祖師
천하종사 일체미진수
天下宗師 一切微塵數
제대선지식
諸大善知識

지극한 마음으로
시방삼세 어디에나 항상계신 한량없는
스님들께 이한생명 다바쳐서
귀의합니다

⑨ **지심귀명례**
至心歸命禮
시방삼세 제망찰해
十方三世 帝網刹海
상주일체 승가야중
常住一切 僧伽耶衆

다만오직 원하오니 한량없는 삼보시여
크나크신 자비로써 지극정성 저희들의
귀의예배 받으시고 **명훈가피** 내리소서
원하오니 법계모든 중생들이 너나우리
할것없이 한꺼번에 **함께성불** 이루도록
원하옵고 원하옵니다

⑩ **유원**
唯願
무진삼보 대자대비
無盡三寶 大慈大悲
수아정례 명훈가피력
受我頂禮 冥熏加被力
원공법계제중생
願共法界諸衆生
자타일시성불도
自他一時成佛道

원 성취 천수경

제가지금 몸과마음 정성다해 삼보님전 나아가서 두루예배 하올적에
보배로운 **천수경**을 견고하온 신심으로 두손모아 송경하니

입으로써 지은업을 깨끗하게 하는진언　　**정구업진언** 淨口業眞言

수리수리 마하수리 수수리 사바하 ⑶

온도량의 모든신중 편안하게 하는진언　　**오방내외안위제신진언**
　　　　　　　　　　　　　　　　　　　五方內外安慰諸神眞言

나무 사만다 못다남 옴 도로도로 지미 사바하 ⑶

경전말씀 여는게송　　　　　　　　　**개경게** 開經偈

가장높고 미묘하여 깊고깊은 부처님법　　**무상심심미묘법**
　　　　　　　　　　　　　　　　　　　無上甚深微妙法
백천만겁 지나도록 만나보기 어려운데　　**백천만겁난조우**
　　　　　　　　　　　　　　　　　　　百千萬劫難遭遇
제가지금 다행히도 보고듣고 지니오니　　**아금문견득수지**
　　　　　　　　　　　　　　　　　　　我今聞見得受持
부처님의 진실한뜻 깨닫기를 원합니다　　**원해여래진실의**
　　　　　　　　　　　　　　　　　　　願解如來眞實意

| 법의창고 여는 진언 | 개법장진언 開法藏眞言 |

옴 아라남 아라다   (3)

자비로써 어루시는 일천손을 지니시고	**천수천안 관자재보살** 千手千眼 觀自在菩薩
지혜로써 살피시는 일천눈을 지니시어	**광대원만 무애대비심** 廣大圓滿 無碍大悲心
중생들을 구제하는 관-자재 보살님의	**대다라니 계청** 大陀羅尼 啓請
광대하고 원만하여 걸림없는 대비심의	
큰다라니 청합니다	

관음보살 대비주에 머리숙여 절하오니	**계수관음대비주** 稽首觀音大悲呪
그원력이 위대하사 상호또한 거룩하고	**원력홍심상호신** 願力弘深相好身
일천팔로 장엄하여 온갖중생 거두시며	**천비장엄보호지** 千臂莊嚴普護持
일천눈의 광명으로 온세상을 살피시네	**천안광명변관조** 千眼光明遍觀照
진실하온 말씀속에 비밀한듯 보이시고	**진실어중선밀어** 眞實語中宣密語
하염없는 그맘속에 자비심을 일으키사	**무위심내기비심** 無爲心內起悲心
저희들의 모든소원 하루속히 이루옵고	**속령만족제희구** 速令滿足諸希求
모든죄업 남김없이 깨끗하게 하옵소서	**영사멸제제죄업** 永使滅除諸罪業

천룡팔부 모든성중 자비롭게 보살피사	**천룡중성동자호** 天龍衆聖同慈護
백천가지 온갖삼매 한순간에 닦게하니	**백천삼매돈훈수** 百千三昧頓熏修
받아지닌 저희몸은 큰광명의 깃발이며	**수지신시광명당** 受持身是光明幢
받아지닌 저희마음 신비로운 곳집되어	**수지심시신통장** 受持心是神通藏
번뇌망상 모두씻고 고통바다 어서건너	**세척진로원제해** 洗滌塵勞願濟海
깨달음의 방편문을 속히얻게 하옵시며	**초증보리방편문** 超證菩提方便門
제가지금 칭송하고 서원하며 귀의하니	**아금칭송서귀의** 我今稱誦誓歸依
뜻하는일 마음대로 원만하게 하옵소서	**소원종심실원만** 所願從心悉圓滿

자비하신 관세음께 지심귀의 하옵나니	**나무대비관세음** 南無大悲觀世音
이세상의 온갖진리 속히알기 원하옵고	**원아속지일체법** 願我速知一切法
자비하신 관세음께 지심귀의 하옵나니	**나무대비관세음** 南無大悲觀世音
부처님의 지혜눈을 속히얻기 원하오며	**원아조득지혜안** 願我早得智慧眼
자비하신 관세음께 지심귀의 하옵나니	**나무대비관세음** 南無大悲觀世音
한량없는 모든중생 제도하기 원하옵고	**원아속도일체중** 願我速度一切衆
자비하신 관세음께 지심귀의 하옵나니	**나무대비관세음** 南無大悲觀世音
팔만사천 좋은방편 속히얻기 원하오며	**원아조득선방편** 願我早得善方便

자비하신 관세음께 지심귀의 하옵나니 **나무대비관세음**
南無大悲觀世音

도피안의 반야선에 속히타기 원하옵고 **원아속승반야선**
願我速乘般若船

자비하신 관세음께 지심귀의 하옵나니 **나무대비관세음**
南無大悲觀世音

생로병사 고해바다 건너가기 원하오며 **원아조득월고해**
願我早得越苦海

자비하신 관세음께 지심귀의 하옵나니 **나무대비관세음**
南無大悲觀世音

무명벗는 계정혜를 속히닦기 원하옵고 **원아속득계정도**
願我速得戒定道

자비하신 관세음께 지심귀의 하옵나니 **나무대비관세음**
南無大悲觀世音

고뇌없는 열반산에 속히가기 원하오며 **원아조등원적산**
願我早登圓寂山

자비하신 관세음께 지심귀의 하옵나니 **나무대비관세음**
南無大悲觀世音

하염없는 진리의집 속히가기 원하옵고 **원아속회무위사**
願我速會無爲舍

자비하신 관세음께 지심귀의 하옵나니 **나무대비관세음**
南無大悲觀世音

절대진리 법성신과 속히같기 원합니다 **원아조동법성신**
願我早同法性身

칼산지옥 제가가면 칼산절로 무너지고 **아약향도산 도산자최절**
我若向刀山 刀山自摧折

끓는지옥 제가가면 끓는지옥 말라지고 **아약향화탕 화탕자고갈**
我若向火湯 火湯自枯渴

모든지옥 제가가면 지옥절로 없어지고 **아약향지옥 지옥자소멸**
我若向地獄 地獄自消滅

아귀세계 제가가면 아귀절로 배부르고 **아약향아귀 아귀자포만**
我若向餓鬼 餓鬼自飽滿

수라세계 제가가면 악한마음 사라지고   **아약향수라 악심자조복**
　　　　　　　　　　　　　　　　　　　　　　　我若向修羅 惡心自調伏
축생세계 제가가면 지혜절로 생겨지다   **아약향축생 자득대지혜**
　　　　　　　　　　　　　　　　　　　　　　　我若向畜生 自得大智慧

관세음 큰 보살님께 귀의합니다   **나무관세음보살마하살**
　　　　　　　　　　　　　　　　　　　　南無觀世音菩薩摩訶薩
대세지 큰 보살님께 귀의합니다   **나무대세지보살마하살**
　　　　　　　　　　　　　　　　　　　　南無大勢至菩薩摩訶薩
천수 큰 보살님께 귀의합니다   **나무천수보살마하살**
　　　　　　　　　　　　　　　　　　　　南無千手菩薩摩訶薩
여의륜 큰 보살님께 귀의합니다   **나무여의륜보살마하살**
　　　　　　　　　　　　　　　　　　　　南無如意輪菩薩摩訶薩
대륜 큰 보살님께 귀의합니다   **나무대륜보살마하살**
　　　　　　　　　　　　　　　　　　　　南無大輪菩薩摩訶薩
관자재 큰 보살님께 귀의합니다   **나무관자재보살마하살**
　　　　　　　　　　　　　　　　　　　　南無觀自在菩薩摩訶薩
정취 큰 보살님께 귀의합니다   **나무정취보살마하살**
　　　　　　　　　　　　　　　　　　　　南無正趣菩薩摩訶薩
만월 큰 보살님께 귀의합니다   **나무만월보살마하살**
　　　　　　　　　　　　　　　　　　　　南無滿月菩薩摩訶薩
수월 큰 보살님께 귀의합니다   **나무수월보살마하살**
　　　　　　　　　　　　　　　　　　　　南無水月菩薩摩訶薩
군다리 큰 보살님께 귀의합니다   **나무군다리보살마하살**
　　　　　　　　　　　　　　　　　　　　南無軍茶利菩薩摩訶薩
십일면 큰 보살님께 귀의합니다   **나무십일면보살마하살**
　　　　　　　　　　　　　　　　　　　　南無十一面菩薩摩訶薩
모든 큰 보살님께 귀의합니다   **나무제대보살마하살**
　　　　　　　　　　　　　　　　　　　　南無諸大菩薩摩訶薩
본사 아미타부처님께 귀의합니다   **나무본사아미타불** (3)
　　　　　　　　　　　　　　　　　　　　南無本師阿彌陀佛

신통하고 묘한 말씀 깊은 진리 대다라니 **신묘장구대다라니**
神妙章句大陀羅尼

나모라 다나다라 야야 나막알약 바로기제 새바라야 모지 사다바야
마하 사다바야 마하가로 니가야 옴 살바 바예수 다라나 가라야
다사명 나막 가리다바 이맘알야 바로기제 새바라 다바 니라간타
나막 하리나야 마발다 이사미 살발타 사다남 수반아예염 살바
보다남 바바마라 미수다감 다냐타 옴 아로계 아로가 마지로가
지가란제 혜혜하례 마하모지 사다바 사마라 사마라 하리나야
구로구로 갈마 사다야 사다야 도로도로 미연제 마하미연제
다라다라 다린나례 새바라 자라자라 마라 미마라 아마라 몰제
예혜혜 로계 새바라 라아 미사미 나사야 나베 사미사미 나사야
모하자라 미사미 나사야 호로호로 마라호로 하례 바나마 나바
사라사라 시리시리 소로소로 못쟈못쟈 모다야 모다야 매다리야
니라간타 가마사 날사남 바라 하리나야 마낙 사바하 싣다야 사바하
마하싣다야 사바하 싣다유예 새바라야 사바하 니라간타야 사바하
바라하 목카싱하 목카야 사바하 바나마 하따야 사바하 자가라
욕다야 사바하 상카 섭나녜 모다나야 사바하 마하라 구타다라야
사바하 바마사간타 이사시체다 가릿나 이나야 사바하 먀가라
잘마이바 사나야 사바하

나모라 다나다라 야야 나막알약 바로기제 새바라야 사바하 (3)

(동서사방 찬탄노래)　　　　　　　　　　(사방찬 四方讚)

첫째동방 물뿌리니 온도량이 청정하고　　일쇄동방결도량
　　　　　　　　　　　　　　　　　　　一灑東方潔道場

둘째남방 물뿌리니 마음밭이 청량하고　　이쇄남방득청량
　　　　　　　　　　　　　　　　　　　二灑南方得淸凉

셋째서방 물뿌리니 불국정토 이루옵고　　삼쇄서방구정토
　　　　　　　　　　　　　　　　　　　三灑西方俱淨土

넷째북방 물뿌리니 영원토록 편안토다　　사쇄북방영안강
　　　　　　　　　　　　　　　　　　　四灑北方永安康

(진리도량 장엄노래)　　　　　　　　　　(도량찬 道場讚)

온도량이 청정하여 더러운것 없사오니　　도량청정무하예
　　　　　　　　　　　　　　　　　　　道場淸淨無瑕穢

삼보님과 천룡님네 이도량에 내리소서　　삼보천룡강차지
　　　　　　　　　　　　　　　　　　　三寶天龍降此地

제가이제 묘한진언 받아지녀 외우오니　　아금지송묘진언
　　　　　　　　　　　　　　　　　　　我今持誦妙眞言

대자비를 베푸시어 굽어살펴 주옵소서　　원사자비밀가호
　　　　　　　　　　　　　　　　　　　願賜慈悲密加護

(참회하는 게송)　　　　　　　　　　　　(참회게 懺悔偈)

아득히먼 옛적부터 제가지은 모든악업　　아석소조제악업
　　　　　　　　　　　　　　　　　　　我昔所造諸惡業

욕심내며 화를내고 어리석음 때문이며　　개유무시탐진치
　　　　　　　　　　　　　　　　　　　皆由無始貪嗔痴

몸과입과 마음따라 무명으로 지었기에　　종신구의지소생
　　　　　　　　　　　　　　　　　　　從身口意之所生

제가지금 진심으로 모두참회 하옵니다　　일체아금개참회
　　　　　　　　　　　　　　　　　　　一切我今皆懺悔

십이불께 참회하니 증명하여 주옵소서 (참제업장십이존불)
懺除業障十二尊佛

나무참제업장보승장불   **나무참제업장보승장불**
南無懺除業障寶勝藏佛

보광왕화렴조불   **보광왕화렴조불**
寶光王火炎照佛

일체향화자재력왕불   **일체향화자재력왕불**
一切香火自在力王佛

백억항하사결정불   **백억항하사결정불**
百億恒河沙決定佛

진위덕불   **진위덕불**
振威德佛

금강견강소복괴산불   **금강견강소복괴산불**
金剛堅强消伏壞散佛

보광월전묘음존왕불   **보광월전묘음존왕불**
普光月殿妙音尊王佛

환희장마니보적불   **환희장마니보적불**
歡喜藏摩尼寶積佛

무진향승왕불   **무진향승왕불**
無盡香勝王佛

사자월불   **사자월불**
獅子月佛

환희장엄주왕불   **환희장엄주왕불**
歡喜莊嚴珠王佛

제보당마니승광불   **제보당마니승광불**
帝寶幢摩尼勝光佛

열가지의 무거운죄 모두참회 하옵나니 (십악참회 十惡懺悔)

살생하여 지은죄업 지금참회 하옵니다   **살생중죄금일참회**
殺生重罪今日懺悔

도둑질로 지은죄업 지금참회 하옵니다   **투도중죄금일참회**
偸盜重罪今日懺悔

사음하여 지은죄업 지금참회 하옵니다	**사음중죄금일참회** 邪淫重罪今日懺悔
거짓말로 지은죄업 지금참회 하옵니다	**망어중죄금일참회** 妄語重罪今日懺悔
꾸밈말로 지은죄업 지금참회 하옵니다	**기어중죄금일참회** 綺語重罪今日懺悔
이간질로 지은죄업 지금참회 하옵니다	**양설중죄금일참회** 兩舌重罪今日懺悔
나쁜말로 지은죄업 지금참회 하옵니다	**악구중죄금일참회** 惡口重罪今日懺悔
욕심내어 지은죄업 지금참회 하옵니다	**탐애중죄금일참회** 貪愛重罪今日懺悔
성을내어 지은죄업 지금참회 하옵니다	**진에중죄금일참회** 瞋恚重罪今日懺悔
어리석어 지은죄업 지금참회 하옵니다	**치암중죄금일참회** 痴暗重罪今日懺悔

(참회게)

오랜기간 쌓인죄업 한생각에 모두끊어	**백겁적집죄 일념돈탕진** 百劫積集罪 一念頓蕩盡
마른풀을 태우듯이 남김없이 사라지네	**여화분고초 멸진무유여** 如火焚枯草 滅盡無有餘

(이참게)

죄의자성 본래없어 마음따라 일어난것	**죄무자성종심기** 罪無自性從心起
마음만약 없어지면 죄업또한 사라지네	**심약멸시죄역망** 心若滅時罪亦亡
죄와마음 모두없애 두가지다 공해지면	**죄망심멸양구공** 罪亡心滅兩俱空
이경계를 이름하여 진참회라 하나이다	**시즉명위진참회** 是則名爲眞懺悔

| 죄를참회 하는진언 | 참회진언 懺悔眞言 |

옴 살바못자 모지 사다야 사바하 ⑶

준제보살 크신공덕 일념으로 늘외우면	준제공덕취 적정심상송 准提功德聚 寂靜心常誦
그어떠한 어려움도 침범하지 못하나니	일체제대난 무능침시인 一切諸大難 無能侵是人
하늘이나 사람이나 부처님복 받으오며	천상급인간 수복여불등 天上及人間 受福如佛等
이여의주 얻는이는 깨달음을 얻으리라	우차여의주 정획무등등 遇此如意珠 定獲無等等
칠구지 불모 대준제 보살님께 귀의합니다⑶	나무칠구지불모대준제보살 南無七俱胝佛母大准提菩薩

| 시방법계 깨끗하게 하는진언 | 정법계진언 淨法界眞言 |

옴 남 ⑶

| 몸을 보호하는 진언 | 호신진언 護身眞言 |

옴 치림 ⑶

| 관세음보살 본심미묘 육자대명왕진언 觀世音菩薩本心微妙六字大明王眞言 |

옴 마니 반메 훔 ⑶

| 준제진언 | 준제진언 准提眞言 |

나무 사다남 삼먁삼못다 구치남 다냐타
옴 자례주례 준제 사바하 부림 (3)

제가이제 대준제를 지성으로 외우면서	**아금지송대준제** 我今持誦大准提
크고넓은 보리심의 광대한원 세우오니	**즉발보리광대원** 卽發菩提廣大願
선정지혜 함께닦아 두루밝기 원하오며	**원아정혜속원명** 願我定慧速圓明
거룩하신 모든공덕 남김없이 이루오며	**원아공덕개성취** 願我功德皆成就
수승한복 큰장엄을 두루두루 갖추어서	**원아승복변장엄** 願我勝福遍莊嚴
한량없는 중생들과 함께불도 이루리다	**원공중생성불도** 願共衆生成佛道

부처님이 수행시에 열가지의 큰발원문	**여래십대발원문** 如來十大發願文
나는길이 삼악도를 여의옵기 원하오며	**원아영리삼악도** 願我永離三惡道
나는속히 탐진치를 바로끊기 원하오며	**원아속단탐진치** 願我速斷貪嗔癡
나는항상 불법승에 말씀듣기 원하오며	**원아상문불법승** 願我常聞佛法僧
나는널리 계정혜를 힘써닦기 원하오며	**원아근수계정혜** 願我勤修戒定慧
나는항상 부처님법 배우기를 원하오며	**원아항수제불학** 願我恒隨諸佛學
나는오래 보리심서 퇴전않기 원하오며	**원아불퇴보리심** 願我不退菩提心

나는정녕 극락세계 태어나기 원하오며   **원아결정생안양**
願我決定生安養

나는속히 아미타불 친견하기 원하오며   **원아속견아미타**
願我速見阿彌陀

나는이제 나튼몸을 두루펴기 원하오며   **원아분신변진찰**
願我分身遍塵刹

나는널리 모든중생 제도하기 원합니다   **원아광도제중생**
願我廣度諸衆生

삼세제불 모든보살 네가지의 크신서원   **발 사홍서원**
發四弘誓願

제가지금 부처님께 정성다해 바칩니다

중생들이 수없지만 기어이다 건지리다   **중생무변서원도**
衆生無邊誓願度

번뇌망상 끝없지만 기어이다 끊으리다   **번뇌무진서원단**
煩惱無盡誓願斷

무량법문 한없지만 기어이다 배우리다   **법문무량서원학**
法門無量誓願學

무상불도 드높지만 기어이다 이루리다   **불도무상서원성**
佛道無上誓願成

내마음의 중생부터 남김없이 건지리다   **자성중생서원도**
自性衆生誓願度

내마음의 번뇌부터 남김없이 끊으리다   **자성번뇌서원단**
自性煩惱誓願斷

내마음의 법문부터 남김없이 배우리다   **자성법문서원학**
自性法門誓願學

내마음의 불도부터 남김없이 이루리다   **자성불도서원성**
自性佛道誓願成

예배로서 찬탄하고 공양하며 참회하고　　　**발원이 귀명례삼보**
　　　　　　　　　　　　　　　　　　　　　發 願 已　歸 命 禮 三 寶
발원하고 발원하여 이와같이 마치옵고
거룩하온 삼보님께 귀의하고 귀의합니다
시방삼세 항상계신 부처님께 귀의합니다　　**나무상주시방불**
　　　　　　　　　　　　　　　　　　　　　南 無 常 住 十 方 佛
시방삼세 항상계신 가르침에 귀의합니다　　**나무상주시방법**
　　　　　　　　　　　　　　　　　　　　　南 無 常 住 十 方 法
시방삼세 항상계신 스님들께 귀의합니다⑶　**나무상주시방승**
　　　　　　　　　　　　　　　　　　　　　南 無 常 住 十 方 僧

신구의로 지은업을 깨끗하게 하는진언　　　**정삼업진언** 淨三業眞言

옴 사바바바 수다살바 달마 사바바바 수도함 ⑶

법의단을 여는진언　　　　　　　　　　　　**개단진언** 開壇眞言

옴 바아라 놔로 다가다야 삼마야 바라베 사야 훔 ⑶

법의단을 세우는 진언　　　　　　　　　　　**건단진언** 建壇眞言

옴 난다 난다 나지나지 난다바리 사바하 ⑶

시방법계 깨끗하게 하는진언　　　　　　　　**정법계진언** 淨法界眞言
라자의빛 선명하고 깨끗한데　　　　　　　　**라자색선백**
　　　　　　　　　　　　　　　　　　　　　羅 字 色 鮮 白
공점의미 두루갖춰 장엄하니　　　　　　　　**공점이엄지**
　　　　　　　　　　　　　　　　　　　　　空 點 以 嚴 之

저육계상 밝고밝은 구슬처럼	**여피계명주** 如彼髻明珠
정수리에 그윽하게 두옵나니	**치지어정상** 置之於頂上
진언법계 다른것이 아니어서	**진언동법계** 眞言同法界
한량없는 모든죄업 소멸하며	**무량중죄제** 無量重罪除
일체경계 부딪치는 그자리에	**일체촉예처** 一切觸穢處
람자진언 어느때나 외웁니다	**당가차자문** 當加此字門

나무 사만다 못다남 남 (3)

지장보살 본원경 약찬게
地藏菩薩 本願經 略纂偈

지장보살 대성존께 귀의하며 제가지금 지장본원 약찬게를
독송하며 큰발원을 일으키니 이지장경 약찬게로 위로모든
불보살과 나라부모 모든인연 은혜보답 아래로는 아귀축생
지옥에서 고통받는 여러중생 건져주고 만약이를 보고듣는
모든유정 실다움의 보리마음 내게되네

지장보살 본원경   서구중생 약찬게　　**나무지장대보살**
　　　　　　　　　　　　　　　　　　　　　南 無 地 藏 大 菩 薩
자비로서 공덕지어 중생구제 서원하사　　**자인적선서구중**
　　　　　　　　　　　　　　　　　　　　　慈 因 積 善 誓 救 衆
어두운길 밝히시고 죄의뿌리 아주끊어　　**조명음로단죄근**
　　　　　　　　　　　　　　　　　　　　　照 明 陰 路 斷 罪 根
부처님이 아니계신 악도중에 대신하여　　**무불시대악도중**
　　　　　　　　　　　　　　　　　　　　　無 佛 時 代 惡 度 衆
중생교화 하옵시는 지장보살 마하살님
이제오늘 저희들이 조촐한맘 기울여서
향사르고 불밝히고 공양물을 준비하여
보살님께 올리옵고 지극정성 절하오니
저희들의 간절한맘 굽어살펴 주옵소서
지장보살 본원경을 열세품에 갈무리니　　**지장보살본원경**
　　　　　　　　　　　　　　　　　　　　　地 藏 菩 薩 本 願 經

도리천궁 신통품이 첫머리를 장엄하고	**도리천궁신통품** 忉利天宮神通品
둘째로는 분신집회 셋째품은 관연이며	**분신집회관연품** 分身集會觀緣品
지옥명호 네번째요 업감품은 다섯째라	**지옥명호업감품** 地獄名號業感品
여섯째는 여래찬탄 일곱째는 이익존망	**여래찬탄존망품** 如來讚歎存亡品
염라왕궁 찬탄품은 여덟번째 품이로다	**염라왕궁찬탄품** 閻羅王宮讚歎品
칭불명호 아홉째요 공덕연품 열번째며	**칭불명호공덕품** 稱佛名號功德品
열한번째 지신호법 열두번째 견문이익	**지신호법이익품** 地神護法利益品
촉루인천 열셋째로 십삼품이 완연해라	**촉루인천십삼품** 囑累人天十三品
어머니를 위하시어 도리천서 설법할때	**위모설법석가존** 爲母說法釋迦尊
동서남북 사유상하 한량없는 모든세계	**시방무량제세계** 十方無量諸世界
너무나도 많이모여 설명할수 없는청중	**불가설중불가설** 不可說衆不可說
광명구름 놓으시고 미묘음성 내시오니	**광명운중미묘음** 光明雲中微妙音
하늘과용 귀신들이 구름처럼 모여들고	**천룡귀신운집래** 天龍鬼神雲集來
사왕천과 도리천과 야마천을 비롯하여	**사왕도리야마천** 四王忉利夜摩天
도솔천과 화락천과 자재천중 모여들며	**도솔화락자재천** 兜率化樂自在天
범중천과 범보천과 대범천이 함께하고	**범중범보대범천** 梵衆梵補大梵天
소광천과 무량광천 광음천이 손을잡고	**소광무량광음천** 少光無量光音天
소정천과 무량정천 변정천이 들어오고	**소정무량변정천** 少淨無量徧淨天

복생천과 복애천과 광과천이 함께하고
엄식천과 무량엄식 엄식과실 천중들과
무상천과 무번천과 무열천이 미소짓고
선견천과 선현천과 색구경천 어깨하고
마혜수라 미상천과 비비상처 함께했네
바다신과 강물의신 하천신과 나무신과
산신지신 곡식신과 냇물신과 수렁신과
하늘허공 낮과밤신 음식신과 초목신이
서로서로 손을잡고 설법도량 모여들고
악한눈에 피를먹고 정기먹는 귀신들과
자심귀왕 복리귀왕 애경귀왕 갖가지신
이들모든 청중들이 지장보살 분신이라
백천문수 대보살도 헤아리지 못하나니
천만억년 헤아려도 알수없는 서원이여
사자분신 부처님과 각화자재 여래시에
어머니의 온갖고를 구원하는 딸이되고
일체성취 여래시와 청정연화 부처님때
국왕되고 광목되어 죄고중생 구제하되

복생 복애 광과천
福生福愛廣果天
엄식 무량과실천
嚴識無量果實天
무상 무변 무열천
無想無邊無熱天
선견 선현 구경천
善見善現究竟天
마혜 수라 비비상
摩慧首羅非非想
해신 강신 하수신
海神江神河樹神
산지 묘가 천택신
山地苗稼川澤神
천공 주야 음식신
天空晝夜飮食神
초목 귀신 다악목
草木鬼神多惡目
담현 담정 자심귀
噉縣噉精慈心鬼
복리 애경 종종신
福利愛敬種種神
개시 지장 분화신
皆是地藏分化身
백천 문수대 보살
百千文殊大菩薩
천 만억 재 불가량
千萬億載不可量
사자 각화 여래시
獅子覺華如來時
왕녀 구모 일체고
王女救母一切苦
일체성취 연화시
一切成就蓮華時
국왕 광목 죄고중
國王光目罪苦衆

지옥만일 아니비면 성불하지 않으리라	**지옥미제서불성** 地獄未濟誓不成
널리법계 모든중생 제도하는 인연으로	**광도법계제중생** 廣度法界諸衆生
부처님의 크신은혜 갚으리라 생각하고	**이보제불막대은** 以報諸佛莫大恩
오무간옥 아비지옥 자진해서 들어가니	**자진무간아비옥** 自進無間阿鼻獄
불화살이 날아오고 산과창이 좁혀들고	**사각비전협산창** 四角飛箭夾山槍
무쇠수레 무쇠평상 무쇠옷과 칼날이며	**철거철상철의인** 鐵車鐵床鐵衣刃
무쇠말에 멍에메워 구리밭을 갈게하고	**철려양동포주경** 鐵驢洋銅抱柱耕
불던지고 목을꺽고 다리태워 씹어먹고	**유화좌수소각담** 流火剉首燒脚噉
달군철환 철주들을 안먹는다 부라리고	**철환쟁론철수진** 鐵丸諍論鐵銖瞋
아비규환 혀를뽑고 똥오줌을 먹게하고	**규환발설분뇨쇄** 叫喚拔舌糞尿鎖
불덩어리 코끼리와 미친불개 소와말과	**화상화구화우마** 火象火狗火牛馬
불타는산 타는돌과 훨훨타는 독수리가	**화산화석화량응** 火山火石火梁鷹
톱날같은 부리로써 가죽벗겨 쪼아먹고	**거아박피음식고** 鉅牙剝皮飮食苦
팔과다리 불에지져 이리저리 난자하다	**소수소각도자통** 燒手燒脚倒刺痛
훨훨타는 이리에게 던져주어 먹게하네	**화미철미화랑구** 火尾鐵尾火狼走
팔만사천 지옥문을 한번열고 들어가면	**팔만사천지옥문** 八萬四千地獄門
하루낮과 하룻밤에 일만번을 죽여살려	**일일일야만사생** 一日一夜萬死生
잠시라도 쉴새없이 티끌겁을 지내가며	**잠무휴식경진겁** 暫無休息經塵劫

벗어났다 싶은중에 다시그속 들어가네	망중탈사재입망 網中脫似再入網
만일선을 지은이는 경계따라 천상가고	혹선추경천당행 惑善追境天堂行
성품의식 흔들리면 악한갈래 떨어지고	성식부정타악취 性識不定墮惡趣
살생하면 단명하여 횡사보를 받게되고	살자단명횡사보 殺者短命橫死報
사음한자 음란하여 원앙참새 몸을받고	사자음란원앙작 邪者淫亂怨鴛雀
악담하면 권속들이 서로서로 투쟁하고	악구권속상투쟁 惡口眷屬相鬪諍
비방하고 헐뜯는자 혀없거나 언청이고	훼방자설무설창 毁謗者說無舌瘡
성질내면 추루하고 독사피부 받아나고	진에추루융잔형 瞋恚麤陋隆殘形
인색하고 탐욕하면 음식기갈 보를받고	간탐음식기갈보 慳貪飮食飢渴報
사냥하고 방자하면 결국미쳐 가게되고	전렵자청경광상 佃獵恣淸警狂喪
부모에게 패역하면 천재지변 목숨잃고	패역부모천재상 悖逆父母天災喪
산림초목 불태우면 갈곳없이 죽어지고	소산임목미취사 燒山林木迷取死
낳은부모 기른부모 악독하게 내버리면	전후부모독악자 前後父母毒惡者
다음생에 부모되어 오늘앙화 되받으리	반생편달현수앙 反生鞭韃現受殃
그물던져 생포하면 골육들이 흩어지고	우망포생골육산 遇網捕生骨肉散
삼보비방 하게되면 눈귀멀고 벙어리고	훼방삼보맹롱아 毁謗三寶盲聾啞
부처님법 업신여겨 교만하면 악도로세	경법교만처악도 輕法憍慢處惡途
비리로써 옳지않게 상주물을 받아쓰고	비리상주수용자 非理常住受用者

스님네를 꼬드겨서 파계하게 하는자는	오범무승범계자 汚梵誣僧犯戒者
지옥축생 돌고돌며 그치기만 기다리네	윤전옥축구월절 輪轉獄蓄求闕絶
삶고볶고 불태우고 칼로베고 자르는자	소탕화참절상자 消湯火斬折像者
나고죽음 바뀌면서 그과보를 모두받고	상체생사환자보 傷遞生死還者報
재와계율 깨트린자 새와짐승 몸을받아	약우파계파재자 若遇破戒破齋者
언젠가는 굶주리고 비천한보 받게되고	금수기아비천보 禽獸飢餓卑賤報
아만심에 이간질에 제잘난체 하는이는	아만양설공고자 我慢兩舌貢高者
혀없거나 백개혀로 변두리에 태어나니	무설백설변지보 無舌百舌邊地報
가지가지 인연이며 가지가지 인과설로	종종인연인과설 種種因緣因果說
짧은순간 본성열어 깨우치게 하느라고	경각본성개각고 頃刻本性開覺故
가이없는 모든여래 찬탄하고 계심이라	찬탄무변제여래 讚歎無邊諸如來
유명세계 교주있어 그이름이 지장이요	유명교주호지장 幽冥教主號地藏
남섬부주 교화주로 위대하신 보살이라	남방화주대보살 南方化主大菩薩
만월처럼 참한용모 맑은강물 눈동자여	만월진용징강안 滿月眞容澄江眼
손바닥의 마니구슬 부처과위 보임이라	장마니이시과위 掌摩尼而示果位
염라대왕 대전뜰의 업경대에 나타난이	염왕전상업경대 閻王殿上業鏡臺
하나하나 증명하여 공덕주가 되옵시는	작개증명공덕주 作個證明功德主
크신사랑 크신원력 크신성자 지장보살	대비대원대성자 大悲大願大聖者

39

거룩하신 분이시여 지옥부처 님이시여
누가만일 이와같은 지장보살 본원경을
베껴쓰고 읽고외고 널리유포 하는이는
세세생생 인간천상 태어날일 잃지않고
부모자식 서로서로 화합하고 수순하고
형제간에 우애있고 부부간에 화목하고
약한자는 건강하고 수명날로 늘어나고
가난한자 복을얻고 눈먼자는 눈을뜨고
이와같이 가이없는 무량공덕 얻게되네
지장보살 크신성자 뛰어나신 위신력은
항하사겁 설하여도 다하기가 어려워라
보고듣고 우러르고 예경하는 일념간에
인간천상 이익된일 헤아릴수 전혀없네
하늘과용 귀신들이 서로서로 옹호하고
성인경지 뛰어올라 온갖악업 소멸하며
부처님이 보호하사 깨달음을 증득하고
본원력을 늘리우고 숙명통을 얻으리라
의식주가 넉넉하고 역병감히 오지않고

지장보살마하살
地藏菩薩摩訶薩
여시지장본원경
如是地藏本願經
서사독송광유포
書寫讀誦廣流布
세세불실인천보
世世不失人天報
부모자식상화순
父母子息相和順
형제우애부부목
兄弟友愛夫婦睦
약자건강수명장
弱者建康壽命長
빈자득복맹자안
貧者得福盲者眼
여시무량득공덕
如是無量得功德
지장대성위신력
地藏大聖威身力
항하사겁설난진
恒河沙劫說難盡
견문첨례일념간
見聞瞻禮一念間
이익인천무량사
利益人天無量事

수재화재 풍재없고 도적난도 일체없고
남이보면 공경하네
손바닥위 밝은구슬 너무맑아 선명한데
제스스로 색을따라 여러모양 나타내네
몇번이나 타이르고 몸소분부 하건마는
어두운방 아이들은 노는데만 정신없네
본래면목 청정하신 마음지닌 지장보살
무궁무진 부처님의 대자비의 존자시여
그말씀은 견고하고 후덕하며 넓고넓음
남방세계 피어올라 무량무수 향기구름
향기비와 꽃구름과 꽃비내려 적셔주고
보배비와 보배구름 셀수없는 보배꽃과
부사의한 길상으로 두루두루 장엄하매
하늘인간 그인연을 부처님께 질문하니
이르시되 지장보살 지금이곳 있느니라
삼세간의 부처님이 한가지로 칭찬하고
시방세계 보살들이 모두함께 귀의하니
나도어찜 지난생에 선근인연 심었는가

지장보살 존상앞에 염불공양 올리면서
매일매일 생각생각 지장보살 일념으로
지장보살 참된공덕 우러르며 찬탄하니
마음대로 되지않는 어떤일도 소멸되고
기쁜일들 돋아나니 지장보살 공덕이네
대비대원 대성대자 남방화주 지장보살 지장보살 지장보살
……………………………………………………………………
지장보살………………(천번 만번)………………지장보살
나무 지장보살   나무 지장보살   나무 대원본존 지장보살

지장보살 예찬문
地 藏 菩 薩 禮 讚 文

저희들이 엎드려서 지성다하여 향로위에 향한쪽 사르고나니
향기는 온법계를 진동하옵고 이땅에서 불국토로 고루퍼지매
곳곳마다 상서구름 피어나오고 저희들의 간절한뜻 살펴주시니
자비하신 부처님 강림하소서

01. 지심귀명례 시방법계 상주삼보
至心歸命禮 十方法界 常住三寶

지장보살 지장보살 나무 지장왕보살 마하살
地藏菩薩 地藏菩薩 南無 地藏王菩薩 摩訶薩

대비대원 대성대자 보살께서는 미묘하온 온갖공덕 갖추었으며
대해탈의 큰보배가 나는곳이고 보살들의 맑고밝은 안목이시며
열반으로 인도하는 도사이어라 **온갖보배** 비내리는 여의주처럼
구하는바 그모두를 만족케하며 온갖보배 고루갖춘 섬이시오며
모든선근 키워주는 좋은밭이며 대해탈의 낙을담은 그릇이오며
신묘하온 공덕내는 화수분이라 착한이를 비춰주는 햇빛이시며
더운번뇌 식혀주는 달빛이시며 번뇌도적 격파하는 날쌘칼이며
더운여름 나그네의 정자나무며 다리없는 사람에겐 수레와같고
머나먼길 가는이의 자량이시며 **길을잃은** 나그네의 길잡이시며

미친사람 마음잡는 묘한약이며
늙은이들 의지하올 지팡이시며
생노병사 건네주는 다리이시며
삼대선근 두루닦은 공덕신이며
수레바퀴 구르듯이 항상베풀고
용맹정진 불퇴전은 금강보배며
정밀하온 대선정은 비밀장이며
깊고넓은 대지혜는 바다와같고
묘한과보 가까움은 화엽같으며
일체마군 굴복시킴 용상이시며
번잡함을 싫어함은 독각이시며
모든악취 없애줌은 선풍과같고
온갖공포 막으심은 아버지같고
겁약한이 숨겨줌은 숲과같아라
굶주린 사람에겐 과실이되며
더위속 사람에겐 큰구름되고
두려워 떠는이엔 의지처되며
흐린물을 맑게하는 월배주되어
묘한경계 나타내어 즐겁게하며
복과지혜 구하는이 장엄갖추며

병고중의 사람에겐 의사이시며
고달픈이 편히쉴 평상이시며
불국토로 가는이의 보벌이어라
모든선근 얻게되는 등류과시며
청정계행 견고함은 수미산같고
안온하고 부동하기 대지이시며
화려하온 삼매장엄 화만과같고
물들잖고 집착않음 허공같으며
일체외도 조복함은 사자왕이며
번뇌도적 모두베는 신검이시며
번뇌의때 씻어줌은 맑은물이며
온갖결박 끊으심은 칼날같으며
온갖액난 구하심은 부모와같고
목마른 사람에겐 청량수되고
헐벗은 사람에겐 의복이되고
가난한 사람에겐 여의보되고
농사짓는 이에게는 단비가되고
모든중생 모든선근 두호하시며
중생들의 참괴심을 더하게하며
번뇌를 씻어내기 폭포수같고

산란심을 거두기는 삼매경계며 걸림없는 대변재는 수차같으며
깊은삼매 부동함은 묘색봄같고 대인욕에 안주함은 수미산같고
온갖법을 갈무리심 바다와같고 대신족이 자재함은 허공같으며
햇빛에 얼음녹듯 미혹없애며 선정도와 지혜섬에 항상노닐며
무공용의 대법륜을 항상굴리는 수승하온 큰공덕은 측량못해라
오래닦아 견고하온 크신원력과 대자비와 용맹정진 크신공덕은
일체보살 뛰어넘어 비할데없고 잠시에도 쉼없이 귀의하옵고
염불하고 예불하고 공양하올때 모든중생 온갖고통 모두여의며
온갖소원 지체없이 거둬주시어 천상나고 열반길에 들게하시니
저희들이 지극한 마음으로   이한생명 다바쳐서 <u>귀의합니다</u>

02. 지심귀명례 본사 석가모니불
至心歸命禮 本師 釋迦牟尼佛

03. 지심귀명례 극락세계 아미타불
至心歸命禮 極樂世界 阿彌陀佛

04. 지심귀명례 사자분신구족만행불
至心歸命禮 師子奮迅具足萬行佛

05. 지심귀명례 각화정자재왕불
至心歸命禮 覺華定自在王佛

06. 지심귀명례 일체지성취불
至心歸命禮 一切智成就佛

07. 지심귀명례 청정연화목불
至心歸命禮 淸淨蓮華目佛

08. 지심귀명례 무변신불
至心歸命禮 無邊身佛

09. 지심귀명례 다보불
至心歸命禮 多寶佛

10. 지심귀명례 보승불
至心歸命禮 寶勝佛

11. 지심귀명례 파두마승불
    至心歸命禮 波頭摩勝佛

12. 지심귀명례 사자후불
    至心歸命禮 獅子吼佛

13. 지심귀명례 구류손불
    至心歸命禮 拘留孫佛

14. 지심귀명례 비바시불
    至心歸命禮 毘婆尸佛

15. 지심귀명례 보상불
    至心歸命禮 寶相佛

16. 지심귀명례 가사당불
    至心歸命禮 袈裟幢佛

17. 지심귀명례 대통산왕불
    至心歸命禮 大通山王佛

18. 지심귀명례 정월불
    至心歸命禮 淨月佛

19. 지심귀명례 지승불
    至心歸命禮 智勝佛

20. 지심귀명례 정명왕불
    至心歸命禮 淨名王佛

21. 지심귀명례 지성취불
    至心歸命禮 智成就佛

22. 지심귀명례 산왕불
    至心歸命禮 山王佛

23. 지심귀명례 무상불
    至心歸命禮 無上佛

24. 지심귀명례 묘성불
    至心歸命禮 妙聲佛

25. 지심귀명례 만월불
    至心歸命禮 滿月佛

26. 지심귀명례 월면불
    至心歸命禮 月面佛

27. 지심귀명례 보광불
    至心歸命禮 普光佛

28. 지심귀명례 보명불
    至心歸命禮 普明佛

29. 지심귀명례 보정불
    至心歸命禮 普淨佛

30. 지심귀명례 다마라발전단향불
    至心歸命禮 多摩羅跋旃檀香佛

31. 지심귀명례 전단광불
    至心歸命禮 旃檀光佛

32. 지심귀명례 마니당불
    至心歸命禮 摩尼幢佛

33. 지심귀명례 환희장마니보적불
    至心歸命禮 歡喜藏摩尼寶積佛

34. 지심귀명례 일체세간락견상대정진불
    至心歸命禮 一切世間樂見上大精進佛

35. 지심귀명례 마니당등광불
　　至心歸命禮　摩尼幢燈光佛

36. 지심귀명례 혜거조불
　　至心歸命禮　慧炬照佛

37. 지심귀명례 해덕광명불
　　至心歸命禮　海德光明佛

38. 지심귀명례 금강뢰강보산금광불
　　至心歸命禮　金剛牢強普散金光佛

39. 지심귀명례 대강정진용맹불
　　至心歸命禮　大強精進勇猛佛

40. 지심귀명례 대비광불
　　至心歸命禮　大悲光佛

41. 지심귀명례 자력왕불
　　至心歸命禮　慈力王佛

42. 지심귀명례 자장불
　　至心歸命禮　慈藏佛

43. 지심귀명례 전단굴장엄승불
　　至心歸命禮　旃檀窟莊嚴勝佛

44. 지심귀명례 현선수불
　　至心歸命禮　賢善首佛

45. 지심귀명례 선의불
　　至心歸命禮　善意佛

46. 지심귀명례 광장엄왕불
　　至心歸命禮　廣莊嚴王佛

47. 지심귀명례 금화광불
　　至心歸命禮　金華光佛

48. 지심귀명례 보개조공자재력왕불
　　至心歸命禮　寶蓋照空自在力王佛

49. 지심귀명례 허공보화광불
　　至心歸命禮　虛空寶華光佛

50. 지심귀명례 유리장엄왕불
　　至心歸命禮　琉璃莊嚴王佛

51. 지심귀명례 보현색신광불
　　至心歸命禮　普現色身光佛

52. 지심귀명례 부동지광불
　　至心歸命禮　不動智光佛

53. 지심귀명례 항복중마왕불
　　至心歸命禮　降伏衆魔王佛

54. 지심귀명례 재광명불
　　至心歸命禮　才光明佛

55. 지심귀명례 지혜승불
　　至心歸命禮　智慧勝佛

56. 지심귀명례 미륵선광불
　　至心歸命禮　彌勒仙光佛

57. 지심귀명례 선적월음묘존지왕불
　　至心歸命禮　善寂月音妙尊智王佛

58. 지심귀명례 세정광불
   至心歸命禮 世淨光佛

59. 지심귀명례 용종상존왕불
   至心歸命禮 龍種上尊王佛

60. 지심귀명례 일월광불
   至心歸命禮 日月光佛

61. 지심귀명례 일월주광불
   至心歸命禮 日月珠光佛

62. 지심귀명례 혜당승왕불
   至心歸命禮 慧幢勝王佛

63. 지심귀명례 사자후자재력왕불
   至心歸命禮 獅子吼自在力王佛

64. 지심귀명례 묘음승불
   至心歸命禮 妙音勝佛

65. 지심귀명례 상광당불
   至心歸命禮 常光幢佛

66. 지심귀명례 관세등불
   至心歸命禮 觀世燈佛

67. 지심귀명례 혜위등왕불
   至心歸命禮 慧威燈王佛

68. 지심귀명례 법승왕불
   至心歸命禮 法勝王佛

69. 지심귀명례 수미광불
   至心歸命禮 須彌光佛

70. 지심귀명례 수만나화광불
   至心歸命禮 須曼那華光佛

71. 지심귀명례 우담바라화수승왕불
   至心歸命禮 優曇鉢羅華殊勝王佛

72. 지심귀명례 대혜력왕불
   至心歸命禮 大慧力王佛

73. 지심귀명례 아촉비환희광불
   至心歸命禮 阿閦毗歡喜光佛

74. 지심귀명례 무량음성왕불
   至心歸命禮 無量音聲王佛

75. 지심귀명례 재광불
   至心歸命禮 才光佛

76. 지심귀명례 금해광불
   至心歸命禮 金海光佛

77. 지심귀명례 산해혜자재통왕불
   至心歸命禮 山海慧自在通王佛

78. 지심귀명례 대통광불
   至心歸命禮 大通光佛

79. 지심귀명례 일체법상만왕불
   至心歸命禮 一切法常滿王佛

80. 지심귀명례 진 시방삼세 일체제불
　　至心歸命禮　盡 十方三世　一切諸佛

81. **지심귀명례 지장보살본원경**
　　至心歸命禮　地藏菩薩本願經

82. 지심귀명례 대승대집지장십륜경
　　至心歸命禮　大乘大集地藏十輪經

83. 지심귀명례 점찰선악업보경
　　至心歸命禮　点察善惡業報經

84. 지심귀명례 진 시방삼세 일체존법
　　至心歸命禮　盡 十方三世　一切尊法

85. **지심귀명례 입능발지정 지장보살**
　　至心歸命禮　入能發智定　地藏菩薩

86. 지심귀명례 입구족무변지정 지장보살
　　至心歸命禮　入具足無邊智定　地藏菩薩

87. 지심귀명례 입구족청정지정 지장보살
　　至心歸命禮　入具足淸淨智定　地藏菩薩

88. 지심귀명례 입구족참괴지정 지장보살
　　至心歸命禮　入具足慚愧智定　地藏菩薩

89. 지심귀명례 입구족제승명정 지장보살
　　至心歸命禮　入具足諸乘明定　地藏菩薩

90. **지심귀명례 입무우신통명정 지장보살**
　　至心歸命禮　入無憂神通明定　地藏菩薩

91. 지심귀명례 입구족승통명정 지장보살
　　至心歸命禮　入具足勝通明定　地藏菩薩

92. 지심귀명례 입보조제세간정 지장보살
　　至心歸命禮　入普照諸世間定　地藏菩薩

93. 지심귀명례 입제불등거명정 지장보살
　　至心歸命禮　入諸佛燈炬明定　地藏菩薩

94. 지심귀명례 입금강광정 지장보살
   至心歸命禮 入金剛光定 地藏菩薩

95. 지심귀명례 입전광명정 지장보살
   至心歸命禮 入電光明定 地藏菩薩

96. 지심귀명례 입구족상묘미정 지장보살
   至心歸命禮 入具足上妙味定 地藏菩薩

97. 지심귀명례 입구족승정기정 지장보살
   至心歸命禮 入具足勝精氣定 地藏菩薩

98. 지심귀명례 입상묘제자구정 지장보살
   至心歸命禮 入上妙諸資具定 地藏菩薩

99. 지심귀명례 입무쟁지정 지장보살
   至心歸命禮 入無諍智定 地藏菩薩

100. 지심귀명례 입구족세로광정 지장보살
   至心歸命禮 入具足世路光定 地藏菩薩

101. 지심귀명례 입선주승금강정 지장보살
   至心歸命禮 入善住勝金剛定 地藏菩薩

102. 지심귀명례 입구족자비성정 지장보살
   至心歸命禮 入具足慈悲聲定 地藏菩薩

103. 지심귀명례 입인집제복덕정 지장보살
   至心歸命禮 入引集諸福德定 地藏菩薩

104. 지심귀명례 입해전광정 지장보살
   至心歸命禮 入海電光定 地藏菩薩

105. 지심귀명례 이제정력제도병겁 지장보살
   至心歸命禮 以諸定力除刀兵劫 地藏菩薩

106. 지심귀명례 이제정력제질병겁 지장보살
   至心歸命禮 以諸定力除疾病劫 地藏菩薩

107. 지심귀명례 이제정력제기근겁 지장보살
   至心歸命禮 以諸定力除饑饉劫 地藏菩薩

108. 지심귀명례 현불타신 지장보살
至心歸命禮 現佛陀身 地藏菩薩

109. 지심귀명례 현보살신 지장보살
至心歸命禮 現菩薩身 地藏菩薩

110. **지심귀명례 현독각신 지장보살**
至心歸命禮 現獨覺身 地藏菩薩

111. 지심귀명례 현성문신 지장보살
至心歸命禮 現聲聞身 地藏菩薩

112. 지심귀명례 현대자재천신 지장보살
至心歸命禮 現大自在天身 地藏菩薩

113. 지심귀명례 현대범천신 지장보살
至心歸命禮 現大梵天身 地藏菩薩

114. 지심귀명례 현타화자재천신 지장보살
至心歸命禮 現他化自在天身 地藏菩薩

115. 지심귀명례 현야마천신 지장보살
至心歸命禮 現夜摩天身 地藏菩薩

116. 지심귀명례 현도사다천신 지장보살
至心歸命禮 現賭史多天身 地藏菩薩

117. 지심귀명례 현제석천신 지장보살
至心歸命禮 現帝釋天身 地藏菩薩

118. 지심귀명례 현사대천왕신 지장보살
至心歸命禮 現四大天王身 地藏菩薩

119. 지심귀명례 현전륜왕신 지장보살
至心歸命禮 現轉輪王身 地藏菩薩

120. **지심귀명례 현장부신 지장보살**
至心歸命禮 現丈夫身 地藏菩薩

121. 지심귀명례 현부녀신 지장보살
至心歸命禮 現婦女身 地藏菩薩

122. 지심귀명례 현동남신 지장보살
至心歸命禮 現童男身 地藏菩薩

123. 지심귀명례 현동녀신 지장보살
至心歸命禮 現童女身 地藏菩薩

124. 지심귀명례 현용신 지장보살
至心歸命禮 現龍身 地藏菩薩

125. 지심귀명례 현야차신 지장보살
至心歸命禮 現藥叉身 地藏菩薩

126. 지심귀명례 현나찰신 지장보살
至心歸命禮 現羅刹身 地藏菩薩

127. 지심귀명례 현아귀신 지장보살
至心歸命禮 現餓鬼身 地藏菩薩

128. 지심귀명례 현사자신 지장보살
至心歸命禮 現獅子身 地藏菩薩

129. 지심귀명례 현향상신 지장보살
至心歸命禮 現香象身 地藏菩薩

130. 지심귀명례 현마신우신 지장보살
至心歸命禮 現馬身牛身 地藏菩薩

131. 지심귀명례 현종종금수지신 지장보살
至心歸命禮 現種種禽獸之身 地藏菩薩

132. 지심귀명례 현염마왕신 지장보살
至心歸命禮 現閻魔王身 地藏菩薩

133. 지심귀명례 현지옥졸신 지장보살
至心歸命禮 現地獄卒身 地藏菩薩

134. 지심귀명례 현지옥제유정신 지장보살
至心歸命禮 現地獄諸有情身 地藏菩薩

135. 지심귀명례 증장사중수명 지장보살
至心歸命禮 增長四衆壽命 地藏菩薩

136. 지심귀명례 증장사중무병 지장보살
至心歸命禮 增長四衆無病 地藏菩薩

137. 지심귀명례 증장사중색력명문 지장보살
至心歸命禮 增長四衆色力名聞 地藏菩薩

138. 지심귀명례 증장사중정계다문 지장보살
至心歸命禮 增長四衆淨戒多聞 地藏菩薩

139. 지심귀명례 증장사중자구재보 지장보살
至心歸命禮 增長四衆資具財寶 地藏菩薩

140. 지심귀명례 증장사중혜사 지장보살
至心歸命禮 增長四衆慧捨 地藏菩薩

141. 지심귀명례 증장사중묘정 지장보살
至心歸命禮 增長四衆妙定 地藏菩薩

142. 지심귀명례 증장사중안인 지장보살
至心歸命禮 增長四衆安忍 地藏菩薩

143. 지심귀명례 증장사중방편 지장보살
至心歸命禮 增長四衆方便 地藏菩薩

144. 지심귀명례 증장사중각분성제광명 지장보살
至心歸命禮 增長四衆覺分聖諦光明 地藏菩薩

145. 지심귀명례 증장사중취입대승정도 지장보살
至心歸命禮 增長四衆趣入大乘正道 地藏菩薩

146. 지심귀명례 증장사중법명 지장보살
至心歸命禮 增長四衆法明 地藏菩薩

147. 지심귀명례 증장사중성숙유정 지장보살
至心歸命禮 增長四衆成熟有情 地藏菩薩

148. 지심귀명례 증장사중대자대비 지장보살
至心歸命禮 增長四衆大慈大悲 地藏菩薩

149. 지심귀명례 증장사중묘칭변만삼계 지장보살
至心歸命禮 增長四衆妙稱徧滿三界 地藏菩薩

150. 지심귀명례 증장사중법우보윤삼계 지장보살
　　 至心歸命禮 增長四衆法雨普潤三界 地藏菩薩

151. 지심귀명례 증장사중일체대지정기자미 지장보살
　　 至心歸命禮 增長四衆一切大地精氣滋味 地藏菩薩

152. 지심귀명례 증장사중일체종자정기자미 지장보살
　　 至心歸命禮 增長四衆一切種子精氣滋味 地藏菩薩

153. 지심귀명례 증장사중일체선작사업 지장보살
　　 至心歸命禮 增長四衆一切善作事業 地藏菩薩

154. 지심귀명례 증장사중정법정기선행 지장보살
　　 至心歸命禮 增長四衆正法精氣善行 地藏菩薩

155. 지심귀명례 증장사중유익지수화풍 지장보살
　　 至心歸命禮 增長四衆有益地水火風 地藏菩薩

156. 지심귀명례 증장사중육도피안묘행 지장보살
　　 至心歸命禮 增長四衆六到彼岸妙行 地藏菩薩

157. 지심귀명례 영리우고희구만족 지장보살
　　 至心歸命禮 令離憂苦希求滿足 地藏菩薩

158. 지심귀명례 영리우고음식충족 지장보살
　　 至心歸命禮 令離憂苦飮食充足 地藏菩薩

159. 지심귀명례 영리우고자구비족 지장보살
　　 至心歸命禮 令離憂苦資具備足 地藏菩薩

160. 지심귀명례 영리원증애락합회 지장보살
　　 至心歸命禮 令離怨憎愛樂合會 地藏菩薩

161. 지심귀명례 영유중병신심안은 지장보살
　　 至心歸命禮 令愈衆病身心安隱 地藏菩薩

162. 지심귀명례 영사독심자심상향 지장보살
　　 至心歸命禮 令捨毒心慈心相向 地藏菩薩

163. 지심귀명례 영해뇌옥자재환희 지장보살
　　 至心歸命禮 令解牢獄自在歡喜 地藏菩薩

164. 지심귀명례　영리수집편달가해　지장보살
　　　至心歸命禮　令離囚執鞭撻加害　地藏菩薩

165. 지심귀명례　영창신심기력강성　지장보살
　　　至心歸命禮　令暢身心氣力強盛　地藏菩薩

166. 지심귀명례　영구제근무유손괴　지장보살
　　　至心歸命禮　令具諸根無有損壞　地藏菩薩

167. 지심귀명례　영리요뇌심무광란　지장보살
　　　至心歸命禮　令離擾惱心無狂亂　地藏菩薩

168. 지심귀명례　영리탐욕신심안락　지장보살
　　　至心歸命禮　令離貪慾身心安樂　地藏菩薩

169. 지심귀명례　영리위난안은무손　지장보살
　　　至心歸命禮　令離危難安隱無損　地藏菩薩

170. 지심귀명례　영리포외보전신명　지장보살
　　　至心歸命禮　令離佈畏保全身命　地藏菩薩

171. 지심귀명례　영리우고만족다문　지장보살
　　　至心歸命禮　令離憂苦滿足多聞　地藏菩薩

172. 지심귀명례　우살생자설숙앙단명보　지장보살
　　　至心歸命禮　遇殺生者說宿殃短命報　地藏菩薩

173. 지심귀명례　우절도자설빈궁고초보　지장보살
　　　至心歸命禮　遇竊盜者說貧窮苦楚報　地藏菩薩

174. 지심귀명례　우사음자설작합원앙보　지장보살
　　　至心歸命禮　遇邪淫者說雀鴿鴛鴦報　地藏菩薩

175. 지심귀명례　우악구자설권속투쟁보　지장보살
　　　至心歸命禮　遇惡口者說眷屬鬪諍報　地藏菩薩

176. 지심귀명례　우훼방자설무설창구보　지장보살
　　　至心歸命禮　遇毀謗者說無舌瘡口報　地藏菩薩

177. 지심귀명례　우진에자설추루융잔보　지장보살
　　　至心歸命禮　遇瞋恚者說醜陋癃殘報　地藏菩薩

178. 지심귀명례 우간린자설소구위원보 지장보살
　　　至心歸命禮 遇慳悋者說所求違願報 地藏菩薩

179. 지심귀명례 우음식무도자설기갈인병보 지장보살
　　　至心歸命禮 遇飮食無度者說飢渴咽病報 地藏菩薩

180. **지심귀명례 우전렵자정자설경광상명보 지장보살**
　　　至心歸命禮 遇畋獵恣情者說驚狂喪命報 地藏菩薩

181. 지심귀명례 우패역부모자설천지재살보 지장보살
　　　至心歸命禮 遇悖逆父母者說天地災殺報 地藏菩薩

182. 지심귀명례 우소림자설광미취사보 지장보살
　　　至心歸命禮 遇燒林者說狂迷取死報 地藏菩薩

183. 지심귀명례 우망포생추자설골육분리보 지장보살
　　　至心歸命禮 遇網捕生雛者說骨肉分離報 地藏菩薩

184. 지심귀명례 우훼방삼보자설맹롱음아보 지장보살
　　　至心歸命禮 遇毀謗三寶者說盲聾瘖瘂報 地藏菩薩

185. 지심귀명례 우경법만교자설영처악도보 지장보살
　　　至心歸命禮 遇經法慢敎者說永處惡道報 地藏菩薩

186. 지심귀명례 우파용상주자설윤회지옥보 지장보살
　　　至心歸命禮 遇破用常住者說輪廻地獄報 地藏菩薩

187. 지심귀명례 우오범무승자설영재축생보 지장보살
　　　至心歸命禮 遇汚梵誣僧者說永在畜生報 地藏菩薩

188. 지심귀명례 우탕화참작상생자설체상보 지장보살
　　　至心歸命禮 遇湯火斬斫傷生者說遞償報 地藏菩薩

189. 지심귀명례 우파계범재자설금수기아보 지장보살
　　　至心歸命禮 遇破戒犯齋者說禽獸飢餓報 地藏菩薩

190. **지심귀명례 우비리훼용자설소구궐절보 지장보살**
　　　至心歸命禮 遇非理毀用者說所求闕絶報 地藏菩薩

191. 지심귀명례 우오아공고자설비사하천보 지장보살
　　　至心歸命禮 遇吾我貢高者說卑使下賤報 地藏菩薩

192. 지심귀명례 우양설투란자설무설백설보 지장보살
　　　至心歸命禮 遇兩舌鬪亂者說無舌百舌報 地藏菩薩

193. 지심귀명례 우사견자설변지수생보 지장보살
　　　至心歸命禮 遇邪見者說邊地受生報 地藏菩薩

194. 지심귀명례 백천방편교화중생 지장보살
　　　至心歸命禮 百千方便教化衆生 地藏菩薩

195. **지심귀명례 문수사리보살**　　196. 지심귀명례 보현보살
　　　至心歸命禮 文殊師利菩薩　　　　　至心歸命禮 普賢菩薩

197. 지심귀명례 관세음보살　　　　198. 지심귀명례 대세지보살
　　　至心歸命禮 觀世音菩薩　　　　　　至心歸命禮 大勢至菩薩

199. 지심귀명례 아일다보살　　　　**200. 지심귀명례 재수보살**
　　　至心歸命禮 阿逸多菩薩　　　　　　至心歸命禮 財首菩薩

201. 지심귀명례 정자재왕보살　　　202. 지심귀명례 광목보살
　　　至心歸命禮 定自在王菩薩　　　　　至心歸命禮 光目菩薩

203. 지심귀명례 일광보살　　　　　204. 지심귀명례 월광보살
　　　至心歸命禮 日光菩薩　　　　　　　至心歸命禮 月光菩薩

205. **지심귀명례 무진의보살**　　　206. 지심귀명례 해탈보살
　　　至心歸命禮 無盡意菩薩　　　　　　至心歸命禮 解脫菩薩

207. 지심귀명례 보광보살
　　　至心歸命禮 普廣菩薩

208. 지심귀명례 진 시방삼세 일체보살
　　　至心歸命禮 盡 十方三世 一切菩薩

209. 지심귀명례 발양계교권선대사 도명존자
　　　至心歸命禮 發揚啓教勸善大師 道明尊者

210. **지심귀명례 진 시방삼세 일체현성승**
　　　至心歸命禮 盡 十方三世 一切賢聖僧

예배하온 큰공덕과 뛰어난행의 가없는 수승한복 회향하오니
바라건대 고에빠진 모든유정이 어서바삐 극락국에 나가지이다

나무 대자대비 대원본존 지장보살 ················ (천번·만번)

지장대성위신력 항하사겁설난진
地藏大聖威神力 恒河沙劫說難盡

견문첨례일념간 이익인천무량사 고아일심 귀명정례
見聞瞻禮一念間 利益人天無量事 故我一心 歸命頂禮

지장보살 신묘위력 비할데없네   금색화신 곳곳마다 고루나투사
삼도육도 중생에게 묘법설하여   사생십류 모든중생 자은을입네
장상명주 극락길을 밝게비추고   금석떨쳐 지옥문을 활짝여시고
누세종친 친척들을 이끌어내어   구품연대 부처님께 예배케하고
저희들의 모든고통 해탈하게   하옵나이다

지장대성위신력　　지장보살 대성인의 성스러운 위신력은
地藏大聖威神力

항하사겁설난진　　영원토록 설하여도 다말하지 못하나니
恒河沙劫說難盡

견문첨례일념간　　보고듣고 우러러서 한생각만 예배해도
見聞瞻禮一念間

이익인천무량시　　인간천상 모두 함께 한량없는 이익얻네
利益人天無量事

　　　　　　　　　작약산 갈미봉산하 삼약사에서
　　　　　　　　　　　　　법우림 합장

지장참회 예문
地 藏 懺 悔 禮 文

지장삼정례 (거불)

나무 유명교주 지장보살　　나무 유명교주 지장보살
　　　　　　　　　　　　　南無 幽冥教主 地藏菩薩
나무 남방화주 지장보살　　나무 남방화주 지장보살
　　　　　　　　　　　　　南無 南方化主 地藏菩薩
나무 대원본존 지장보살　　나무 대원본존 지장보살
　　　　　　　　　　　　　南無 大願本尊 地藏菩薩

보소청진언 **나무 보보제리 가리다리 다타 아다야** (3)

1. 지장보살을 찬탄함

지극한　정성으로 우러러뵈오니　　앙유
　　　　　　　　　　　　　　　　仰唯
지장보살 달빛같은 얼굴에다　　　지장대성자만월진용
　　　　　　　　　　　　　　　　地藏大聖者滿月眞容
강물같은 맑은눈매 마니구슬　　　징강정안장마니이시
　　　　　　　　　　　　　　　　澄江淨眼掌摩尼而示
잡으시고 원만과위 보이시며　　　원과위제함담이
　　　　　　　　　　　　　　　　圓果位躋菡萏而
중생접인 인행의문 다스리고　　　유섭인문 보방자광
　　　　　　　　　　　　　　　　猶攝因門 普放慈光
자비광명 두루비춰 지혜검을
휘날리며 어두운길 밝게비춰　　　상휘혜검 조명음로
　　　　　　　　　　　　　　　　常揮慧釖 照明陰路
죄의근본 끊으시니 간절하온　　　단멸죄근
　　　　　　　　　　　　　　　　斷滅罪根
귀의앞에 감응어찌 늦으오리　　　당절귀의 해지감응
　　　　　　　　　　　　　　　　惝切歸依 奚遲感應

2. 단을 차려 지장보살을 청함

원성취 　 지장기도 참회발원

발원재자 (주 소)(이 름)은

정성다해 ( )일기도 올리오며

기도도량 설단하고 꽃을모아

장엄하니 상서로운 기운들은

아련하게 피어나고 향기로운

명향들은 온도량에 그윽하며

가릉빈가 맑은범음 소리맞춰

연창하네 바닷가의 귀한향을

불사루어 지극정성 한데모아

불법님께 <u>귀의하오니</u>

지극한 　 마음으로 원하오니

가사입고 머리깎은 비구모습

나투시어 몸구름을 피어내어

삼악도를 밝히시고 업보로써

고통받는 중생들을 제도하며

시이사바세계
是以娑婆世界

차사천하운운
此四天下云云

단장엄숙 화개분방
壇場嚴肅 華盖芬芳

서기인온
瑞氣氤氳

향분복욱
香芬馥郁

주 가릉지청범
奏 迦陵之淸梵

설해안지명향
爇海岸之茗香

지의지성 귀불귀법
至意至誠 歸佛歸法

유원
唯願

취의원정 시
毳依圓頂 示

비구지형의화현신운
比丘之形儀化現身雲

작 삼도지명촉
作 三途之明燭

제 함령지업고
濟 含靈之業苦

가지가지 고통뿐인 지옥세계	**개 지옥지뇌관** 開 地獄之牢關
문을열고 밝은광명 비추시어	
십선마음 내게하며 석장든손	**명주조이십선생** 明珠照而十善生
떨치시어 여덟난을 식히시고	**금석진이 팔난식** 金錫振而 八難息
다른이의 마음아는 혜안으로	**타심혜안** 他心慧眼
범부들의 지극한뜻 살피시고	**감범정극념지심** 鑑凡情克念之心
걸림없는 묘한지혜 중생들을	**성지음공** 聖智蔭功
덮어주는 공덕으로	
티끌세상 인연있는 여러중생	**부진세유연지청** 赴塵世有緣之請
간절한 마음의청 따라주니	
삼가 지극한뜻 다바치어	**근운지성일심찬례** 謹運至誠一心讚禮
일심으로 찬탄하고 <u>예배합니다</u>	

3. 법보화 삼신불(三身佛)을 청함

① 삼신불의 증명을 청함

우러러	**앙계** 仰啓
자주빛의 연꽃대위 붉은연꽃속	**자연대상홍우화중** 紫蓮臺上紅藕花中

항상계신 법신보신 화신부처께   **법신보신화신자부**
우러르며 간절하게 아뢰옵나니   法身報身化身慈父

원하건대 온누리에 위덕날리며   **유원**
시방세계 밝은빛을 두루비추사   唯願
이도량에 큰자비로 강림하시어   **위령천계광조시방**
저희들이 짓는공덕 <u>증명하소서</u>   威靈千界光照十方
    강림도량증명공덕
    降臨道場證明功德

② 법신불을 찬탄함

지극한 마음으로   **지심귀명례**
    至心歸命禮
깨끗하고 미묘하고 진리몸이신
비로자나 거룩하신 부처님에게
이한생명 다바쳐서 <u>절하옵니다</u>

깨끗하게 장엄된 향수바다의   **청정향엄해**
    淸淨香嚴海
밝고밝아 다함없는 화장세계는   **원명화장도**
    圓明華藏都
셀수없는 마니주의 보배구름이   **불가설마니**
    不可說摩尼
거룩하고 아름답게 꾸며져있고   **보운장엄**
    寶雲莊嚴
아승지수 빛나는 구슬그물이   **아승지광명주망**
    阿僧祇光明珠網
사이사이 서로비쳐 다함없어라   **간착**
    間錯

온갖보배 환히빛나 끝이없으며	**일체중보현환무애** 一切衆寶顯煥無涯
만가지덕 참되고 한결같아서	**만덕진상응연적멸** 萬德眞常凝然寂滅
언제나 그윽하고 고요하므로	
범부들이 헤아려 알수없나니	**양불가측** 量不可測
진리하늘 비고비어 자취끊기고	**공공적절어의천** 空空迹絶於義天
교리바다 맑고맑아 말을잊었네	**심불가애** 深不可涯
모든모습 벗어나 홀로높지만	**담담언망어교해** 湛湛言忘於敎海
그윽히 온갖공덕 끼쳐주시는	**형연훈현** 迥然熏顯
청정하고 미묘한 진리의생명	**청정법신** 淸淨法身
비로자나 거룩한 부처님이여	**비로자나불** 毘盧遮那佛
다함없는 자비의 보살핌으로	
원컨대 이도량에 강림하시어	**유원자비** 唯願慈悲
저희들이 짓는공덕 증명하소서	**강림도량증명공덕** 降臨道場證明功德
	향화청 香花請
초명의 눈썹위에 나라세우니	**초명안첩기황주** 蟭螟眼睫起皇州
옥백으로 제후들이 조공을하네	**옥백제후차제투** 玉帛諸侯次第投
천자가 대궐난간 비켜앉아서	**천자임헌논토광** 天子臨軒論土廣
나라땅의 넓고큼을 이야기하나	**태허유시일부구** 太虛猶是一浮漚

큰허공도 한방울의 거품같아라

③ 보신불을 찬탄함

지극한 마음으로	지심귀명례 至心歸命禮
수행으로 성취하신 공덕의몸인	
노사나 거룩한 부처님에게	
이한생명 다바쳐서 절하옵니다	
노사나 거룩한 부처님께선	색구경천상 色究竟天上
색구경천 큰보배 연꽃가운데	대보련화중 大寶蓮華中
십화장 세계의 티끌수같은	십화장미진수 十華藏微塵數
큰사람의 모습으로 장엄하시고	대인상이장엄 大人相以莊嚴
아승지의 강가강의 모래알같은	아승지항하사 阿僧祇恒河沙
미묘한 광명으로 권속삼으니	묘광명위권속 妙光明爲眷屬
모든근에 낱낱상호 가이없어라	제근일일상호무변 諸根一一相好無邊
주와반이 중중하나 위륜달라도	주반중중위륜유이 主伴重重威倫有異
자수용과 타수용에 걸림없으신	자타수용 自他受用
원만보신 노사나 부처님이여	원만보신노사나불 圓滿報身盧舍那佛
다함없는 자비의 보살핌으로	

65

원컨대　이도량에 **강림하**시어　　　　유원자비
저희들이 짓는공덕 증명하소서　　　　강림도량증명공덕
　　　　　　　　　　　　　　　　　降臨道場證明功德

　　　　　　　　　　　　　　　　　향화청
　　　　　　　　　　　　　　　　　香花請

고해바다 안팎의집 일찍이꾸려　　해상증영내외가
　　　　　　　　　　　　　　　　　海上曾營內外家
가고오며 서로이어 물결따라서　　　왕래상속기수파
　　　　　　　　　　　　　　　　　往來相續幾隨波
한　줄기 옛　길이 평탄하지만　　　일조고로수평탄
　　　　　　　　　　　　　　　　　一條古路雖平坦
옛날처럼 두갈래로 달려나가네　　　구습의연주양차
　　　　　　　　　　　　　　　　　舊習依然走兩叉

④ 화신불을 찬탄함

지극한　　마음으로　　　　　　　지심귀명례
　　　　　　　　　　　　　　　　　至心歸命禮
중생에게 천백억화신이신
석가모니 거룩한　부처님에게
이한생명 다바쳐서 절하옵니다
부처님은 도솔천　하늘위에서　　　도솔타천상상가
　　　　　　　　　　　　　　　　　兜率陀天上象駕
찬란한　햇빛속에 코끼리타고
마야부인 태속에　드시었으며　　　마갈제국중
　　　　　　　　　　　　　　　　　摩竭提國中
룸비니　꽃동산에 태어나실때
아홉용이 맑은물로 목욕시키고　　　용반각수
　　　　　　　　　　　　　　　　　龍蟠覺樹

말갈타국 보리수 나무아래서
위없고 바른깨침 이루시었네
삼백여회 진리말씀 설법하시사 **교담삼백여회**
教談三百餘會
고통받는 많은중생 건져내시고 **도탈중생**
度脫衆生
칠십구년 이세간에 머무르시사 **주세칠십구년**
住世七十九年
중생에게 이익주고 기쁨주시네 **이락군품**
利樂群品
중생들의 모습따라 화현하시는 **응물수형화**
應物隨形化
천백억화신 석가모니 부처님이여 **천백억화신석가모니불**
千百億化身釋迦牟尼佛
다함없는 자비의 보살핌으로
원컨대 이도량에 **강림**하시어 **유원자비**
唯願慈悲
저희들이 짓는공덕 증명하소서 **강림도량증명공덕**
降臨道場證明功德

향화청
香花請

은하수에 달이가려 둥글어지니 **월마은한전성원**
月摩銀漢轉成圓
흰 얼굴 빛을펴서 누리비치네 **소면서광조대천**
素面舒光照大千
원숭이들 산과산에 팔을뻗어서 **원비산산공착영**
猿臂山山空捉影
공연히 물속달을 쥐려하지만 **고륜본불락청천**
孤輪本不落靑天
홀로밝은 저기달은 원래로부터
하늘에서 떨어지지 아니하였네

4. 아미타불을 찬탄함

지극한 마음으로 　　　　　　　지심귀명례
　　　　　　　　　　　　　　　　至心歸命禮
서방정토 아미타 부처님에게
이한생명 다바쳐서 절하옵니다
자금색의 단엄하고 뛰어난모습　　자금엄상
　　　　　　　　　　　　　　　　紫金嚴相
백억의 나라마다 환히빛나네　　휘화백억찰중
　　　　　　　　　　　　　　　　輝華百億刹中
눈썹사이 백옥처럼 밝은털들은　　백옥명호
　　　　　　　　　　　　　　　　白玉明毫
수미산 다섯봉우리 위에감돌아　　선전오봉산상
　　　　　　　　　　　　　　　　旋轉五峯山上
밝은 빛 곳곳마다 넘쳐흘러서　　광류처처
　　　　　　　　　　　　　　　　光流處處
중생을 거둬주지 않음이없고　　무불섭생
　　　　　　　　　　　　　　　　無不攝生
그림자로 나툰화현 끝이없어서　　영화중중
　　　　　　　　　　　　　　　　影化重重
인연있는 중생을 모두건지네　　유연개도
　　　　　　　　　　　　　　　　有緣皆度
세 가지 좋은마음 갖출수있어　　약유삼심극비
　　　　　　　　　　　　　　　　若有三心克備
열번부른 공덕이룬 사람있다면　　십념공성
　　　　　　　　　　　　　　　　十念功成
구품연대 이끌어 향하게하니　　접향구련
　　　　　　　　　　　　　　　　接向九蓮
다섯가지 흐린세상 버리게하는　　영사오탁
　　　　　　　　　　　　　　　　令辭五濁
큰 슬픔 크나큰원 두루갖추어　　대비대원
　　　　　　　　　　　　　　　　大悲大願

큰 지혜　큰 사랑　널리펴시는	대성대자 大聖大慈
우리스승 아미타　부처님이여	아등도사아미타불 我等導師阿彌陀佛
다함없는 자비의　보살핌으로	
원컨대　이도량에　**강림하**시어	유원자비 唯願慈悲
저희들이 짓는공덕 증명하소서	강림도량증명공덕 降臨道場證明功德
	향화청 香花請
한량없고 가이없는 빛가운데에	무량광중화불다 無量光中化佛多
나투신　화신부처　많으시온데	
우러뵈니 그모두가　미타불이니	앙첨개시아미타 仰瞻皆是阿彌陀
나툰몸은 빼어난　황금빛이고	응신각정황금상 應身各挺黃金相
이마위의 보배같은 상투의모습	보계도선벽옥라 寶髻都旋碧玉螺
푸른옥빛 소라처럼 감겨있어라	

5. 지장보살께 귀의하고 원력을 발함

① 업장참회

지극한　마음으로 이한생명	지심귀명례 至心歸命禮
다바쳐서　절하옵니다	

대자대비 대교주께 계수귀의	계수자비대교주 稽首慈悲大敎主
하옵나니 견고하고 두터운땅	지언견후광함장 地言堅厚廣含藏
모든것을 갈무린곳 남방세계	남방세계용향운 南方世界涌香雲
향의구름 뭉게뭉게 피어나고	향우화운급화우 香雨花雲及花雨
향의법비 꽃구름에 꽃비까지	보우보운무수종 寶雨寶雲無數種
내리는곳 보배비와 보배구름	위상위서변장엄 爲祥爲瑞遍莊嚴
셀수없이 솟아나서 여기저기	천인문불시하인 天人問佛是何因
상서로움 두루두루 장엄이라	불언지장보살지 佛言地藏菩薩至
천인들이 부처님께 인연사를	삼세여래동찬앙 三世如來同讚仰
여쭈오니 부처님이 말씀하길	시방보살공귀의 十方菩薩共歸依
지장보살 지대한공 과현미래	아금숙식선인연 我今宿植善因緣
부처님이 모두함께 찬탄하고	찬양지장진공덕 讚揚地藏眞功德
시방세계 보살들도 일심으로	자인적선 慈因積善
귀의하며 내가이제 옛적부터	서구중생 誓救衆生
선근심은 인연으로 지장보살	수중금석 手中金錫
참공덕을 칭양찬탄 하옵니다	진개지옥지문 振開地獄之門
자비인연 선근심어 중생구제	장상명주 掌上明珠
서원하고 손에잡은 지팡이로	광섭대천지계 光攝大千之界

지옥문을 깨뜨리며 손바닥위	**염왕전상** 閻王殿上
맑은구슬 대천세계 비추시고	**업경대전** 業鏡臺前
염라대왕 업경대를 고루비춰	**위남염부제중생** 爲南閻浮提衆生
살피면서 남염부제 중생들이	**작개증명대공덕주** 作箇證明大功德主
지은공덕 증명하는 대원본존	**대원본존** 大願本尊
지장보살 거룩하신 님이시여	**지장보살마하살** 地藏菩薩摩訶薩
원하오니 자비로써 이도량에	**유원자비** 唯願慈悲
강림하사 저희들이 짓는공덕	**강림도량 증명공덕** 降臨道場 證明功德
증명하여 <u>주옵소서</u>	
	향화청 香花請
지장보살 대성인의 성스러운	**지장대성위신력** 地藏大聖威神力
위신력은 영원토록 설하여도	**항하사겁설난진** 恒河沙劫說難盡
다말할수 없는지라 보고듣고	**견문첨례일념간** 見聞瞻禮一念間
우러러서 한순간만 예배해도	**이익인천무량사** 利益人天無量事
인천이익 한량없이 많으시네	
자비로써 중생의 모습따라	**자비불사수형화** 慈悲不捨隨形化
나투시니 모든죄업 소멸하는	**선설총명비밀언** 宣說聰明秘密言
비밀스런 진언말씀 펴시옵네	

지장보살 멸 정업진언 옴 바라 마니다니 사바하 (3)
地藏菩薩滅定業眞言 唵婆羅摩尼多尼娑婆訶

원하옵건대　　　　　　　　　　　원멸
　　　　　　　　　　　　　　　　　　願滅
사생육도 그지없는 모든중생이　　　사생육도법계유정
　　　　　　　　　　　　　　　　　　四生六道法界有情
다겁생에 지은업장 없애기위해　　　다겁생래제업장
　　　　　　　　　　　　　　　　　　多劫生來諸業障
제가이제 참회하고 절하옵나니　　　아금참회계수례
　　　　　　　　　　　　　　　　　　我今懺悔稽首禮
원컨대　죄업장이 모두사라져　　　　원제죄장실소제
　　　　　　　　　　　　　　　　　　願諸罪障悉消除
날적마다 보살도를 행해지이다　　　세세상행보살도
　　　　　　　　　　　　　　　　　　世世常行菩薩道

② 살생중죄금일참회

지극한　마음으로 이한생명　　　지심귀명례
　　　　　　　　　　　　　　　　　　至心歸命禮
다바쳐서 절하옵니다
가사입고 머리깎은 스님모습　　　　취의원정
　　　　　　　　　　　　　　　　　　毳衣圓頂
나투셔서 석장짚고 마니구슬　　　　시상사문
　　　　　　　　　　　　　　　　　　示相沙門
손위에다 들으시니 얼굴모습　　　　집석지주
　　　　　　　　　　　　　　　　　　執錫持珠
가을하늘 둥근달과 같으시며　　　　안여추월
　　　　　　　　　　　　　　　　　　眼如秋月
고른이는 흰눈같이 영롱하게　　　　치배가설
　　　　　　　　　　　　　　　　　　齒排珂雪
드러나고 굽은눈썹 드리움이　　　　미수수양
　　　　　　　　　　　　　　　　　　眉秀垂楊

수양버들 같으시네 자비로써
삼악도의 중생고통 구원하고
대원으로 육도세계 중생들을
살피시며 중생들을 제도한후
깨달음을 성취하고 지옥세계
없애고야 부처된다 서원하신
대비대원 대성대자 우리들의
큰스승인 대원본존 지장보살
성스러운 님이시여 원하오니
자비로써 이도량에 강림하사
정성다한 저희참회 받아들여
증명하여 <u>주옵소서</u>

비심이장구삼도
悲心而長救三途
홍원이매유육취
弘願而每遊六趣
중생도진
衆生度盡
방증보리
方證菩提
지옥미제
地獄未除
서불성불
誓不成佛
대원본존
大願本尊
지장보살마하살
地藏菩薩摩訶薩
유원자비
唯願慈悲
강림도량
降臨道場
증명공덕
證明功德

십구생을 오직한길 착하게만
사시면서 옷을벗어 남을주고
땅에드니 지장이라 유명계의
주인되어 중생제도 서원한후
지옥문앞 중생보며 눈물마를 날이없네

십구생래위선녀
十九生來爲善女
탈의입지호지장
脫衣入地號地藏
명간회주도생원
冥間會主度生願
지옥문전누만행
地獄門前淚萬行

제가이제 몸의업을 정성다해서　　금장신업귀의례
　　　　　　　　　　　　　　　　今將身業歸依禮
지장보살 귀의하여 절하옵나니
원컨대　천안통으로　　　　　　　원천안통요증명
　　　　　　　　　　　　　　　　願天眼通遙證明
저희들을 증명하여 주시옵소서

　지장보살멸정업진언　옴 바라 마니다니 사바하 ⑶
　地藏菩薩滅定業眞言　唵 婆羅 摩尼多尼 娑婆訶

원하옵건대　　　　　　　　　　원멸
　　　　　　　　　　　　　　　願滅
사생육도 그지없는 모든중생이　　사생육도법계유정
　　　　　　　　　　　　　　　四生六道法界有情
다겁생에 지어나온 살생의업장　　다겁생래살해업
　　　　　　　　　　　　　　　多劫生來殺害業
남김없이 모두다　없애기위해　　아금참회계수례
　　　　　　　　　　　　　　　我今懺悔稽首禮
제가이제 참회하고 절하옵나니　　원제죄장실소제
　　　　　　　　　　　　　　　願諸罪障悉消除
원컨대　죄업장이 모두사라져　　세세상행보살도
　　　　　　　　　　　　　　　世世常行菩薩道
날적마다 보살도를 행해지이다

⑶ 투도중죄금일참회

지극한　마음으로 이한생명　　　지심귀명례
　　　　　　　　　　　　　　　至心歸命禮
다바쳐서 절하옵니다

큰사랑을 근본삼아 저승이나　　　대비위본음양지계
　　　　　　　　　　　　　　　大悲爲本陰陽之界

이승에서 끝없는몸 나투시어	현무변신광제군미 現無邊身廣濟群迷
뭇중생을 제도하며 세존님께	세존수화이백불언 世尊收化而白佛言
교화받아 말세중생 남김없이	말세중생아내진도 末世衆生我乃盡度
건지리라 사뢰옵고 환희국에	거환희국남방화주 居歡喜國南方化主
머무시는 대원본존 남방화주	대원본존 大願本尊
지장보살 님이시여	지장보살마하살 地藏菩薩摩訶薩

도리천의 궁중에서 성스러운	도리천궁석성회 忉利天宮釋聖會
모임때에 중생제도 서원한바	군생서도물지의 群生誓度勿遲疑
게으름이 없으시며 염라국의	설진염라지옥고 說盡閻羅地獄苦
지옥고통 남김없이 말씀하고	대자불모불승비 大慈佛母不勝悲
대자비한 불모님은 연민의맘 쉴새없네	

제가이제 몸의업을 정성다해서	금장신업귀의례 今將身業歸依禮
지장보살 귀의하여 절하옵나니	
원컨대 천안통으로	원천안통요증명 願天眼通遙證明
저희들을 증명하여 <u>주시옵소서</u>	

75

지장보살 멸 정업진언　옴 바라 마니다니 사바하 ⑶
地藏菩薩 滅 定業眞言　唵 婆羅 摩尼多尼 娑婆訶

원하옵건대

사생육도 그지없는 모든중생이

다겁생에 지어나온 훔침의죄업

남김없이 모두 다　없애기위해

제가이제 참회하고 절하옵나니

원컨대　　죄업장이 모두사라져

날적마다 보살도를 행해지이다

원멸
願滅

사생육도법계유정
四生六道法界有情

다겁생래투도업
多劫生來偸盜業

아금참회계수례
我今懺悔稽首禮

원제죄장실소제
願諸罪障悉消除

세세상행보살도
世世常行菩薩道

④ (사음중죄금일참회)

지극한　마음으로 이한생명

다바쳐서 절하옵니다

지옥향한 발걸음은 티끌처럼

많으시고 중생제도 한없음은

문수조차 모르시네 나툰몸을

현신함에 만억국토 두루하신

대원본존 지장보살 성스러운

지심귀명례
至心歸命禮

등지겁량진사막유
登地劫量塵沙莫喩

소도무변문수난량
所度無邊文殊難量

분신변만만억세계
分身遍滿萬億世界

대원본존
大願本尊

지장보살마하살
地藏菩薩摩訶薩

님이시여

부처됨은 본래부터 뜻한바가　　　　성불원래비아정
　　　　　　　　　　　　　　　　　成佛元來非我情
없사옵고 오직원함 지옥이란　　　　원령지옥영무명
　　　　　　　　　　　　　　　　　願令地獄永無名
이름조차 없애는것 육도세계　　　　매유육취감신고
　　　　　　　　　　　　　　　　　每遊六趣甘辛苦
달고쓴맛 오가면서 겪을때면　　　　수죄악성담부경
　　　　　　　　　　　　　　　　　受罪惡聲膽復驚
죄를받는 비명소리 간담까지 서늘하네

제가이제 몸의업을 정성다해서　　금장신업귀의례
　　　　　　　　　　　　　　　　　今將身業歸依禮
지장보살 귀의하여 절하옵나니
원컨대　　천안통으로　　　　　　　원천안통요증명
　　　　　　　　　　　　　　　　　願天眼通遙證明
저희들을 증명하여 주시옵소서

　　지장보살 멸 정업진언　　**옴 바라 마니다니 사바하** (3)
　　地藏菩薩 滅 定業眞言　　唵 婆羅 摩尼多尼 娑婆訶

원하옵건대　　　　　　　　　　원멸사생육도
　　　　　　　　　　　　　　　　　願滅四生六道
사생육도 그지없는 모든중생이　　　법계유정
　　　　　　　　　　　　　　　　　法界有情
다겁생에 지어나온 사음의죄업　　　다겁생래사행업
　　　　　　　　　　　　　　　　　多劫生來邪行業
남김없이 모두 다 없애기위해　　　　아금참회계수례
　　　　　　　　　　　　　　　　　我今懺悔稽首禮

제가이제　참회하고　절하옵나니　　　　원제죄장실소제
원컨대　　죄업장이　모두없어져　　　　願諸罪障悉消除
날적마다　보살도를　행해지이다　　　　세세상행보살도
　　　　　　　　　　　　　　　　　　世世常行菩薩道

⑤ 망어중죄금일참회

지극한　　마음으로　이한생명　　　　지심귀명례
다바쳐서　절하옵니다　　　　　　　　至心歸命禮

위신력과　서원하심　헤아릴수　　　　　위신서원불가사의
없기에　　찬탄하고　우러르면　　　　　威神誓願不可思議
악도세계　나지않고　명호불러　　　　　찬탄첨례불타악도
공양하면　모든사람　천상나네　　　　　讚歎瞻禮不墮惡道
구원겁을　내려오며　크신서원　　　　　칭명공양백반생천
세우옵신　대원본존　지장보살　　　　　稱名供養百反生天
성스러운　님이시여　　　　　　　　　　구원겁래발홍서원
　　　　　　　　　　　　　　　　　　久遠劫來發弘誓願
　　　　　　　　　　　　　　　　　　대원본존
　　　　　　　　　　　　　　　　　　大願本尊
　　　　　　　　　　　　　　　　　　지장보살마하살
　　　　　　　　　　　　　　　　　　地藏菩薩摩訶薩

지장보살　한가로이　노니신다　　　　　막언지장득한유
하지마소　모든지옥　문앞에서　　　　　莫言地藏得閒遊
눈물마를　날이없네　악을짓는　　　　　지옥문전누불수
　　　　　　　　　　　　　　　　　　地獄門前淚不收
　　　　　　　　　　　　　　　　　　조악인다수선소
　　　　　　　　　　　　　　　　　　造惡人多修善少

사람많고 선을닦은 사람적어   남방교화기시휴
남방세계 교화의길 어느때 마치시리   南方教化幾時休

제가이제 구업으로 정성다해서   금장구업칭찬례
今將口業稱讚禮
지장보살 찬탄하고 절하옵나니
원컨대   천이통으로   원천이통요청문
願天耳通遙廳聞
저의칭찬 널리살펴 들어주소서

지장보살 멸 정업진언 옴 바라 마니다니 사바하 (3)
地藏菩薩滅定業眞言 唵 婆羅 摩尼多尼 娑婆訶

원하옵건대   **원멸**
願滅
사생육도 그지없는 모든중생이   **사생육도법계유정**
四生六道法界有情
다겁생에 거짓말 지은죄업을   **다겁생래망어업**
多劫生來妄語業
남김없이 모두 다 없애기위해   **아금참회계수례**
我今懺悔稽首禮
제가이제 참회하고 절하옵나니   **원제죄장실소제**
願諸罪障悉消除
원컨대   죄업장이 모두없어져   **세세상행보살도**
世世常行菩薩道
날적마다 보살도를 행해지이다

⑥ (기어중죄금일참회)

지극한　마음으로 이한생명　　　　지심귀명례
　　　　　　　　　　　　　　　　　至心歸命禮
다바쳐서 절하옵니다
항상십선 행하여서 중생들에　　　　상행십선요익중생
　　　　　　　　　　　　　　　　　常行十善饒益衆生
이익주며 생사길에 이르러서　　　　생사도중자애구발
　　　　　　　　　　　　　　　　　生死道中慈哀救拔
자애로써 구원하는 대원본존　　　　대원본존
　　　　　　　　　　　　　　　　　大願本尊
지장보살 성스러운 님이시여　　　　지장보살마하살
　　　　　　　　　　　　　　　　　地藏菩薩摩訶薩

무간지옥 세바다에 무독귀왕　　　　삼해초봉무독왕
　　　　　　　　　　　　　　　　　三海初逢無毒王
만나고서 인간세상 복과재앙　　　　인간화복세심장
　　　　　　　　　　　　　　　　　人間禍福洗心腸
마음에서 씻어냈네 그당시에　　　　당시발원동양화
　　　　　　　　　　　　　　　　　當時發願同揚化
발원할때 중생제도 서원하니　　　　보처미래좌도량
　　　　　　　　　　　　　　　　　補處未來坐道場
미륵보살 용화회상 보처되어 앉으시리

제가이제 구업으로 정성다해서　　　금장구업칭찬례
　　　　　　　　　　　　　　　　　今將口業稱讚禮
지장보살 찬탄하고 절하옵나니
원컨대 천이통으로　　　　　　　　원천이통요청문
　　　　　　　　　　　　　　　　　願天耳通遙聽聞
저희칭찬 널리살펴 들어주소서

지장보살 멸 정업진언　옴 바라 마니다니 사바하 ⑶
地藏菩薩滅定業眞言　唵婆羅摩尼多尼娑婆訶

원하옵건대   원멸
願滅

사생육도 그지없는 온갖중생이   사생육도법계유정
四生六道法界有情

다겁생에 꾸민 말 지은죄업을   다겁생래기어업
多劫生來綺語業

남김없이 모두 다 없애기위해   아금참회계수례
我今懺悔稽首禮

제가이제 참회하고 절하옵나니   원제죄장실소제
願諸罪障悉消除

원컨대 죄업장이 모두없어져   세세상행보살도
世世常行菩薩道

날적마다 보살도를 행해지이다

⑦ 양설중죄금일참회

지극한 마음으로 이한생명   지심귀명례
至心歸命禮

다바쳐서 절하옵니다

백천가지 방편세워 중생들을   백천방편화제중생
百千方便化諸衆生

교화하며 지옥세계 설하시어   약설지옥영지과보
略說地獄令知果報

인과업보 알게하는 대원본존   대원본존
大願本尊

지장보살 성스러운 님이시여   지장보살마하살
地藏菩薩摩訶薩

모든보살 도리천에 함께모여   중해함래도리천
衆海咸來忉利天

찬탄하니 남방화주 지장보살　　남방교주화무변
　　　　　　　　　　　　　　　南 方 敎 主 化 無 邊
교화하기 끝이없고 중생들이　　함생무진무궁겁
　　　　　　　　　　　　　　　含 生 無 盡 無 窮 劫
그지없어 제도하기 끝없어도　　진묵유간원불천
　　　　　　　　　　　　　　　塵 墨 猶 乾 願 不 遷
진묵겁이 다하도록 본래서원 변치않네

제가이제 구업으로 정성다해서　　금장구업칭찬례
　　　　　　　　　　　　　　　　　　今 將 口 業 稱 讚 禮
지장보살 찬탄하고 절하옵나니
원컨대　　천이통으로　　　　　　　원천이통요청문
　　　　　　　　　　　　　　　　　　願 天 耳 通 遙 廳 聞
저희칭찬 널리살펴 **들어주소서**

지장보살 멸 정업진언　**옴 바라 마니다니 사바하** ⑶
地 藏 菩 薩 滅 定 業 眞 言　　唵 婆 羅 摩 尼 多 尼 娑 婆 訶

원하옵건대　　　　　　　　　　원멸
　　　　　　　　　　　　　　　　　願 滅
사생육도 그지없는 온갖중생이　　사생육도법계유정
　　　　　　　　　　　　　　　　　四 生 六 道 法 界 有 情
다겁생에 지어나온 두말한죄업　　다겁생래양설업
　　　　　　　　　　　　　　　　　多 劫 生 來 兩 舌 業
남김없이 모두 다　없애기위해　　아금참회계수례
　　　　　　　　　　　　　　　　　我 今 懺 悔 稽 首 禮
제가이제 참회하고 절하옵나니　　원제죄장실소제
　　　　　　　　　　　　　　　　　願 諸 罪 障 悉 消 除
원컨대　　죄업장이 모두없어져　　세세상행보살도
　　　　　　　　　　　　　　　　　世 世 常 行 菩 薩 道
날적마다 보살도를 **행해지이다**

⑧ 악구중죄금일참회

지극한 마음으로 이한생명 다바쳐서 절하옵니다	지심귀명례 至心歸命禮
부처님의 명호듣고 얻는복덕	문불명호획복무량 聞佛名號獲福無量
한없으며 자비로써 보시하고	자비보시칠보구족 慈悲布施七寶具足
금은칠보 얻게하는 대원본존	대원본존 大願本尊
지장보살 성스러운 님이시여	지장보살마하살 地藏菩薩摩訶薩
자모님이 생천하여 성처녀를	자모생천교성녀 慈母生天教聖女
가르치니 각화대성 특별하게	각화대성특수련 覺華大聖特垂憐
연민의맘 내시도다 중생들을	중생도진방성불 衆生度盡方成佛
다건진후 성불코자 다짐하고	구원겁래서원견 久遠劫來誓願堅
구원겁을 내려오며 굳은서원 변함없네	
제가이제 구업으로 정성다해서	금장구업칭찬례 今將口業稱讚禮
지장보살 찬탄하고 절하옵나니	
원컨대 천이통으로	원천이통요청문 願天耳通遙廳聞
저희칭찬 널리살펴 들어주소서	

83

지장보살 멸 정업진언   옴 바라 마니다니 사바하 (3)
地藏菩薩 滅 定業 眞言   唵 婆羅 摩尼多尼 娑婆訶

원하옵건대

사생육도 그지없는 온갖중생이

다겁생에 지어나온 욕설한죄업

남김없이 모두 다 없애기위해

제가이제 참회하고 절하옵나니

원컨대   죄업장이 모두없어져

날적마다 보살도를 <u>행해지이다</u>

원멸
願滅
사생육도법계유정
四生六道法界有情
다겁생래악구업
多劫生來惡口業
아금참회계수례
我今懺悔稽首禮
원제죄장실소제
願諸罪障悉消除
세세상행보살도
世世常行菩薩道

⑨ 탐애중죄금일참회

지극한   마음으로 이한생명

다바쳐서 <u>절하옵니다</u>

보고듣고 우러러도 인천계에

이익되고 천룡들과 팔부신중

생각생각 보호하며 착한일에

좋은결과 매일매일 늘게하는

대원본존 지장보살 성스러운 님이시여

지심귀명례
至心歸命禮

견문첨례이익인천
見聞瞻禮利益人天
용신호념선과일증
龍神護念善果日增
대원본존
大願本尊
지장보살마하살
地藏菩薩摩訶薩

손바닥위 밝고밝은 마니구슬　　　장상명주일과한
　　　　　　　　　　　　　　　　掌上明珠一顆寒
밝은빛이 자재하여 인연따라　　　자연수색변래단
　　　　　　　　　　　　　　　　自然隨色辨來端
온갖공덕 나투시며 몇번이고　　　기회제기친분부
　　　　　　　　　　　　　　　　幾回提起親分付
들어보여 친히분부 하시건만　　　암실아손향외간
　　　　　　　　　　　　　　　　暗室兒孫向外看
어리석은 중생들은 사후세계 모른다네

이내제가 의업으로 정성다해서　　금장의업건성례
　　　　　　　　　　　　　　　　　今將意業虔誠禮
지장보살께 경건히 절하옵나니
다른이의 마음보는 신통력으로　　　원타심통요감지
　　　　　　　　　　　　　　　　　願他心通遙鑑知
원컨대　널리널리 살펴주소서

지장보살 멸 정업진언　**옴 바라 마니다니 사바하** (3)
地藏菩薩 滅 定業眞言　　唵 婆羅 摩尼多尼 娑婆訶

원하옵건대　　　　　　　　　　원멸
　　　　　　　　　　　　　　　　　願滅
사생육도 그지없는 온갖중생이　　　사생육도법계유정
　　　　　　　　　　　　　　　　　四生六道法界有情
다겁생에 지어나온 탐애의죄업　　　다겁생래탐애업
　　　　　　　　　　　　　　　　　多劫生來貪愛業
남김없이 모두 다 없애기위해　　　 아금참회계수례
　　　　　　　　　　　　　　　　　我今懺悔稽首禮
제가이제 참회하고 절하옵나니　　　원제죄장실소제
　　　　　　　　　　　　　　　　　願諸罪障悉消除
원컨대　죄업장이 모두사라져　　　 세세상행보살도
　　　　　　　　　　　　　　　　　世世常行菩薩道

날적마다 보살도를 행해지이다

⑩ 진에중죄금일참회

지극한   마음으로 이한생명
다바쳐서 절하옵니다
인천세계 모든사람 흠모하고
공경하며 귀신세계 모든세계
모든영혼 도와주고 옹호하니
모든횡액 소멸하고 업의길을
녹여주니 대원본존 지장보살
성스러운 님이시여

지심귀명례
至心歸命禮

인천흠경귀신조호
人天欽敬鬼神助護
제횡소멸업도영제
諸橫消滅業道永除
대원본존
大願本尊
지장보살마하살
地藏菩薩摩訶薩

오랫동안 삼악도에 밝은달빛
되시옵고 염라대왕 업경대에
그지없이 왕래하며 손에드신
지팡이로 땅을떨쳐 깨우쳐서
팔만사천 지옥문을 열으셨네

기작삼도혼처월
幾作三途昏處月
염왕전상왕환래
閻王殿上往還來
수중금석탄성진
手中金錫彈聲震
팔만사천지옥개
八萬四千地獄開

이내제가 의업으로 정성다해서	금장의업건성례 今將意業虔誠禮
지장보살께 경건히 절하옵나니	
다른이의 마음보는 신통력으로	원타심통요감지 願他心通遙鑑知
원컨대 널리널리 살펴주소서	

지장보살멸정업진언 **옴 바라 마니다니 사바하** (3)
地藏菩薩滅定業眞言　唵 婆羅 摩尼多尼 娑婆訶

원하옵건대	원멸 願滅
사생육도 그지없는 온갖중생이	사생육도법계유정 四生六道法界有情
다겁생에 지어나온 성냄의죄업	다겁생래진에업 多劫生來嗔恚業
남김없이 모두 다 없애기위해	아금참회계수례 我今懺悔稽首禮
제가이제 참회하고 절하옵나니	원제죄장실소제 願諸罪障悉消除
원컨대 죄업장이 모두사라져	세세상행보살도 世世常行菩薩道
날적마다 보살도를 행해지이다	

⑪ 치암중죄금일참회

지극한 마음으로 이한생명	지심귀명례 至心歸命禮
다바쳐서 절하옵니다	
일념으로 찬탄하고 성인지위	일념찬탄속초성지 一念讚歎速超聖地

뛰어넘어 악한업을 소멸하며	악업소멸제불호념 惡業消滅諸佛護念
부처님이 호념하는 대원본존	대원본존 大願本尊
지장보살 성스러운 님이시여	지장보살마하살 地藏菩薩摩訶薩
방일하지 말라하며 끝이없이	무상계언휴방일 無上戒言休放逸
가르쳐도 중생들은 묵은습기	유정창기전란당 有情唱氣轉難當
벗어나기 어렵다오 원하노니	금소원사제혼백 今宵願赦諸魂魄
모든고혼 자유로이 풀려나서	내예보리해탈향 來詣菩提解脫鄉
깨달음의 해탈세계 나옵소서	

이내제가 의업으로 정성다해서	금장의업건성례 今將意業虔誠禮
지장보살께 경건히 절하옵나니	
다른이의 마음보는 신통력으로	원타심통요감지 願他心通遙鑑知
원컨대 널리널리 <u>살펴주소서</u>	

지장보살 멸 정업진언　**옴 바라 마니다니 사바하** ⑶
地藏菩薩滅定業眞言　唵婆羅摩尼多尼娑婆訶

(참회게·연비)

오랫동안 쌓인죄업	백겁적집죄 百劫積集罪
한생각에 모두끊어	일념돈탕진 一念頓蕩盡
마른풀을 태우듯이	여화분고초 如火焚枯草

남김없이 없애리다　　　　　　　　　　멸진무유여
　　　　　　　　　　　　　　　　　　滅盡無有餘

　　　　살생중죄금일참회　　투도중죄금일참회
　　　　殺生重罪今日懺悔　　偸盜重罪今日懺悔

　　　　사행중죄금일참회　　망어중죄금일참회
　　　　邪行重罪今日懺悔　　妄語重罪今日懺悔

　　　　기어중죄금일참회　　양설중죄금일참회
　　　　綺語重罪今日懺悔　　兩舌重罪今日懺悔

　　　　악구중죄금일참회　　탐애중죄금일참회
　　　　惡口重罪今日懺悔　　貪愛重罪今日懺悔

　　　　진에중죄금일참회　　치암중죄금일참회
　　　　瞋恚重罪今日懺悔　　痴暗重罪今日懺悔

　　　　죄무자성종심기　　　심약멸시죄역망
　　　　罪無自性從心起　　　心若滅時罪亦亡

　　　　죄망심멸양구공　　　시즉명위진참회
　　　　罪亡心滅兩俱空　　　是則名爲眞懺悔

　　지장보살 멸 정업진언　　**옴 바라 마니다니 사바하** ⑶
　　地藏菩薩 滅 定業眞言　　唵 婆羅 摩尼多尼 娑婆訶

원하옵건대　　　　　　　　　　　　　**원 멸**
　　　　　　　　　　　　　　　　　　願 滅

사생육도 그지없는 온갖중생이　　　　**사생육도법계유정**
　　　　　　　　　　　　　　　　　　四生六道法界有情

다겁생에 지은 어리석은 죄업　　　　　**다겁생래치암업**
　　　　　　　　　　　　　　　　　　多劫生來癡暗業

남김없이 모두 다 없애기위해　　　　　**아금참회계수례**
　　　　　　　　　　　　　　　　　　我今懺悔稽首禮

제가이제 참회하고 절하옵나니　　　　**원제죄장실소제**
　　　　　　　　　　　　　　　　　　願諸罪障悉消除

원컨대　죄업장이 모두사라져 날적마다 보살도를 행해지이다	세세상행보살도 世世常行菩薩道

6. 관세음께 귀의하고 원력을 발함

지극한　마음으로 이한생명 다바쳐서 절하옵니다	지심귀명례 至心歸命禮
바닷가　홀로솟은 보타락가산	해안고절처 海岸孤絶處
정법명왕 성관자재 보살님에게	보타낙가산정법명왕 補陀洛伽山正法明王
목숨바쳐 지심으로 절하옵나니	성관자재 聖觀自在
고이엉킨 머리털　검고푸르며	발응취대 髮凝翠黛
주홍빛의 저입술은 맑고고와라	순염주홍 脣艷朱紅
투명한뺨 노을처럼 붉게빛나고	검투단하 臉透丹霞
가는눈썹 초생달과 같이굽으니	미만초월 眉彎初月
군다리　보살이라 하기도하고	사칭다리 乍稱多利
때로는 대길상이라 부르신다네	시호길상 時號吉祥
관음보살 흰옷환히 입고계시니	교소의이 皎素衣而
한눈에　두눈동자 밝게빛나고	목환중동 目煥重瞳

푸른빛깔 연꽃위에 앉으신몸은 　　좌청련
　　　　　　　　　　　　　　　　　　　坐青蓮
백복으로 거룩하게 장엄하셨네 　　이신엄백복
　　　　　　　　　　　　　　　　　　　而身嚴百福
괴로움과 위기속에 빠진중생의 　　향접위고
　　　　　　　　　　　　　　　　　　　響接危苦
슬피울며 찾는소리 관찰하시고 　　성찰구애
　　　　　　　　　　　　　　　　　　　聲察求哀
그슬픔을 낱낱이 　구제해주니
저하늘에 달이비록 홀로밝지만 　　사월현어구소
　　　　　　　　　　　　　　　　　　　似月現於九霄
여러강에 달그림자 나툼과같고 　　형분중수
　　　　　　　　　　　　　　　　　　　形分衆水
온세상에 봄기운이 두루해지니 　　여춘행어만국
　　　　　　　　　　　　　　　　　　　如春行於萬國
꽃향기가 저절로 　넘침과같네 　　체비군방
　　　　　　　　　　　　　　　　　　　體備群芳
큰 슬픔 크나큰원 두루갖추어 　　대성자모
　　　　　　　　　　　　　　　　　　　大聖慈母
큰 지혜 큰사랑을 널리펴시는 　　관자재보살
　　　　　　　　　　　　　　　　　　　觀自在菩薩
흰옷걸친 관자재 　보살이시여

보타산위 맑고맑은 유리세계의 　　보타산상유리계
　　　　　　　　　　　　　　　　　　　補陀山上琉璃界
정법명왕 관세음 　보살님께선 　　정법명왕관세음
　　　　　　　　　　　　　　　　　　　正法明王觀世音
삼악도에 그림자를 널리들이사 　　영입삼도이유정
　　　　　　　　　　　　　　　　　　　影入三途利有情
고통받는 여러중생 이롭게하고 　　형분육도증무식
　　　　　　　　　　　　　　　　　　　形分六道曾無息
육도속에 맞는모습 나눠보이사

중생구제 일찍이　쉼이없어라
관세음　보살님은 크신자비로　　자비불사수형화
　　　　　　　　　　　　　　　　慈悲不捨隨形化
중생의　모습따라 화현하시어
슬기롭고 비밀스런 말씀펴시니　　선설총명비밀언
　　　　　　　　　　　　　　　　宣說聰明秘密言
모든죄업 없애주는 진언이어라

　　관세음보살 멸 업장진언　　옴 아로늑게 사바하 ⑶
　　觀世音菩薩 滅 業障眞言

원하옵건대　　　　　　　　　원멸
　　　　　　　　　　　　　　　　願滅
사생육도 그지없는 모든중생이　　사생육도법계유정
　　　　　　　　　　　　　　　　四生六道法界有情
다겁생에 지은업장 없애기위해　　다겁생래제업장
　　　　　　　　　　　　　　　　多劫生來諸業障
제가이제 참회하고 절하옵나니　　아금참회계수례
　　　　　　　　　　　　　　　　我今懺悔稽首禮
원컨대　죄업장이 모두사라져　　원제죄장실소제
　　　　　　　　　　　　　　　　願諸罪障悉消除
날적마다 보살도를 행해지이다　　세세상행보살도
　　　　　　　　　　　　　　　　世世常行菩薩道

7. 대세지보살께 귀의함

지극한　마음으로　　　　　　　지심귀명례
　　　　　　　　　　　　　　　　至心歸命禮
대희대사 대세지　　보살님에게

이한생명 다바쳐서 <u>절하옵니다</u>
우리스승 대세지　크신성인은
위신력이 걸림없고 자재하시며　　위신자재색상단엄
　　　　　　　　　　　　　　　威神自在色相端嚴
몸의모습 거룩하고 단엄하시네
화관속의 아름다운 보배상투는　　관중보계수천화
　　　　　　　　　　　　　　　冠中寶髻秀千華
천 줄기　꽃송이로 피어나고
몸 위에　걸쳐입은 구름같은옷　　신상운의경오채
　　　　　　　　　　　　　　　身上雲衣輕五彩
부드러운 오색빛깔 영롱하도다
신령한빛 금병밖에 솟구쳐내어　신광병출금병외
　　　　　　　　　　　　　　　神光迸出金瓶外
고통받는 온갖중생 거두어주며　　섭화중생
　　　　　　　　　　　　　　　攝化衆生
이마사이 흰털의　밝은빛줄기　　호상분휘탁세중
　　　　　　　　　　　　　　　毫相分輝濁世中
오탁악세 가운데　비춰주시어
어둠속에 빠진무리 밝혀주시는　　조촉군품
　　　　　　　　　　　　　　　照燭群品
큰 슬픔　크나큰원 두루갖추어　　대비대원대성대자
　　　　　　　　　　　　　　　大悲大願大聖大慈
큰 지혜　큰 사랑　널리펴시는　　성백의
　　　　　　　　　　　　　　　聖白衣
대희대사 대세지　보살님이여　　대세지보살마하살
　　　　　　　　　　　　　　　大勢至菩薩摩訶薩

관 속의　아름다운 보배상투는　관중보계수천화
　　　　　　　　　　　　　　　冠中寶髻秀千華

천 줄기 꽃송이를 엮어놓은듯
몸 위에 걸쳐입은 구름같은옷　　　　신상운의경오채
　　　　　　　　　　　　　　　　　　身上雲衣輕五彩
부드러운 오색빛깔 영롱하도다
신령한빛 금병밖에 솟구쳐내고　　　　신광병출금병외
　　　　　　　　　　　　　　　　　　神光迸出金瓶外
이마사이 흰 털의 밝은빛줄기　　　　호상분휘탁세중
　　　　　　　　　　　　　　　　　　毫相分輝濁世中
흐린세상 고루고루 비춰주시네

8. 대해중보살께 귀의함

지극한   마음으로　　　　　　　　　지심귀명례
　　　　　　　　　　　　　　　　　　至心歸命禮
청정하신 대해중   보살님에게
이한생명 다바쳐서 절하옵니다
물러섬이 없는지위 올라가시어　　　　위거불퇴
　　　　　　　　　　　　　　　　　　位居不退
한 생을 보처로서 머무시다가　　　　보처일생
　　　　　　　　　　　　　　　　　　補處一生
위없는   부처지위 오르게되리
오탁의   언덕가에 나룻배되고　　　　구위오탁안변주
　　　　　　　　　　　　　　　　　　俱爲五濁岸邊舟
삼악도의 어두운곳 밝은달되어　　　　진작삼도혼처월
　　　　　　　　　　　　　　　　　　盡作三途昏處月
묘한손에 연꽃송이 지니시옵고　　　　능이묘수집지련화
　　　　　　　　　　　　　　　　　　能以妙手執持蓮花

고통바다 헤매는　중생이끌어	접인중생 接引衆生
서방정토 안락국에 향하게하네	향안락국 向安樂國
큰 슬픔 크나큰원 두루갖추어	대비대원대성대자 大悲大願大聖大慈
큰 지혜 큰 사랑 널리펴시는	청정대해중 淸淨大海衆
청정하신 대해중보살 마하살이여	보살마하살 菩薩摩訶薩

오탁악세 기슭에　배가되시고	구위오탁안변주 俱爲五濁岸邊舟
삼악도의 어두운곳 밝은달되어	진작삼도혼처월 盡作三途昏處月
묘한손에 연꽃송이 지니시옵고	능이묘수집련화 能以妙手執蓮花
고통바다 헤매는　중생이끌어	접인중생향안락 接引衆生向安樂
서방정토 안락국에 향하게하네	

9. 성문 연각 현성승께 귀의함

성문연각 번뇌다한 현성승에게	지심귀명례 至心歸命禮
지극한　마음으로 절하옵니다	
삼천세계 백억의　나라가운데	삼천계내백억찰중 三千界內百億刹中
열반에　들지않고 선정닦으사	불입열반현서선정 不入涅槃現棲禪定

고집멸도 사성제의 진리깨닫네   증사제리 證四諦理
삼계의   번뇌몸을 끊어버리며   단삼유신 斷三有身
인연으로 생겨난법 공함깨달아   오인연공 悟因緣空
태란습화 사생의   세계벗어나   출사생계 出四生界
참된지혜 갖춰쓰는 좋은벗되니   진명양우 眞明良友
이세간의 크나큰   복밭이오신   시대복전연각성문 是大福田緣覺聲聞
성문연각 일체의   현성승이여   일체현성승 一切賢聖僧

터럭끝에 큰바다를 한꺼번에   해사모단탄거해 解使毛端吞巨海
삼키시고 개자속에 수미산을   능장개자납수미 能將芥子納須彌
남김없이 수용하며 신령스런   영기묘용초삼계 靈機妙用超三界
묘용으로 삼계속을 벗어나니   외도천마총부지 外道天摩摠不知
천마외도 모든무리 알지 <u>못하도다</u>

원하옵건대
원멸 願滅

사생육도 그지없는 모든중생이   사생육도법계유정 四生六道法界有情
다겁생에 지은업장 없애기위해   다겁생래제업장 多劫生來諸業障
제가이제 참회하고 절하옵나니   아금참회계수례 我今懺悔稽首禮

원컨대　죄업장이 모두사라져	원제죄장실소제 願諸罪障悉消除
날적마다　보살도를 행해지이다	세세상행보살도 世世常行菩薩道

소원성취진언　**옴 아모카 살바 다라 사다야 시베 훔**⑶

우러러서 고합니다	앙고 (합장) 仰告
시방삼세　한량없는 불법승의	시방삼세제망중중 十方三世帝網重重
삼보님은　자비마음 놓지말고	무진삼보불사자비 無盡三寶不捨慈悲
밝게살펴 주옵소서	허수낭감 許垂朗鑑
이제저희　참회제자 알길없는	금일참회제자등 今日懺悔弟子等
옛날부터　오늘날에 이르도록	자 무시이래지우금일 自 無始已來至于今日
몸으로는　세가지죄 죽이는일	신　삼불선　살도음 身　三不善　殺盜淫
도둑질과　부정스런 음행이요	구　사불선 口　四不善
입으로는　네가지죄 거짓말과	망어기어양설악구 妄語綺語兩舌惡口
꾀임말과　이간질과 욕설이며	
뜻으로는　세가지죄 간탐하고	의　삼불선 意　三不善
진심내고　어리석은 탓입니다	탐진사견 貪瞋邪見
열가지의　무거운죄 끊임없이	여시십악다작중죄 如是十惡多作重罪
지어왔고　나도짓고 남도시켜	자작교타무량무변 自作教他無量無邊

끊임없이 지었으나 삼보님을
뵈온뒤엔 참회심을 일으켜서
이미지은 모든죄업 소멸되기
원하오며 아직짓지 않은죄업
다시짓지 않으리니 삼보님은
자비로써 증명하여 주옵소서

금대삼보발로참회
今對三寶發露懺悔
이작지죄원걸제멸
已作之罪願乞除滅
미작지죄불감부작
未作之罪不敢復作
유원삼보자비증명
唯願三寶慈悲證明

10. 지장보살께 다시 참회하고 발원함

① 삼보와 지장보살께 참회함

네 가지 큰 은혜 끼친이들과
삼계의 　고통받는 중생위하여
모든업장 남김없이 끊어버리며
목숨바쳐 삼보님께 절하옵니다
지극한 　마음으로 참회하오며
머리숙여 대성존께 귀의하오니
남방화주 지장왕 　보살님이여
큰 슬픔 크나큰원 넓고끝없어

보위사은삼유
普爲四恩三有
법계유정
法界有情
실원단제제업장
悉願斷除諸業障
귀명례삼보
歸命禮三寶
지심참회
至心懺悔
계수귀의대성존
稽首歸依大聖尊
남방화주지장왕
南方化主地藏王
대비대원광무변
大悲大願廣無邊

큰 지혜 큰 사랑 널리펴시사   대성대자장구고
길이길이 우리고통 구해주시네   大聖大慈長救苦

(지장보살 몽수경 地藏菩薩夢授經)

나무연명지장보살 나무석가멸후부촉지장보살 나무서방
南無延命地藏菩薩 南無釋迦滅後付囑地藏菩薩 南無西方

극락대자대비아미타불 염불일념 발기극락왕생 진실신심
極樂大慈大悲阿彌陀佛 念佛一念 發起極樂往生 眞實信心

염불십념십만편 나무불 나무법 나무승 진실신심 염불십
念佛十念十萬遍 南無佛 南無法 南無僧 眞實信心 念佛十

념 초목중생극락성불 나무대비관세음협사 연명지장보살
念 草木衆生極樂成佛 南無大悲觀世音脅士 延命地藏菩薩

인도가섭존자 아난존자 보현보살 해탈보살 무진의보살
引導迦葉尊者 阿難尊者 普賢菩薩 解脫菩薩 無盡意菩薩

지장보살 악사재난독약소멸 원이중생극락왕생
地藏菩薩 惡事災難毒藥消滅 願以衆生極樂往生

나무마하반야바라밀
南無摩訶般若波羅蜜

대비대원 대성대자 남방화주 지장보살 지장보살 지장보살
나무 지장보살 나무 지장보살 나무 대원본존 지장보살
지극한 마음으로 이한생명 다바쳐서 귀의하고 귀의하니
석장든손 떨치시어 육도중생 구제하되 타심통의 마음으로
범부들을 살피시어 티끌세상 여러중생 마음따라 구제하며

구족수화 길상광명 대기명주 총지장구 츰부다라니 베푸시네
받아지닌 다라니를 찬탄하고 염송하니 깨달음의 방편문을
속히얻게 하시오며 저희들의 온갖소원 낱낱이도 이루시네

츰부다라니

츰부츰부 츰츰부 아가서츰부 바결랍츰부 암벌랍츰부 비라츰부 발절랍츰부 아루가츰부 담붜츰부 살더뭐츰부 살더닐하뭐츰부 비바루가찰뭐츰부 우붜섬뭐츰부 내여나츰부 뷀라여삼므디랄나츰부 찰나츰부 비실바리여츰부 서살더랄바츰부 비어자수재 맘히리담미 섬미 잡결랍시 잡결랍뮈스리 치리 시리 결랄붜뷀러 발날디 히리 벌랄비 뷀랄저러니달니 헐랄달니 붜러 져져져져 히리 미리 이결타 탑기 탑규루 탈리 탈리 미리 뭐대 더대 구리 미리 앙규즈더비 얼리 기리 붜러기리 규차섬뮈리 징기 둔기 둔규리 후루 후루 후루 규루술두미리 미리디 미리대 뷘자더 허러히리 후루 후루루 (7·21·49) 65순

나무 남방화주 대원본존 지장보살 지장보살⋯⋯⋯⋯⋯⋯
南無 南方化主 大願本尊 地藏菩薩 地藏菩薩
⋯⋯⋯(108·만번·절)⋯⋯⋯⋯ 지장보살 지장보살 지장보살
　　　　　　　　　　　　　地藏菩薩 地藏菩薩 地藏菩薩

지장보살 멸 정업진언　　옴 바라 마니다니 사바하 (3)
地藏菩薩 滅 定業眞言　　唵 婆羅 摩尼多尼 娑婆訶

지장보살 총설주　옴 갈라지아 사바하 ⑶

지장보살 이익일체 중생진언
　　옴 암마타 암마니 구필구필 사만다 사바하 ⑶

지장대성위신력 항하사겁설난진
地藏大聖威神力　恒河沙劫說難盡
견문첨례일념간 이익인천무량사 고아일심귀명정례
見聞瞻禮一念間　利益人天無量事　故我一心歸命頂禮

비로자나불 총귀 진언

나무 시방삼세 일체제불

나무 시방삼세 일체존법

나무 시방삼세 일체보살

나무 시방삼세 일체현성

오호지리 바라지리 리제미제기사은제지 바라타니 옴 불나지리익 오공사진사타해 바사달마사타해 아라바좌나 원각승좌도진나 사공사진사타해 나무항하사 아승지불 무량삼매 보문삼매 옴 바마나사타바 탁타니아나 나무아심타 아심타 자심도류사바하 나무 옴 아밀리다다바베 사바하 나무이바이바제 구하구하제 니하라제 비니마니제 사바하

(3·7·21·108)

광명진언

옴 아모가 바이로차나 마하무드라 마니 파드마
　　　즈바라 프라바를타야 훔　(3·7·21·108)

원컨대　천안통으로　　　　　　　　　원천안통요증명
저희모습 널리살펴 증명하소서　　　　　　願天眼通遙證明

신업으로 지은업을 정성다해서　　　　　　신업귀의두면례
머리숙여 지장보살께 절하옵니다　　　　　身業歸依頭面禮

원컨대　천이통으로　　　　　　　　　원천이통요청문
저희찬탄 널리살펴 들어주소서　　　　　　願天耳通遙聽聞

구업으로 지은업을 정성다해서　　　　　　구업칭양회향심
지장보살 거룩한덕 찬탄하옵고　　　　　　口業稱揚回向心
온갖공덕 지장보살께 회향합니다

원컨대　타심통으로　　　　　　　　　원타심통요감찰
저의마음 널리널리 살펴보소서　　　　　　願他心通遙鑑察

의업으로 지은업을 정성다해서　　　　　　의업건성참죄건
지극히　모든허물 참회합니다　　　　　　意業虔誠懺罪愆

다겁생의 옛날부터 오늘날까지　　　　자종다겁지금생
몸과말과 뜻으로써 십악지으니　　　　　　自從多劫至今生
　　　　　　　　　　　　　　　　　　　　신구의위십불선
　　　　　　　　　　　　　　　　　　　　身口意爲十不善

102

탐진치의 세 가지 삼독의마음
일곱가지 거만한뜻 더욱불려서
몇번이나 애욕의강 헤매었던가
진제속제 두진리에 길이어두워
성문연각 보살승의 방편등지고
오랜겁을 고통바다 흘러다녔네
여섯갈래 삶의길에 흘러다니는
태란습화 많은무리 끊어짐없이
지수화풍 사대의뱀 서로엉키고
탐진치의 마음의독 불꽃이타니
일곱가지 번뇌와 여덟가지때
어느때나 서로끌어 쉬임이없고
아홉가지 맺음과 열가지얽힘
어느때나 장애하고 물들이도다
오랜세월 해탈의문 구함없으니
시방삼세 중생세간 오고가면서
어찌하여 쉬는일을 알았으리요
천생에 윤회벗을 길이있어도

매종삼심증칠만
每縱三心增七慢
기회윤전애하중
幾廻輪轉愛河中
장미이제배삼승
長迷二諦背三乘
다겁표류고해내
多劫漂流苦海內
육도사생항부단
六道四生恒不斷
사사삼독진탐잔
四蛇三毒瞋貪殘
칠루팔구매구견
七漏八垢每拘牽
구결십전상장염
九結十纏常障染
기겁무문구해탈
幾劫無門求解脫
왕래삼계기지휴
往來三界豈知休
천생유로출윤회
千生有路出輪廻

103

태란습화 네가지생 빠져헤매니   골몰사생하각오
어찌하여 바른진리 깨달을건가   汨沒四生何覺悟

여덟가지 바른길에 항상어두워   팔정항미팔사염
여덟가지 삿된길에 물이들었고   八正恒迷八邪染

인연과보 집착하여 시비하였고   집인집과시비강
            執因執果是非强
열가지의 착한일을 알지못하여   십선난명십악전
열가지의 악한일에 뒤얽혀져서   十善難明十惡纏

모르는새 번뇌업장 무거워졌네   불각부지번뇌중
            不覺不知煩惱重
애착하고 어리석은 마음때문에   유애유치난출이
나고죽는 고통바다 벗지못하고   有愛有痴難出離

시작모를 무명지를 넘지못하다   무명무시막초승
            無明無始莫超陞
다행히도 말법때에 불법만나서   행봉상교우양연
보리도의 좋은인연 가까이하고   幸逢像敎遇良緣

위없는도 일승법에 뜻을붙이어   득부진승개참회
참회의문 간절하게 열어냅니다   得附眞乘開懺悔

경건하게 몸과말과 뜻을기울여   경건삼업서간담
            傾虔三業舒肝膽
가슴속의 깊은정성 모두바치고   간갈단심력폐장
온몸으로 지극한   마음다하여   懇竭丹心瀝肺腸

거룩한 지장보살께 귀의하옵고   귀의대성지장왕
지은허물 남김없이 드러내놓고   歸依大聖地藏王
모든업장 참회하여 없애나이다   발로참제제업장
                                         發露懺除諸業障
이와같이 예참회를 모두마친뒤   참회이귀명례삼보
목숨다해 삼보님께 절하옵니다   懺悔已歸命禮三寶

② 보살의 큰 뜻을 발함

지극한   마음으로 발원하오니   지심발원
                                         至心發願
이미생긴 악한일과 모든번뇌는   이생불선제번뇌
                                         已生不善諸煩惱
원컨대   근본원인 길이다하고   원영소제혹업인
                                         願永消除惑業因
생기잖은 열가지의 삿된악들은   미기사미십악전
                                         未起邪迷十惡纏
원컨대   서로이어 나지않으며   원불여심상속기
                                         願不與心相續起
욕계색계 무색계의 중생세간에   욕계색계무색계
                                         欲界色界無色界
끊임없는 번뇌고통 모든흐름들   조단전면유루인
                                         早斷纏綿有漏因
원컨대   어서빨리 끊겨버리며
원인되고 결과되는 때묻은마음   염인염과염진기
                                         染因染果染塵機
여러가지 때가묻은 객관경계들
원컨대   세세생에 잇지않으리   원향생생불상속
                                         願向生生不相續

지금지어 바로받는 순현업과와 순현순생순후업
지금지어 내생받는 순생업과와 順現順生順後業
지금지어 내후생의 순후과보들
삼세인연 길이길이 끊어버리고 삼세인연영멸제
　　　　　　　　　　　　　　　三世因緣永滅除
재와계를 깨뜨리고 위의깨뜨린 파재파계파위의
　　　　　　　　　　　　　　　破齋破戒破威儀
온갖죄업 지심으로 참회합니다 일체지심개참회
　　　　　　　　　　　　　　　一切至心皆懺悔
업의장애 과보장애 번뇌의장애 업장보장번뇌장
　　　　　　　　　　　　　　　業障報障煩惱障
이세가지 업의장애 함께뒤얽힌
나의몸을 자세히도 살펴본다면 관신실상성구공
　　　　　　　　　　　　　　　觀身實相性俱空
모든장애 공하여서 뿌리없어라
부처님과 법과승가 공경하옵고 경불경법경진승
　　　　　　　　　　　　　　　敬佛敬法敬眞僧
청정하신 법신의덕 드러냈으니 청정법신조훈현
　　　　　　　　　　　　　　　淸淨法身早熏顯
어서속히 은덕입기 원하옵니다
이와같은 큰발원을 모두마치고 발원이귀명례삼보
　　　　　　　　　　　　　　　發願已歸命禮三寶
삼보님께 목숨바쳐 <u>절하옵니다</u>
이제모든 대중에게 아뢰옵나니 근백대중등청설
　　　　　　　　　　　　　　　謹白大衆等聽說
지금설할 무상게를 들어주소서 차시무상게
　　　　　　　　　　　　　　　此時無常偈
찰나간에 나고죽음 덧없음이요 찰나생멸무상법
　　　　　　　　　　　　　　　刹那生滅無常法

모였다가 흩어져서 돌고도는것
번뇌흐름 일으키는 원인이되네
붉은해가 뜨고지며 날재촉하니
저기달은 떴다졌다 늙음부르네
가뭄으로 우물물이 바짝마를때
살던고기 적은물을 견딜수없듯
삼악도의 고통이어 참아받으며
끝이없이 너른벌판 가는나그네
코끼리에 뒤쫓기어 숨은우물속
잡고있는 한줄기의 등넝쿨마저
쥐가와서 갉아먹는 위태로움을
어찌하여 그대들은 용납하는가
이와같이 위태로운 경계본다면
어서빨리 간절하게 수행할지니
부지런히 아미타불 부르고불러
서방정토 극락세계 가서나소서
그리하여 재보시와 법의보시와
무외시를 두루두루 베풀면서

취산순환유루인
聚散循環有漏因

금오출몰촉년광
金烏出沒促年光
옥토승침최노상
玉兎昇沈催老相
인수정고어소수
忍受井枯於少水

영용상핍서침등
寧容象逼鼠侵藤

도자취경조수행
覩玆脆境早修行
근념미타생극락
勤念彌陀生極樂

삼단등시육도제수
三檀等施六度齊修

육바라밀 도피안법 함께닦아서
무루과가 원만하여 우리다함께 　　무루과원공성불도
무상불도 이루어지이다 　　　　　　無 漏 果 圓 共 成 佛 道

한량없는 여래들께 귀의하오니 　　귀의제여래
　　　　　　　　　　　　　　　　　　歸 依 諸 如 來
다섯지혜 열가지몸 부처님이여 　　　오지십신불
　　　　　　　　　　　　　　　　　　五 智 十 身 佛
원컨대　　온갖중생 빠짐이없이 　　　원공제중생
　　　　　　　　　　　　　　　　　　願 共 諸 衆 生
금강계에 모두함께 들어지이다 　　　동입금강계
　　　　　　　　　　　　　　　　　　同 入 金 剛 界
가장높아 위없는　 진리의길인 　　귀의최상승
　　　　　　　　　　　　　　　　　　歸 依 最 上 乘
유가의　 비밀문에 귀의하오니 　　　유가비밀문
　　　　　　　　　　　　　　　　　　瑜 伽 秘 密 文
원컨대　　온갖중생 빠짐이없이 　　　원공제중생
　　　　　　　　　　　　　　　　　　願 共 諸 衆 生
금강계에 모두함께 들어지이다 　　　동입금강계
　　　　　　　　　　　　　　　　　　同 入 金 剛 界
물러섬이 없는지위 이미오르신 　　귀의불퇴전
　　　　　　　　　　　　　　　　　　歸 依 不 退 轉
자비크신 보살승께 귀의하오니 　　　대비보살승
　　　　　　　　　　　　　　　　　　大 悲 菩 薩 僧
원컨대　　온갖중생 빠짐이없이 　　　원공제중생
　　　　　　　　　　　　　　　　　　願 共 諸 衆 生
금강계에 모두함께 들어지이다 　　　동입금강계
　　　　　　　　　　　　　　　　　　同 入 金 剛 界
삼보께　 귀의함을 모두마치고 　　귀의삼보경
　　　　　　　　　　　　　　　　　　歸 依 三 寶 竟
지어온바 여러가지 좋은공덕을 　　　소작제공덕
　　　　　　　　　　　　　　　　　　所 作 諸 功 德

| 가없는 　 중생에게 베푸옵나니 | 시일체유정 施一切有情 |
| 모두함께 부처님도 이뤄지이다 | 개공성불도 皆共成佛道 |

※ 진언을 외우면 부처님의 총지력을 얻어 깨달음을 얻을 수 있고 업장을 소멸하고 재난을 극복하며 소원을 성취한다. 목욕재계하며 참회하고 지권을 하여 부처님을 관하며 언제 어디서나 외운다.

※ 비로자나불 총귀진언은 모든 불교의 대의를 총괄적으로 모아 놓은 진언으로 공덕이 무궁무진하다. 팔만대장경을 모두 독송하는 것과 같은 공덕이 있다. 공덕이란 복과 지혜의 밑거름이 된다.

※ 츰부다라니 "이 진언은 부처님을 잊지 않는 생각이 증장되며 수명이 늘며, 건강을 증진하고 체력이 증장되며, 기력이 향상되고 명예를 높이고 계행을 넓히며, 총명과 가르침에 이르는 수행의 광명을 증장시키며, 천상에 나거나 열반에 이르게 하며, 일체의 청정법과 여러 식물의 정기와 맛을 높이며, 기쁨과 즐거움을 갖게 하며 재물과 보배를 얻게 하며, 일체 생활에 필요한 온갖 것을 갖게 하며, 능히 일체 지혜를 용맹하고 날카롭게 하여 번뇌를 깨뜨리게 되느니라. 이 진언은 모든 부처님께서 가호하시며 모든 보살님들이 가호하고 따라서 기뻐하십니다."

기도 발원문 (1)

지극한 마음으로 삼보님께 귀의하며 원성취 (   )일 기도발원 올리옵니다.

온 우주 법계에 충만하사 아니 계신 곳 없으시고, 만유에 평등하사 자비의 구름으로 피어나시어, 두루 살펴 주시는 삼보님이시여!

참다운 실상은 형상과 말을 여의었건만, 감응하시는 원력은 삼천대천세계를 두루 덮으시고, 단비 같은 팔만 사천 법문으로 고해중생 건지시니, 행하는 일 성취됨은 맑은 못에 달그림자 같사옵니다.   그러 하옵기에

(각 사찰주소 = 세종특별자치시 금남면 용담리 계룡산 금병산하 자성사) 청정도량에서 (사 는 주 소)에 사는 불제자 (이 름)는(은) 간절한 정성으로 법우림 스님과 함께하는 원성취 (3 · 7 · 21 · 49 · 백일)일 기도 올리오니

(남편) (   )생   (이 름)의 (사업 · 건강 · 승진 · 화합 · 등)
(아들) (   )생   (이 름)의 (취직 · 결혼 · 시험 · 합격 · 등)
                    등의 소원을 이루게 하소서.

(부처님! 보살님!)
(   )의 몸에 있는 전생현생 영가시여

나쁜 악연 애착 집착 끊어 전생현생 업장소멸하소서
인연 맺은 (부·모·형제·친구 등) (영가이름)영가와 상세선망 부모님을 비롯하여 스승님 형제자매 친척영가와 세상곳곳의 한 맺힌 외롭고 슬픈 영혼들이 지장보살님의 대원력으로 하루 속히 삼계고해를 해탈하여 아미타부처님의 극락세계에 왕생하여 대자유와 평화를 누리게 하소서.
그리고 신묘하고 신통한 힘 발휘하시어, 모든 상서로움과 정법을 수호하기 위하여 위엄 나타내시는 화엄성중님 옹호도량 산왕대신님이시여! 소원성취 전법도량 자성사의 모든 불사가 원만히 성취됨은 물론 이 불제자 언제 어디서나 불법수행 장애 없게 옹호하여 주시옵소서.
(**부처님! 보살님!**) 항상 감사하며, 상구보리 하화중생을 실천하는 간절한 서원을 올리오니 자비광명으로 큰 공덕의 등불이 되시어, 이 땅 불국정토 이루게 하소서.
(이 름)나는 오늘도 일어나 부처님을 생각하며 미소 짓고 기도하여, 모든 일을 화합과 긍정으로 실천하고, 부처님의 생각으로 미소 지으며 부처님의 가피속에 잠이 듭니다.
마하반야 바라밀
나무 석가모니불 나무 석가모니불
나무 시아본사 석가모니불

기도 발원문 (2)

부처님의 소중한 인연! 지극한 마음으로 감사드리며 자성사 원성취 (   )일 기도 발원 올리옵니다.
일체 중생을 위해 깨달음의 빛을 보이신 부처님!
온갖 방편의 문을 여시어 끝없는 고해 중생을 인도하시고, 구하는 대로 모두 이루어 주시니 마치 깊은 골짜기의 메아리 같고, 맑은 못에 달그림자 어리듯 하옵니다.
자비하신 부처님!
몸과 마음이 밝지 못하여 스스로 업을 지어 남을 원망하고 시기 질투하는 가운데서 고통과 번민에 싸여 헤어 나오지 못하는 나의 모습이며, 극락과 지옥은 본래 나의 행위의 결과로 나타난 것임을 알게 하시고 나로 하여금 자기가 짓고 자기가 받는다는 인과법을 깨달아, 나고 죽는 허망한 길에서 벗어나도록 인도하시고 굽어 살펴주시옵소서. 내가 세파에 휩쓸려 벅찬 시름과 번민에 젖어 있을 때 부처님은 나의 마음속에 항상 함께 하시어 밝은 길을 열어 주시옵소서.
복덕지혜 갖추신 부처님!
지금 나의 마음속에 간절히 원하는 일 (   )을 다 이루게 하여 주시고 슬기로운 자비품안으로 인도하여 주<u>옵소서</u>.

삼계의 스승이시고 부모이신 부처님!

나와 인연 있는 (   )영가와 다겁생의 선망부모님! 이 나라 위해 살다간 순국선열 애국지사 영가와 유주무주 여러 영혼들도 모두 왕생극락하게 하여 <u>주옵소서</u>.

천백억화신으로 나투시는 부처님!

바라옵건대 이 기도 공덕으로 고통과 번뇌에 억눌린 업보의 무거운 짐을 벗어 던지고 내가 먼저 미소지어 등·향·감로다로 우리 가족 사회 이웃에게 밝게 빛나게 하소서. 저희들로 하여금 항상 복된 인류 사회를 이룩하도록 지혜와 자비 넘쳐나는 보살행을 실천하게 하옵고, 정법의 바퀴가 영원히 굴러 모든 사람들에게 부처님의 법음이 넘쳐나게 부처님 말씀을 펴는 정법의 힘을 <u>주시옵소서</u>.

항상 나는 부처님의 은혜 감사드리며 부처님의 가피 속에 (이 름)은 오늘도 일어나며 오늘도 잠을 청합니다.

<u>마하반야 바라밀</u>

나무 석가모니불 나무 석가모니불

나무 시아본사 석가모니불

이산혜연선사 발원문

*운허스님 번역

시방삼세 부처님과 팔만사천 큰법보와 보살성문 스님네께
지성귀의 하옵나니 자비하신 원력으로 굽어살펴 주옵소서
저희들이 참된성품 등지옵고 무명속에 뛰어들어 나고죽는
물결따라 빛과소리 물이들고 심술궂고 욕심내어 온갖번뇌
쌓았으며 보고듣고 맛봄으로 한량없는 죄를지어 잘못된길
갈팡질팡 생사고해 헤매면서 나와남을 집착하고 그른길만
찾아다녀 여러생에 지은업장 크고작은 많은허물 삼보전에
원력빌어 일심참회 하옵나니 바라옵건대
부처님이 이끄시고 보살님네 살피시어 고통바다 헤어나서
열반언덕 가사이다 이세상에 명과복은 길이길이 창성하고
오는세상 불법지혜 무럭무럭 자라나서 날적마다 좋은국토
밝은스승 만나오며 바른신심 굳게세워 아이로서 출가하여
귀와눈이 총명하고 말과뜻이 진실하며 세상일에 물안들고
청정범행 닦고닦아 서리같은 엄한계율 털끝인들 범하리까
점잖은 거동으로 모든생명 사랑하며 이내목숨 버리어도
지성으로 보호하리 삼재팔난 만나잖고 불법인연 구족하며
반야지혜 드러나고 보살마음 견고하여 제불정법 잘배워서

대승진리 깨달은뒤 육바라밀 행을닦아 이승지겁 뛰어넘고
곳곳마다 설법으로 천겁만겁 의심끊고 마군중을 항복받고
삼보를 잇사올제 시방제불 섬기는일 잠깐인들 쉬오리까
온갖법문 다배워서 모두통달 하옵거든 복과지혜 함께늘어
무량중생 제도하며 여섯가지 신통얻고 무생법인 이룬뒤에
관음보살 대자비로 시방법계 다니면서 보현보살 행원으로
많은중생 건지올제 여러갈래 몸을나눠 미묘법문 연설하고
지옥아귀 나쁜곳엔 광명놓고 신통보여 내모양을 보는이나
내이름을 듣는이는 보리마음 모두내어 윤회고를 벗어나되
화탕지옥 끓는물은 감로수로 변해지고 검수도산 날센칼날
연꽃으로 화하여서 고통받던 저중생들 극락세계 왕생하며
나는새와 기는짐승 원수맺고 빚진이들 갖은고통 벗어나서
좋은복락 누려지다 모진질병 돌적에는 약풀되어 치료하고
흉년드는 세상에는 쌀이되어 구제하되 여러중생 이익한일
한가진들 빼오리까 천겁만겁 내려오던 원수거나 친한이나
이세상의 권속들도 누구누구 할것없이 얽히었던 애정끊고
삼계고해 뛰어나서 시방세계 중생들이 모두성불 하사이다
허공끝이 있사온들 이내소원 다하리까 유정들도 무정들도
일체종지 이루어지이다
나무 서가모니불 나무 서가모니불 **나무 시아본사 서가모니불**

화엄경 약찬게 (華嚴經 略纂偈)

대방광불화엄경　용수보살약찬게　나무화장세계해　비로자나진법신
大方廣佛華嚴經　龍樹菩薩略纂偈　南無華藏世界海　毘盧遮那眞法身

현재설법노사나　서가모니제여래　과거현재미래세　시방일체제대성
現在說法盧舍那　釋迦牟尼諸如來　過去現在未來世　十方一切諸大聖

근본화엄전법륜　해인삼매세력고　보현보살제대중　집금강신신중신
根本華嚴轉法輪　海印三昧勢力故　普賢菩薩諸大衆　執金剛神身衆神

족행신중도량신　주성신중주지신　주산신중주림신　주약신중주가신
足行神衆道場神　主城神衆主地神　主山神衆主林神　主藥神衆主稼神

주하신중주해신　주수신중주화신　주풍신중주공신　주방신중주야신
主河神衆主海神　主水神衆主火神　主風神衆主空神　主方神衆主夜神

주주신중아수라　가루라왕긴나라　마후라가야차왕　제대용왕구반다
主晝神衆阿修羅　迦樓羅王緊那羅　摩睺羅伽夜叉王　諸大龍王鳩槃茶

건달바왕월천자　일천자중도리천　야마천왕도솔천　화락천왕타화천
乾闥婆王月天子　日天子衆忉利天　夜摩天王兜率天　化樂天王他化天

대범천왕광음천　변정천왕광과천　대자재왕불가설　보현문수대보살
大梵天王光音天　遍淨天王廣果天　大自在王不可說　普賢文殊大菩薩

법혜공덕금강당　금강장급금강혜　광염당급수미당　대덕성문사리자
法慧功德金剛幢　金剛藏及金剛慧　光焰幢及須彌幢　大德聲聞舍利子

급여비구해각등　우바새장우바이　선재동자동남녀　기수무량불가설
及與比丘海覺等　優婆塞長優婆夷　善財童子童男女　其數無量不可說

선재동자선지식　문수사리최제일　덕운해운선주승　미가해탈여해당
善財童子善知識　文殊師利最第一　德雲海雲善住僧　彌伽解脫與海幢

휴사비목구사선　승열바라자행녀　선견자재주동자　구족우바명지사
休舍毘目瞿沙仙　勝熱婆羅慈行女　善見自在主童子　具足優婆明智士

법보계장여보안　무염족왕대광왕　부동우바변행외　우바라화장자인
法寶髻長與普眼　無厭足王大光王　不動優婆遍行外　優婆羅華長者人

바시라선무상승	사자빈신바수밀	비실지라거사인	관자재존여정취
婆施羅船無上勝	獅子嚬伸婆須密	毘瑟祇羅居士人	觀自在尊與正趣
대천안주주지신	바산바연주야신	보덕정광주야신	희목관찰중생신
大天安住主地神	婆珊婆演主夜神	普德淨光主夜神	喜目觀察衆生神
보구중생묘덕신	적정음해주야신	수호일체주야신	개부수화주야신
普救衆生妙德神	寂靜音海主夜神	守護一切主夜神	開敷樹華主夜神
대원정진력구호	묘덕원만구바녀	마야부인천주광	변우동자중예각
大願精進力救護	妙德圓滿瞿婆女	摩耶夫人天主光	遍友童子衆藝覺
현승견고해탈장	묘월장자무승군	최적정바라문자	덕생동자유덕녀
賢勝堅固解脫長	妙月長者無勝軍	最寂靜婆羅門者	德生童子有德女
미륵보살문수등	보현보살미진중	어차법회운집래	상수비로자나불
彌勒菩薩文殊等	普賢菩薩微塵衆	於此法會雲集來	常隨毘盧遮那佛
어련화장세계해	조화장엄대법륜	시방허공제세계	역부여시상설법
於蓮華藏世界海	造化莊嚴大法輪	十方虛空諸世界	亦復如是常說法
육육육사급여삼	일십일일역부일	세주묘엄여래상	보현삼매세계성
六六六四及與三	一十一一亦復一	世主妙嚴如來相	普賢三昧世界成
화장세계노사나	여래명호사성제	광명각품문명품	정행현수수미정
華藏世界盧舍那	如來名號四聖諦	光明覺品問明品	淨行賢首須彌頂
수미정상게찬품	보살십주범행품	발심공덕명법품	불승야마천궁품
須彌頂上偈讚品	菩薩十住梵行品	發心功德明法品	佛昇夜摩天宮品
야마천궁게찬품	십행품여무진장	불승도솔천궁품	도솔천궁게찬품
夜摩天宮偈讚品	十行品與無盡藏	佛昇兜率天宮品	兜率天宮偈讚品
십회향급십지품	십정십통십인품	아승지품여수량	보살주처불부사
十廻向及十地品	十定十通十忍品	阿僧祇品與壽量	菩薩住處佛不思
여래십신상해품	여래수호공덕품	보현행급여래출	이세간품입법계
如來十身相海品	如來隨好功德品	普賢行及如來出	離世間品入法界
시위십만게송경	삼십구품원만교	풍송차경신수지	초발심시변정각
是爲十萬偈頌經	三十九品圓滿敎	諷誦此經信受持	初發心時便正覺
안좌여시국토해	시명비로자나불		
安坐如是國土海	是名毘盧遮那佛		

반야심경 (般若心經)

마하반야바라밀다심경
摩訶般若波羅蜜多心經

관자재보살이 행심반야바라밀다시에 조견오온개공 도일체고
觀自在菩薩　行深般若波羅蜜多時　照見五蘊皆空　度一切苦

액이니 사리자여 색불이공에 공불이색이오 색즉시공에 공즉시색이
厄　舍利子　色不異空　空不異色　色卽是空　空卽是色

라 수상행식도 역부여시니라 사리자여 시제법공상이 불생불멸이며
受想行識　亦復如是　舍利子　是諸法空相　不生不滅

불구부정이며 부증불감이니 시고공중에 무색이며 무수상행식이며 무
不垢不淨　不增不減　是故空中　無色　無受想行識　無

안이비설신의에 무색성향미촉법이니 무안계며 내지무의식계니라
眼耳鼻舌身意　無色聲香味觸法　無眼界　乃至無意識界

무무명에 역무무명진이며 내지무노사에 역무노사진이며 무고집
無無明　亦無無明盡　乃至無老死　亦無老死盡　無苦集

멸도일새 무지역무득이니 이무소득고로 보리살타가 의반야바라
滅道　無智亦無得　以無所得故　菩提薩埵　依般若波羅

밀다고로 심무가애하고 무가애고로 무유공포하며 원리전도몽상하
蜜多故　心無罣碍　無罣碍故　無有恐怖　遠離顚倒夢想

여 구경열반이며 삼세제불도 의반야바라밀다고로 득아뇩다라삼
究竟涅槃　三世諸佛　依般若波羅蜜多故　得阿耨多羅三

먁삼보리이니 고지하라 반야바라밀다는 시대신주이며 시대명주이며
藐三菩提　故知　般若波羅蜜多　是大神呪　是大明呪

시무상주시무등등주이니 능제일체고하여 진실불허니라 고설반야
是無上呪是無等等呪　能除一切苦　眞實不虛　故說般若

바라밀다주하노니 즉설주에 왈
波羅蜜多呪　卽說呪曰

아제 아제 바라아제 바라승아제 모지사바하 (3)
揭諦　揭諦　波羅揭諦　波羅僧揭諦　菩提娑婆訶

한글 반야심경

큰 지혜로 피안의 세계에 들어가게 하는 마음의 경

① 관자재보살이 깊은 반야 바라밀다를 행할 때, 오온이 모두 공한 것을 비추어 보고 온갖 괴로움과 재앙으로부터 벗어났느니라. ② 사리자여! 색이 공과 다르지 않고, 공이 색과 다르지 않으니, 색이 곧 공이고, 공이 곧 색이니, 수·상·행·식도 또한 이와 같느니라. ③ 사리자여! 이 모든 법의 공한 모양은, 나지도 않고 멸하지도 않으며, 더럽지도 않고 깨끗하지도 않으며, 늘지도 않고 줄지도 않느니라. 그러므로 공 가운데는 색도 없고 수·상·행·식도 없으며, 눈·귀·코·혀·몸과 뜻도 없으며, 모양·소리·냄새·맛·감촉과 법도 없으니, 눈의 세계 내지 의식의 세계도 없느니라. 무명도 없고 무명이 다함도 없으며, 늙고 죽음도 없고 또한 늙고 죽음이 다함까지도 없으며, 고·집·멸·도도 없으며, 지혜도 없고 얻음도 없느니라. ④ 얻는 바가 없으므로, 보살은 반야바라밀다를 의지하여 마음에 걸림이 없고 걸림이 없으므로 두려움이 없어서 뒤바뀐 헛된 생각을 멀리 여의고, 마침내 완전한 열반에 이르며, 과거·현재·미래의 모든 부처님도 반야바라밀다를 의지하여 아뇩다라삼먁삼보리를 얻느니라. ⑤ 그러므로 알지니라. 반야 바라밀다는 가장 신비한 주문이며, 가장 밝은 주문이며, 가장 높은 주문이며, 무엇과도 견줄 수 없는 주문이기에, 능히 모든 괴로움을 없애고 진실하여 허망하지 않느니라. ⑥ 그러므로 반야 바라밀다주문을 설하리니, 주문은 곧 이러하니라.

가테 가테 바라가테 바라상가테 보디 스바하 (세번)

항마진언 降魔眞言

내가이제 금강같은 세가지의 방편으로	아이금강삼등방편 我 以 金 剛 三 等 方 便
몸으로는 금강부의 반월풍륜 오르고서	신승금강반월풍륜 身 乘 金 剛 半 月 風 輪
단위에서 입으로는 람자광명 빛을놓아	단상구방남자광명 壇 上 口 放 喃 字 光 明
무명쌓여 이루어진 너의몸을 태우리라	소여무명소적지신 所 汝 無 明 所 積 之 身
또한천상 허공땅속 모든세계 다스리어	역칙천상공중지하 亦 勅 天 上 空 中 地 下
일체모든 지은장난 어려움을 없애리니	소유일체작제장난 所 有 一 切 作 諸 障 難
선량하지 않은자는 모두와서 무릎꿇고	불선심자개래호궤 不 善 心 者 皆 來 胡 跪
내가설한 가지법음 모두함께 들을지니	청아소설가지법음 廳 我 所 設 加 持 法 音
포악하고 어리석은 마음일랑 버리어서	사제포악패역지심 捨 諸 暴 惡 悖 逆 之 心
불법에서 모두함께 믿는마음 일으켜서	어불법중함기신심 於 佛 法 中 咸 起 信 心
이도량을 옹호하고 시주들을 보살피며	옹호도량역호시주 擁 護 道 場 亦 護 施 主
복을내려 모든재앙 소멸하여 원을성취 하게하라	강복소재여의성취 降 福 消 災 如 意 成 就

**옴 소마니 소마니 훔 하리한나 하리한나 훔 하리한나
바나야 훔 아나야 혹 바아밤 바아라 훔 바탁** (3)

기도 발원 재자
祈禱 發願 齋者

원제천룡팔부중 위아옹호불리신 어제난처무제난 여시소원능성취
願諸天龍八部衆 爲我擁護不離身 於諸難處無諸難 如是所願能成就

의상조사 법성게 (義湘祖師 法性偈)

법성원융무이상	제법부동본래적	법의자성 원융하여	두모습이 본래없고
法性圓融無二相	諸法不動本來寂	모든법은 동함없어	본래부터 고요하며
무명무상절일체	증지소지비여경	이름없고 모양없어	모든것이 끊어진곳
無名無想絶一切	證智所知非餘境	깨달음을 얻고보니	다른경계 아니로다
진성심심극미묘	불수자성수연성	참된성품 매우깊어	지극히도 미묘하여
眞性甚深極微妙	不守自性隨緣成	자기성품 집착않고	인연따라 이뤄지네
일중일체다중일	일즉일체다즉일	하나중에 일체있고	일체중에 하나있어
一中一切多中一	一卽一切多卽一	하나가곧 일체이고	일체가곧 하나일세
일미진중함시방	일체진중역여시	하나티끌 작은속에	온세계를 머금었고
一微塵中含十方	一切塵中亦如是	일체모두 티끌마다	온우주가 다들었네
무량원겁즉일념	일념즉시무량겁	한량없는 긴시간이	한생각의 찰나이고
無量遠劫卽一念	一念卽是無量劫	찰나간의 한생각이	한량없는 긴겁이니
구세십세호상즉	잉불잡란격별성	구세십세 다름없어	서로서로 얽혀돌며
九世十世互相卽	仍不雜亂隔別成	얽혀있듯 하지마는	너무나도 분명하네
초발심시변정각	생사열반상공화	처음발심 일으킬때	그자리가 정각자리
初發心時便正覺	生死涅槃常共和	생사고와 열반경계	본바탕이 한몸이네
이사명연무분별	십불보현대인경	실상현상 이치깊어	분별할수 없는그곳
理事冥然無分別	十佛普賢大人境	시방부처 보현보살	대성인의 경계로세
능인해인삼매중	번출여의부사의	해인삼매 진여해에	자재하게 들어가서
能仁海印三昧中	繁出如意不思議	불가사의 무진법문	마음대로 드러내니
우보익생만허공	중생수기득이익	중생돕는 보배비가	온허공에 가득하고
雨寶益生滿虛空	衆生隨器得利益	중생들은 그릇따라	온갖이익 얻게되네
시고행자환본제	파식망상필부득	이러하니 수행자는	근본마음 돌아가면
是古行者環本際	叵息妄想必不得	번뇌망상 쉬지않고	얻을것이 전혀없네
무연선교착여의	귀가수분득자량	무연자비 좋은방편	마음대로 자재하면
無緣善巧捉如意	歸家隨分得資糧	보리열반 성취하는	밑거름을 얻음일세
이다리니무진보	장엄법계실보전	한량없이 많고많은	다라니의 보배로써
以陀羅尼無盡寶	莊嚴法界實寶殿	온법계를 장엄하여	불국토를 이루면서
궁좌실제중도상	구래부동명위불	마침내는 진여법성	중도자리 앉았으니
窮坐實際中道床	舊來不動名爲佛	본래부터 동함없는	그자리가 부처라네

지장보살본원경 차례

제 1 도리천궁신통품 ··· 124

제 2 분신집회품 ··· 137

제 3 관중생업연품 ·· 140

제 4 염부중생업감품 ··· 146

제 5 지옥명호품 ··· 158

제 6 여래찬탄품 ··· 162

제 7 이익존망품 ··· 173

제 8 염아왕중찬탄품 ··· 179

제 9 칭불명호품 ··· 189

제 10 교량보시공덕품 ··· 194

제 11 지신호법품 ··· 199

제 12 견문이익품 ··· 203

제 13 촉루인천품 ··· 216

지장본원경 (地藏本願經)

제1품 도리천궁에서 신통을 보임

01-01 이와 같이 내가 들었습니다.

01-02 어느 때 **부처님**께서 **도리천**에서 **어머님**을 위하여 법을 설하셨습니다. 이때 시방의 한량없는 세계에서 이루 표현 할 수 없는 일체 모든 부처님과 큰 보살마하살들이 모두 법회에 오시어 찬탄하였습니다. "서가모니부처님께서는 **오탁악세**에서 불가사의한 **큰 지혜와 신통력**을 나타내시어, 억세고 고집 센 중생들을 조복하여 그들로 하여금 **고락의 법**을 알게 하신다." 하고 각기 시자들을 보내어 세존께 문안을 드렸습니다.

01-03 그때 **여래**께서는 미소를 지으시고, 백 천만 억의 큰 **광명 구름**을 놓으시니, 이른바 **대원만광명운·대자비광명운·대지혜광명운·대반야광명운·대삼매광명운·대길상광명운·대복덕광명운·대공덕광명운·대귀의광명운·대찬탄광명운**이었습니다.

제일 도리천궁신통품
第一 忉利天宮神通品

01-01 여시아문
如是我聞

01-02 일시에 불이 재도리천하사
一時 佛 在忉利天

위모설법하시니 이시에 시방무량
爲母說法 爾時 十方無量

세계불가설불가설일체제불과
世界不可說不可說一切諸佛

급대보살마하살이 개래집회하사
及大菩薩摩訶薩 皆來集會

찬탄하시되 석가모니불이 능어오탁
讚歎 釋迦牟尼佛 能於五濁

악세에 현 불가사의대지혜신통
惡世 現 不可思議大智慧神通

지력하사 조복강강중생하여 지고락
之力 調伏剛強衆生 知苦樂

법하시나니라 각견시자하사 문신세존이시어늘
法 各遣侍者 問訊世尊

01-03 시시에 여래함소하시고 방
是時 如來含笑 放

백천만억대광명운하시니 소위대원
百千萬億大光明雲 所謂大圓

만광명운이며 대자비광명운이며 대지
滿光明雲 大慈悲光明雲 大智

혜광명운이며 대반야광명운이며 대삼
慧光明雲 大般若光明雲 大三

매광명운이며 대길상광명운이며 대복
昧光明雲 大吉祥光明雲 大福

01-04 이처럼 말로 다할 수도 없는 광명의 구름을 놓으시고, 또 여러 가지 **미묘한 음성**을 내시니, 이른바 **단나**바라밀의 음성 · **시라**바라밀의 음성 · **찬제**바라밀의 음성 · **비리야**바라밀의 음성 · **선나**바라밀의 음성 · **반야**바라밀의 음성 · **자비**의 음성 · **희사**의 음성 · **해탈**의 음성 · **무루**의 음성 · 지혜의 음성 · 대지혜의 음성 · 사자후의 음성 · 대사자후의 음성 · 우레의 음성 · 대우레의 음성이었습니다.

01-05 이와 같이 말로는 다 표현할 수 없는 음성을 내시자, **사바세계**를 비롯하여 타방국토의 한량없는 천 · 용 · 귀신들도 도리천궁에 모여들었습니다. 이른바 **사천왕천 · 도리천 · 수염마천 · 도솔타천 · 화락천 · 타화자재천 · 범중천 · 범보천 · 대범천 · 소광천 · 무량광천 · 광음천 · 소정천 · 무량정천 · 변정천 · 복생천 ·**

덕광명운^{이며} 대공덕광명운^{이며} 대귀
德光明雲　大功德光明雲　大歸

의광명운^{이며} 대찬탄광명운^{이니라}
依光明雲　大讚歎光明雲

01-04 방여시등불가설광명
放如是等不可說光明

운이^{하시고} 우출종종미묘지음^{하시니} 소
雲已　　又出種種微妙之音　　所

위단바라밀음^{이며} 시라바라밀음^{이며}
謂檀波羅蜜音　尸羅波羅蜜音

찬제바라밀음^{이며} 비리야바라밀
羼提波羅蜜音　毗離耶波羅蜜

음^{이며} 선바라밀음^{이며} 반야바라밀
音　禪波羅蜜音　般若波羅蜜

음^{이며} 자비음^{이며} 희사음^{이며} 해탈음^{이며}
音　慈悲音　喜捨音　解脫音

무루음^{이며} 지혜음^{이며} 대지혜음^{이며} 사
無漏音　智慧音　大智慧音　師

자후음^{이며} 대사자후음^{이며} 운뢰음^{이며}
子吼音　大師子吼音　雲雷音

대운뢰음^{이니라}
大雲雷音

01-05 출여시등불가설불가
出如是等不可說不可

설음이^{하시고} 사바세계^와 급타방국
說音已　　娑婆世界　　及他方國

토^에 유무량억 천룡귀신^이 역집
土　有無量億　天龍鬼神　　亦集

도도리천궁^{하시니} 소위사천왕천^과 도
到忉利天宮　　所謂四天王天　忉

리천^과 수염마천^과 도솔타천^과
利天　須燄摩天　兜率陀天

화락천^과 타화자재천^과 범중천^과
化樂天　他化自在天　梵衆天

복애천·광과천·엄식천·무량엄식천·엄식과실천·무상천·무번천·무열천·선견천·선현천·색구경천·마혜수라천 그리고 비상비비상처천에 이르기까지 온갖 하늘 무리며, 용들과 귀신의 무리 등이, 모두 법회에 모여들었습니다.

범보천과 대범천과 소광천과 무
梵輔天　大梵天　小光天　無

량광천과 광음천과 소정천과 무
量光天　光音天　少淨天　無

량정천과 변정천과 복생천과 복
量淨天　遍淨天　福生天　福

애천과 광과천과 엄식천과 무량
愛天　廣果天　嚴飾天　無量

엄식천과 엄식과실천과 무상천과
嚴飾天　嚴飾果實天　無想天

무번천과 무열천과 선견천과 선
無煩天　無熱天　善見天　善

현천과 색구경천과 마혜수라천과
現天　色究竟天　摩醯首羅天

내지비상 비비상처천과 일체천
乃至悲想　非非想處天　一切天

중과 용중과 귀신등중이 실래집회하니라
衆　龍衆　鬼神等衆　悉來集會

01-06 또 타방국토를 비롯하여 사바세계의 해신·강신·하신·수신·산신·지신·천택신·묘가신·주신·야신·공신·천신·음식신·초목신 등 모두 법회에 모여들었습니다. 또 타방국토를 비롯하여 사바세계의 모든 귀신의 왕들이 함께 하였습니다. 이른바 악목귀왕·담혈귀왕·담정기귀왕·담태란귀왕·행병귀왕·섭독귀왕·자심귀왕·복리귀왕·대애경귀왕이었는데 이들 귀신의 왕들이 모두 법회에 모여들었습니다.

01-06 부유타방국토와 급사바
　　　　復有他方國土　及娑婆

세계의 해신과 강신과 하신과 수신과
世界　海神　江神　河神　樹神

산신과 지신과 천택신　묘가신과
山神　地神　川澤神　苗稼神

주신과 야신과 공신과 천신과 음식
晝神　夜神　空神　天神　飲食

신과 초목신과 여시등신이 개래
神　草木神　如是等神　皆來

집회하니라 부유타방국토와 급사바
集會　復有他方國土　及娑婆

세계제대귀왕하니 소위악목귀왕과
世界諸大鬼王　所謂惡目鬼王

담혈귀왕과 담정기귀왕과 담태
噉血鬼王　噉精氣鬼王　噉胎

란귀왕과 행병귀왕과 섭독귀왕과
卵鬼王　行病鬼王　攝毒鬼王

자심귀왕과 복리귀왕과 대애경
慈心鬼王　福利鬼王　大愛敬

귀왕인 여시등귀왕이 개래집회하니라
鬼王　如是等鬼王　皆來集會

01-07 이시에 석가모니불이 고
　　　　爾時　釋迦牟尼佛　告

문수사리법왕자보살마하살하시되
文殊舍利法王子菩薩摩訶薩

여관시일체제불보살과 급천룡
汝觀是一切諸佛菩薩　及天龍

귀신과 차세계와 타세계와 차국
鬼神　此世界　他世界　此國

토와 타국토에 여시금래집회도
土　他國土　如是今來集會到

도리천자를 여지수부아 문수사
忉利天者　汝知數否　文殊舍

리백불언하시되 세존하 약이아신
利白佛言　世尊　若以我神

력으로 천겁에 측탁하야도 불능득지로소이다
力　千劫　測度　不能得知

01-08 불고문수사리하시되 오이
　　　　佛告文殊舍利　吾以

불안으로 관하여도 유불진수니 차는 개
佛眼　觀　猶不盡數　此皆

시지장보살이 구원겁래에 이도하며
是地藏菩薩　久遠劫來　已度

당도하며 미도하며 이성취하며 당성취하며
當度　未度　已成就　當成就

미성취니라
未成就

01-09 문수사리백불언하시되 세
　　　　文殊舍利白佛言　世

01-07 그때에 서가모니 부처님께서 **문수사리 법왕자 보살마하살**에게 말씀하셨습니다. "그대는 여기에 모인 일체 모든 부처님과 하늘과 용과 귀신들이 보이느냐? 이 세계와 다른 세계와 이 국토와 다른 국토에서 이와 같이 지금 도리천에 이르러서 법회에 모인 자들의 수를 헤아릴 수 있겠느냐?" 문수사리가 부처님께 사뢰었습니다. "**세존이시여!** 만약 저와 같은 신통력으로는 **천겁**을 두고 헤아린다 해도 다 알 수가 없나이다."

01-08 부처님께서 문수사리에게 말씀하셨습니다. "내가 부처의 눈으로 볼지라도 오히려 그 수를 다 알 수 없느니라. 이는 모두 지장보살이 오랜 옛날부터 이미 제도했거나 지금 제도하거나 장차 제도할 자들이며 이미 도를 성취하였거나 지금도 성취시키거나 장차 성취시킬 자들이니라."

01-09 문수사리가 부처님께 사뢰

었습니다. "세존이시여! 저는 이미 과거에 오랫동안 선근을 닦아 걸림 없는 지혜를 증득하였으므로, 부처님의 말씀을 듣고 곧 믿고 받아들일 수 있사오나, 작은 과를 얻은 성문들과 천룡팔부와 미래세의 모든 중생들은 비록 부처님의 정성어린 말씀을 들을지라도, 반드시 의혹을 품을 것이며, 설사 공경히 받아들였다 하더라도 다시 비방하는 일이 일어날 것입니다. **세존이시여!** 오직 바라옵건대 **지장보살마하살**에 대해 자세히 말씀하여 주시옵소서. 그가 보살행을 닦을 때 어떤 행을 닦았으며, 어떤 원을 세웠기에 불가사의한 일을 성취할 수 있었나이까?"

01-10 부처님께서 문수사리에게 말씀하셨습니다. "비유하건대, 저 삼천대천세계에 가득한 초목·총림·벼·삼·갈대·산석 미진의 수를 낱낱이 세어서 그 수만큼의 항하가 있다고 하고, 그 많은 항하의 모든 모래 수만큼의 세계가 있으며, 그 숱한 세계 안의 한 먼지를 일 겁으로 치고, 그 모든 겁 동안에 쌓인 먼지 수를 다시 겁으로 치더라도, 지장보살이 **십지과위**를 증득한 이래 교화한 자의 수효는, 위에 든 비유보다도 천 배는 더 많으리라. 하물며 지장보살이 성문이나 벽지불의 지위에 있을 때부터 **중생을 제도해 온 겁수야** 말할 수 있

존하 **아이과거**에 **구수선근**하여 **증무**
尊　我已過去　久修善根　證無

애지일새 **문불소언**하고 **즉당신수**어니와
礙智　聞佛所言　卽當信受

소과성문과 **천룡팔부**와 **급미래**
小果聲聞　天龍八部　及未來

세제중생등은 **수문여래성실지**
世諸衆生等　雖聞如來誠實之

어하야도 **필회의혹**하며 **설사정수**하야도 **미**
語　必懷疑惑　設使頂受　未

면흥방하리니 **유원세존**은 **광설지장**
免興謗　唯願世尊　廣說地藏

보살마하살의 **인지**에 **작하행**하며 **입**
菩薩摩訶薩　因地　作何行　立

하원하여 **이능성취부사의사**하소서
何願　而能成就不思議事

01-10 **불고문수사리**하시되 **비여**
佛告文殊舍利　譬如

삼천대천세계에 **소유초목총림**과
三千大千世界　所有草木叢林

도마죽위와 **산석미진**에 **일물일**
稻麻竹葦　山石微塵　一物一

수로 **작일항하**하고 **일항하사일사**로
數　作一恒河　一恒河沙一沙

일계하고 **일계지내**에 **일진**으로 **일겁**이요
一界　一界之內　一塵　一劫

일겁지내에 **소적진수**를 **진충위**
一劫之內　所積塵數　盡充爲

겁하여도 **지장보살**이 **증십지과위이**
劫　地藏菩薩　證十地果位以

래컨대 **천배다어상유**어든 **하황지장**
來　千倍多於上喩　何況地藏

보살이 **재성문벽지불지**이리요 **문수**
菩薩　在聲聞辟支佛地　文殊

겠느냐" 부처님께서 이어 말씀하셨습니다. "문수사리여! 이 보살의 위신력과 서원은 생각으로 헤아릴 수 없느니라. 만약 미래세의 어떤 선남자 선여인이 이 보살의 이름을 듣고, 찬탄하거나 우러러 절하며 명호를 부르거나 **공양**을 하거나, 나아가서는 형상을 그리거나 조각하거나 주조하거나 빚거나, 형상에 칠을 하거나 하면, 이 사람은 장차 삼십삼천에 백 번을 태어나 다시는 **악도**에 떨어지지 않을 것이니라."

01-11 부처님께서 이어 말씀하셨습니다. "문수사리여! 지장보살마하살은 저 멀고 아득한 과거 말로 다할 수도 없는 오랜 겁 전에, 어느 큰 장자의 아들이었느니라. 그 당시에는 **사자분신구족만행여래**라는 부처님이 계셨는데, 그때 장자의 아들은 천 가지 복으로 장엄한 부처님의 상호를 뵙고 부처님께 여쭈기를, '어떤 서원을 세워 수행하셨기에 이런 거룩한 상호를 얻으셨나이까?' 그때 **사자분신구족만행여래**께서 장자의 아들에게 말씀하셨느니라. '이러한 몸을 얻고자 한다면 마땅히 오랫동안 온갖 고통 받는 일체의 중생을 제도하여 **해탈**시켜야 하느니라.'

사리여 차보살의 위신서원은 불
舍利 此菩薩 威神誓願 不

가사의니 약미래세에 유선남자
可思議 若未來世 有善男子

선녀인이 문시보살명자하고 혹찬
善女人 聞是菩薩名字 或讚

탄커나 혹첨례커나 혹칭명커나 혹공양커나
歎 或瞻禮 或稱名 或供養

내지채화각루소칠형상하면 시인은
乃至彩畵刻鏤塑漆形像 是人

당득백반생어삼십삼천하여 영불
當得百返生於三十三天 永不

타악도하리라
墮惡道

01-11 문수사리여 시지장보살
文殊舍利 是地藏菩薩

마하살은 어과거구원불가설불
摩訶薩 於過去久遠不可說不

가설 겁전에 신위대장자자러니 시
可說 劫前 身爲大長者子 時

세유불하시되 호왈사자분신구족만
世有佛 號曰獅子奮迅具足萬

행여래시라 시에 장자자 견불상호
行如來 時 長者子 見佛相好

천복으로 장엄하고 인문피불하시되 작하
千福 莊嚴 因問彼佛 作何

행원하여서 이득차상이니까 시에 사자분
行願 而得此相 時 獅子奮

신구족만행여래고장자자하시되 욕
迅具足萬行如來告長者子 欲

증차신인대 당수구원에 도탈일체
證此身 當須久遠 度脫一切

수고중생이라하 시거늘
受苦衆生

01-12 문수사리여! 그때 장자의 아들은 큰 서원을 발하여 세우기를, '제가 이제 미래세가 다하도록 헤아릴 수 없는 겁 동안, 죄업의 고통을 받는 육도의 중생을 위하여, 널리 방편을 베풀어 모두 해탈케 한 뒤라야 저 자신도 비로소 불도를 이루겠나이다.' 그리고는 부처님 앞에서 이러한 위대한 서원을 세운지 이미 백 천만 억 나유타의 말로 다할 수 없는 겁 동안을 아직도 보살로 있느니라."

01-13 부처님께서 이어 말씀하셨습니다. "또 과거 헤아릴 수 없는 아승지겁에 부처님이 계셨으니 **각화정자재왕여래**며 그 부처님의 수명은 사백 천만 억 아승지 겁이니라. **상법시대에 한 바라문의 딸이** 있었는데 숙세의 지은 복이 깊고 두터워 많은 사람들에게 흠모와 공경을 받았으며, 행주좌와에 항상 모든 하늘이 옹호하였느니라. 그러나 그의 어머니는 삿된 것을 믿고 늘 삼보를 업신여겼으므로, 그때 그녀는 갖가지 방편을 베풀어 어머니를 권유하여 바른 견해를 내게 하였지만 그녀의 어머니는 완전한 믿음을 내기도 전에 목숨이

01-12 문수사리야 시에 장자자
文殊舍利 時 長者子
인발서언하되 아금진미래제불가
因發誓言 我今盡未來際不可
계겁에 위시죄고육도중생하여 광
計劫 爲是罪苦六道衆生 廣
설방편하여 진령해탈코서 이아자신이
設方便 盡令解脫 而我自身
방성불도하리라하여 이시어피불전에 입
方成佛道 以是於彼佛前 立
사대원 우금백천만억나유타불
斯大願 于今百千萬億那由他不
가설겁에 상위보살이니라
可說劫 尙爲菩薩

01-13 우어과거불가사의아
又於過去不可思議阿
승지겁에 시세유불하시되 호왈각화
僧祇劫 時世有佛 號曰覺華
정자재왕여래러시니 피불수명은 사
定自在王如來 彼佛壽命 四
백천만억아승지겁이라 상법지중에
百千萬億阿僧祇劫 像法之中
유일바라문녀하니 숙복이 심후하여 중
有一婆羅門女 宿福 深厚 衆
소흠경이며 행주좌와에 제천이 위
所欽敬 行住坐臥 諸天 衛
호하더니 기모신사하여 상경삼보어늘 시
護 其母信邪 常輕三寶 是
시성녀광설방편하여 권유기모하여
時聖女廣設方便 勸喩其母
영생정견하되 이차녀모는 미전생
令生正見 而此女母 未全生
신이러니 불구명종하여 혼신이 타재무
信 不久命終 魂神 墮在無

다하여 **무간지옥**에 떨어졌느니라.

01-14 그때 바라문의 딸은 그녀의 어머니가 세상에 있을 때 인과를 믿지 않고, 마침내 그 업으로 악도에 떨어졌음을 알고, 집을 팔아서, **향화**와 모든 **공양물**을 마련하여 옛 부처님의 **탑**과 사원에서 크게 공양을 올렸으며, 그녀는 그곳에서 **각화정자재왕여래**를 뵙게 되었는데, 그의 형상인 탱화와 불상이 장엄하게 갖추어져 있는 것을 우러러 예배하고 공경하며 이렇게 마음속으로 생각하였느니라. '**부처님의 명호는 대각**이시라 일체지혜를 갖추셨으니, 만약 세상에 계신다면 나의 어머니가 돌아가신 뒤 어느 곳에 가 계신 것을, 부처님께 여쭈어 알게 되었을 것인데' 하면서

01-15 바라문의 딸은 오랫동안 흐느껴 우니, 공중에서 소리가 들렸느니라. '우는 **여인**이여, 성스러운 여인이여! 너무 슬퍼하지 말라. 내 이제 너의 어머니 가신 곳을 보여주리라.' 바라문의 딸이 두 손을 모으고 허공을 향하여 하늘에 아뢰기를, '어떤 위신력과 덕이 있는 분이시온데, 저의 근심을 풀어주시옵니까? 제가 어머니

간지옥^{하니라}
間地獄

01-14 시^에 바라문녀 지모재
時 婆羅門女 知母在

세^에 불신인과^라 계당수업^{하여} 필생
世 不信因果 計當隨業 必生

악취^{라하고} 수매가택^{하여} 광구향화^와
惡趣 遂賣家宅 廣求香華

급제공구^{하여} 어선불탑사^에 대흥
及諸供具 於先佛塔寺 大興

공양^{이다가} 견각화정자재왕여래^{하니}
供養 見覺華定自在王如來

기형상^이 재일사중^{하되} 소화위용^이
其形像 在一寺中 塑畫威容

단엄필비^{어늘} 시^에 바라문녀 첨례
端嚴畢備 時 婆羅門女 瞻禮

존용^{하고} 배생경앙^{하여} 사자염언^{하되} 불
尊容 倍生敬仰 私自念言 佛

명대각^{이라} 구일체지^{시니} 약재세시^{런들}
名大覺 具一切智 若在世時

아모사후^에 당래문불^{이면} 필지처
我母死後 當來問佛 必知處

소^{리라하고}
所

01-15 시^에 바라문녀 수읍양
時 婆羅門女 垂泣良

구^{하며} 첨연여래^{하시더니} 홀문공중성왈
久 瞻戀如來 忽聞空中聲曰

읍자성녀^여 물지비애^{하라} 아금시
泣者聖女 勿至悲哀 我今示

여모지거처^{하리라} 바라문녀 합장
汝母之去處 婆羅門女 合掌

향공^{하며} 이백천왈 시하신덕^{이건대} 관
向空 而白天日 是何神德 寬

131

를 잃은 뒤로 밤낮 생각했으나 어머니가 태어나신 곳을 물어 볼 곳이 없었나이다.' 그때 공중에서 다시 바라문의 딸에게 이르는 소리가 들렸느니라. '나는 바로 너의 예배를 받은 자로서 과거 **각화정자재왕여래**니라. 네가 너의 어머니를 생각함이 보통의 중생들보다 배나 더하기에, 그를 가상히 여겨 일부러 와서 일러주는 것이니라.'

01-16 바라문의 딸이 이 소리를 듣고 너무나 감격한 나머지 온몸을 스스로 땅에 부딪쳐 팔다리가 성한 데가 없었느니라. 좌우에 있던 사람들이 부축하여 마침내 소생하고는 공중을 향하여 아뢰기를, '원컨대 부처님께서는 자비로 저를 불쌍히 여기시어 저희 어머니가 태어나신 곳을 속히 일러 주시옵소서. 저는 몸과 마음이 지쳐 곧 죽을 것만 같사옵니다.' 그때 각화정자재왕여래께서 성녀에게 말씀하시기를, '네가 공양 올리기를 마치거든 곧 집으로 돌아가 단정히 앉아 나의 명호를 생각하라. 그렇게 하면 너의 어머니가 태어난 곳을 알게 되리라.'

01-17 그때 바라문의 딸은 부처님께 예배드리고 집으로 돌아와 단정히 앉아 어머니를 생각하며 각화정자재왕여래를 생각하면서, 하루 낮과 하룻밤이 지나자, 홀연히 자신이 어느 바

아우려이니까 아자실모이래로 주야
我憂慮　我自失母已來　晝夜

억연하되 무처가문지모생계하리 시에
憶戀　無處可問知母生界　時

공중유성하여 재보녀왈 아시여소
空中有聲　再報女曰　我是汝所

첨례자와 과거 각화정자재왕여
瞻禮者　過去　覺華定自在王如

래러니 견여억모 배어상정중생지
來　見汝憶母　倍於常情衆生之

분일새 고래고시하노라
分　故來告示

01-16 바라문녀 문차성이하고
　　　　婆羅門女　聞此聲已

거신자박하여 지절개손커늘 좌우부
舉身自撲　支節皆損　左右扶

시하니 양구방소하여 이백공왈 원불
侍　良久方蘇　而白空曰　願佛

자민하사 속설아모생계하소서 아금에
慈愍　速說我母生界　我今

신심이 장사불구로소이다 시에 각화정
身心　將死不久　時　覺華定

자재왕여래고 성녀왈 여공양
自在王如來告　聖女曰　汝供養

필하고 단조반사하여 단좌사유 오지
畢　但早返舍　端坐思惟　吾之

명호하면 즉당지모소생거처하리라
名號　即當知母所生去處

01-17 시에 바라문녀 심례불
　　　時　婆羅門女　尋禮佛

이하고 즉귀기사하여 이억모고로 단좌
已　即歸其舍　以憶母故　端坐

념각화정자재왕여래하되 경일일
念覺華定自在王如來　經一日

닷가에 와 있음을 알게 되었느니라. 주위를 살펴보니 바닷물이 끓어오르고, 사나운 짐승들이 많았는데 모두 무쇠로 되어 있었으며, 바다 위를 제멋대로 날아다니며 바다 속에서 잠겼다 솟았다 하는, 백천만 명의 남녀들을 다투어 뜯어 먹고 있었으며, 또 주위를 살펴보니 야차들이 있는데 그 모습이 각기 달랐으니, 수많은 손과 수많은 눈을 가진 야차도 있었고 여러 개의 다리와 여러 개의 머리를 가진 야차도 있었으며 어금니가 밖으로 튀어나와 예리한 칼날 같은 것도 있고 갈고리 같은 것들도 있는데, 죄인들을 사나운 짐승들 가까이 몰아다 주기도 하며, 또는 그 스스로 움켜잡아 머리와 다리를 양쪽으로 잡아 찢기도 하는 등 그 형태는 천만 가지나 되어, 차마 눈 뜨고 볼 수 없었으나, 그때 바라문의 딸은 **염불하는 힘으로 인해 자연히 두려운 마음이 없었느니라.**

01-18 거기에 **무독이라고 하는 귀왕**이 있었는데, 성녀에게 머리를 숙이고 다가와 공손히 맞이하며, 성녀에게 말하기를, '거룩하십니다. 보살은 어떤 인연으로 이곳에 오셨습니까? 그때 바라문의 딸이 귀왕에게 묻기를, '여기가 어디입니까?' 무독이 대답하되, '이곳은 **대철위산** 서쪽의 첫 번째 바다입니다.' 성녀가 묻기를, '내 들으니 철위산 안에 지옥이 있다던데,

일야_{러니} 홀견자신_이 도일해변_{하니} 기
一夜　忽見自身　到一海邊　其

수용비_{하고} 다제악수_{하되} 진부철신_{으로}
水湧沸　多諸惡獸　盡復鐵身

비주해상_{하여} 동서치축_{커든} 견제남
飛走海上　東西馳逐　見諸男

자여인백천만수 출몰해중_{타가} 피
子女人百千萬數　出沒海中　被

제악수_의 쟁취식담_{하며} 우견야차기
諸惡獸　爭取食噉　又見夜叉其

형_이 각이_{하되} 혹다수다안_{이며} 다족다
形　各異　或多手多眼　多足多

두_라 구아외출_{하되} 이인여구_{하여} 구제
頭　口牙外出　利刃如鉤　驅諸

죄인_{하야} 사근악수_{하며} 부자박확_{하여} 두
罪人　使近惡獸　復自搏攫　頭

족상취_{커든} 기형_이 만류_라 불감구시_{일러라}
足相就　其形　萬類　不敢久視

시_에 바라문녀_는 이념불력고_로 자연
時　婆羅門女　以念佛力故　自然

무구_{러니}
無懼

01-18 유일귀왕_{하되} 명왈무독_{이라}
　　　　 有一鬼王　名曰無毒

계수래영_{하며} 백성녀왈 선재_라 보
稽首來迎　白聖女曰　善哉菩

살_은 하연_{으로} 내차_{이니까} 시_에 바라문녀
薩　何緣　來此　時　婆羅門女

문귀왕왈 차시하처_{이니까} 무독_이
問鬼王曰　此是何處　無毒

답왈 차시대철위산서면제일중
答曰　此是大鐵圍山西面第一重

해_{니라} 성녀문왈 아문철위지내_에
海　聖女問曰　我聞鐵圍之內

그게 사실입니까?' 무독이 대답하되, '네 그렇습니다. 실로 지옥이 있습니다.' 성녀가 묻기를, '제가 지금 어떻게 해서 여기까지 오게 되었는지 알 수 없습니다.' 무독이 대답하되, '**부처님의 위신력이거나 자신의 업력으로만 올 수 있습니다.** 이 두 가지가 아니고서는 결코 올 수 없습니다.'

01-19 성녀가 또 묻기를, '이 물은 어떤 연유로 이렇게 용솟음쳐 끓어오르며, 저 많은 죄인들과 사나운 짐승들은 어떻게 된 것입니까?' 무독이 대답하되, '이들은 **남염부제**에서 악을 지은 중생이 **죽은 지** 49일이 지나도록 그를 위하여 공덕을 지어 고난에서 구원해 줄 자녀가 없거나 살아 있을 때 선한 인연을 짓지 않았기 때문에 그 스스로 지은 업에 따라 지옥에 떨어지게 됩니다. 그때 이 바다를 지나가게 되는데 이 바다 동쪽으로 십만 유순을 지나가면 또 한 바다가 있습니다. 그곳의 고통은 여기의 배나 더하며, 그 바다 동쪽에 다시 또 하나의 바다가 있는데 그곳의 고통은 앞의 바다에 비해 다시 배가 됩니다. 이 **고통은 삼업으로 지은 악한 원인**에 의한 것이며, 모두 **업의 바다**라 하는데, 그곳이 바로 여기입니다.'

01-20 성녀가 또 무독귀왕에게 문

지옥재중이라 시사실부이니까 무독이
地獄在中 是事實不 無毒

답왈 실유지옥이라 성녀문왈 아
答曰 實有地獄 聖女問曰 我

금운하로 득도옥소이니까 무독이 답
今云何 得到獄所 無毒 答

왈 약비위신이면 즉수업력이러니 비차
曰 若非威神 即須業力 非此

이사면 종불능도니다
二事 終不能到

01-19 성녀우문하되 차수는 하
聖女又問 此水 何

연으로 이내용비하며 다제죄인과 급이
緣 而乃湧沸 多諸罪人 及以

악수이니까 무독이 답왈 차시염부
惡獸 無毒 答曰 此是閻浮

제조악중생의 신사지자로 경사
提造惡衆生 新死之者 經四

십구일하되 무인계사위작공덕하여
十九日 無人繼嗣爲作功德

구발고난하며 생시에 우무선인일새 당
救拔苦難 生時 又無善因 當

거본업소감지옥하여 자연선도차
據本業所感地獄 自然先度此

해하며 해동십만유순에 우유일해하되
海 海東十萬由旬 又有一海

기고배차하고 피해지동에 우유일
其苦倍此 彼海之東 又有一

해하되 기고부배라 삼업악인지소
海 其苦復倍 三業惡因之所

초감일새 공호업해니 기처시야니다
招感 共號業海 其處是也

01-20 성녀우문 귀왕무독왈
聖女又問 鬼王無毒曰

기를, '지옥은 어디 있나이까?' 무독이 대답하되, '저 세 가지 바다가 그대로 **대지옥**입니다. 그 지옥의 숫자가 백 천인데 각각 차별이 있으나, **대지옥은 열여덟**이고, 다음으로 **오백개의 지옥**이 있는데 고통과 독살스럽기가 한량이 없습니다. 다음으로 천백의 지옥이 있는데 또한 그 고통이 한량이 없습니다.' 성녀가 묻기를, '저의 어머니가 돌아가신 지 얼마 되지 않았는데, 그 분의 혼신이 어느 곳에 갔는지 알 수 없겠습니까?' 귀왕이 성녀에게 묻되, '보살의 어머님은 생전에 어떤 행업을 익히셨습니까? 성녀가 대답하되, '저희 어머니는 삿된 소견으로 **삼보**를 비방하고, 설혹 잠깐 믿다가도 이내 돌이켜 또 공경하지 않았습니다. 돌아가신 지는 비록 며칠이 되지 않았지만, 태어난 곳을 알 수 있겠습니까?' 무독이 묻되, '보살의 어머니는 성씨가 어떻게 되십니까?' 성녀가 대답하되, '저희 부모님은 모두 바라문 종족입니다. 아버지의 이름은 시라선견이시고 어머니의 이름은 열제리입니다.'

지옥은 하재니까 무독이 답왈 삼
地獄 何在 無毒 答曰 三
해지내 시대지옥이라 기수백천이로다
海之內 是大地獄 其數百千
각각차별하니 소위대자는 구유십
各各差別 所謂大者 具有十
팔하고 차유오백하되 고독이 무량이며 차
八 次有五百 苦毒 無量 次
유천백하되 역무량고이니다 성녀우문
有千百 亦無量苦 聖女又問
대귀왕왈 아모사래미구하야 부
大鬼王曰 我母死來未久 不
지커다 혼신이 당지하취니까 귀왕이
知 魂神 當至何趣 鬼王
문성녀왈 보살지모는 재생에 습
問聖女曰 菩薩之母 在生 習
하행업이니까 성녀답왈 아모사견하여
何行業 聖女答曰 我母邪見
기훼삼보하며 설혹잠신이나 선우불
譏毀三寶 設或暫信 旋又不
경하더니 사수일천이나 미지하처니다 무
敬 死雖日淺 未知何處 無
독이 문왈 보살지모는 성씨하
毒 問曰 菩薩之母 姓氏何
등입니까 성녀답왈 아부아모는 구
等 聖女答曰 我父我母 俱
바라문종이니 부호는 시라선견이요
婆羅門種 父號 尸羅善見
모호는 열제리입니다
母號 悅帝利

01-21 무독귀왕이 합장하여 머리를 조아리고 보살성녀에게 말하기를, '**성스러운 이여!** 바라건대 집으로 돌

01-21 무독이 합장하고 계보살왈
無毒 合掌 啓菩薩曰
원성자는 각반하사 무지우억비연하소서
願聖者 却返 無至憂憶悲戀

아가시어 너무 슬퍼하거나 염려하지 마십시오. 죄인이셨던 열제리 여인께서는 **천상에 태어나신지 사흘이 되었습니다.** 효성스런 자식이 어머니를 위하여 공양을 베풀어 복을 닦고 각화정자재왕여래 탑사에 보시하신 까닭입니다. 보살의 어머님만 지옥에서 벗어난 게 아니라 이날 이 무간지옥에 있던 모든 죄인들이 다 함께 천상에 태어나는 기쁨을 누리게 되었습니다.'

01-22 무독귀왕이 말을 마치고 합장한 채 물러갔느니라. 바라문의 딸은 마치 꿈을 꾸듯 집으로 돌아와 이러한 모든 일이 사실임을 깨닫고 곧바로 각화정자재왕여래의 탑과 불상 앞에 나아가 **위대한 서원을 세우기를, '원하옵건대 저는 미래 겁이 다하도록 죄의 고통에 빠진 중생이 있으면 널리 방편을 베풀어 그들로 하여금 모두 해탈케 하겠나이다.'** 고 하였느니라." 부처님께서 문수사리에게 말씀하셨습니다. "그때 그 무독귀왕은 지금의 재수보살이요, 바라문의 딸은 지금의 지장보살이니라."

열제리죄녀 생천이래로 **경금삼**
悅帝利罪女 生天以來 經今三

일이니다 **운승효순지자위모**하여 **설공**
日 云承孝順之子爲母 設供

수복하되 **보시 각화정자재왕여래**
修福 布施 覺華定自在王如來

탑사하니 **비유보살지모득탈지옥**이라
塔寺 非唯菩薩之母得脫地獄

응시무간에 **차일죄인**은 **실득수**
應是無間 此日罪人 悉得受

락하여 **구동생흘**이니라
樂 俱同生訖

01-22 귀왕이 **언필**에 **합장이퇴**커늘
鬼王 言畢 合掌而退

바라문녀 심여몽귀하여 **오차사이**하고
婆羅門女 尋如夢歸 悟此事已

변어각화정자재왕여래탑상지
便於覺華定自在王如來塔像之

전에 **입홍서원**하되 **원아진미래겁**토록
前 立弘誓願 願我盡未來劫

응유죄고중생을 **광설방편**하여 **사**
應有罪苦衆生 廣說方便 使

령해탈케하리다하니라
令解脫

불고문수사리하시되 **시귀왕무독자**는
佛告文殊舍利 時鬼王無毒者

당금재수보살이요 **시 바라문녀자**는
當今財首菩薩 是 婆羅門女者

즉지장보살이시니라
卽地藏菩薩 是

제2품 분신들이 법회에 모임

02-01 그때 백 천만 억의 생각할 수 없고, 논할 수 없으며, 헤아릴 수 없고 말로 다 표현할 수 없는 무량한 아승지 세계의 지옥에 있던 **지장보살의 분신들**이 모두 도리천궁의 법회에 모여들었으며, 또한 여래의 신통력으로 각 방면에서 해탈을 얻어 업의 세계로부터 벗어난 자가 또한 천만 억 나유타인데 모두 향과 꽃을 가지고 와서 부처님께 공양하였습니다. 저들은 모두 다 지장보살의 교화를 힘입어 영원히 **아뇩다라삼먁삼보리**에서 물러서지 아니한 이들이었습니다. 이들은 머나먼 겁으로부터 생사의 물결에 떠돌며 **육도의 고통**을 받아 잠시도 쉴 틈이 없었는데 지장보살의 넓고 큰 자비와 깊은 서원력으로 인하여 각기 도과를 증득하고 이미 도리천에 이르러서는 매우 기쁜 마음으로 여래를 우러러보며 잠시도 한눈을 팔지 않았습니다.

02-02 그때 세존께서 금빛 팔을 들어 백 천만 억의 이루 생각할 수 없고 논할 수 없고, 헤아릴 수 없으

제이 분신집회품
第二 分身集會品

02-01 이시에 백천만억불가사
爾時 百千萬億不可思

불가의 불가량 불가설 무량아
不可議 不可量 不可說 無量阿

승지세계 소유지옥처에 분신지장
僧祇世界 所有地獄處 分身地藏

보살이 구래집재 도리천궁이시러니 이
菩薩 俱來集在 忉利天宮 以

여래신력고로 각이방면에 여제득
如來神力故 各以方面 與諸得

해탈하여 종업도출자 역각유천만
解脫 從業道出者 亦各有千萬

억나유타수라 공지향화하여 내공양
億那由他數 共持香華 來供養

불하시니 피제동래등배는 개인지장보
佛 彼諸同來等輩 皆因地藏菩

살교화하시어 영불퇴전어아뇩다라
薩教化 永不退轉於阿耨多羅

삼먁삼보리라 시제중등이 구원겁
三藐三菩提 是諸衆等 久遠劫

래로 유랑생사하여 육도수고에 잠무휴
來 流浪生死 六道受苦 暫無休

식이라 이지장보살의 광대자비심서
息 以地藏菩薩 廣大慈悲深誓

원고로 각 획과증이라 기지도리하여 심
願故 各獲果證 既至忉利 心

회용약하여 첨앙여래하여 목불잠사러니
懷踊躍 瞻仰如來 目不暫捨

02-02 이시에 세존이 서금색비하시아
爾時 世尊 舒金色臂

마백천만억불가사 불가의 불
摩百千萬億不可思 不可議 不

며, 말로 다 표현할 수 없는, 무량한 아승지 세계의 모든 화신 지장보살마하살의 이마를 어루만지시며 말씀하셨습니다. "내가 오탁악세로 혼탁한 거친 세상에서, 이처럼 억세고 고집 센 중생을 교화하여 마음을 조복시키고 사견을 버리고 **정견**으로 돌아오게 하였으나, 열에 하나 둘은 아직도 **악습**을 버리지 못하였느니라. 또한 백천만 억의 분신을 나타내어 **두루 방편을 베풀되** 혹 근기가 영리한 자는 법을 듣고는 바로 믿고 받아들일 것이며, 혹 선과가 있는 자는 부지런히 권하면 성취하며, 혹 암둔한 자는 오래도록 교화하여야 겨우 귀의하며, 혹 업이 중한 자는 우러러 공경하는 마음을 내지 않는 자도 있느니라. 이처럼 **중생들이 각기 차별이 있으므로** 분신을 나타내어 제도하고 해탈시키되 남자의 몸이나 여인의 몸을 나타내기도 하며 **천신이나 용의 몸을** 나타내거나 귀신의 몸을 나타내기도 하고, 산·숲·냇물·도랑·개울·연못·샘·우물의 모습을 나타내어 사람을 이롭게 하면서 모두 다 제도하여 해탈케 하고, 제석의 몸·범왕의 몸·전륜왕의 몸·거사의 몸·국왕의 몸·재상의 몸·관속의 몸을 나투기도 하며, 비구·비구니·우바새·우

가량 불가설 무량아승지세계
可量 不可說 無量阿僧祇世界

제화신 지장보살마하살정^{하시고}
諸化身 地藏菩薩摩訶薩頂

이작시언^{하시되} 오어오탁악세^에 교
而作是言 吾於五濁惡世 教

화여시강강중생^{하여} 영심조복^{하여}
化如是剛强衆生 令心調伏

사사귀정^{하되} 십유일이^는 상재악
捨邪歸正 十有一二 尙在惡

습^{이라} 오역분신천백억^{하여} 광설방
習 吾亦分身千百億 廣設方

편^{하나니} 혹유이근^은 문즉신수^{하고} 혹
便 或有利根 聞即信受 或

유선과^는 근권성취^{하며} 혹유암둔^은
有善果 勤勸成就 或有暗鈍

구화방귀^{하고} 혹유업중^은 불생경
久化方歸 或有業重 不生敬

앙^{이라} 여시등배중생^이 각각차별^{일새}
仰 如是等輩衆生 各各差別

분신도탈^{하되} 혹현남자신^{하며} 혹현
分身度脫 或現男子身 或現

여인신^{하며} 혹현천룡신^{하며} 혹현귀
女人身 或現天龍身 或現鬼

신신^{하며} 혹현산림천원^과 하지천
神身 或現山林川源 河池泉

정^{하여} 이급어인^{하여} 실개도탈^{하며} 혹현
井 利及於人 悉皆度脫 或現

제석신^{하며} 혹현범왕신^{하며} 혹현전
帝釋身 或現梵王身 或現轉

륜왕신^{하며} 혹현거사신^{하며} 혹현국
輪王身 或現居士身 或現國

왕신^{하며} 혹현재보신^{하며} 혹현관속
王身 或現宰輔身 或現官屬

바이의 몸을 나타내기도 하고, 나아가서는 **성문·나한·벽지불·보살** 등의 몸으로 나타내어 **교화하고 제도**하므로, 다만 부처님의 몸으로만 오로지 그 몸을 나타내는 것만은 아니니라."

02-03 부처님께서 이어 말씀하셨습니다. "그대들은 내가 여러 겁에 걸쳐 부지런히 고행을 닦으면서, 이처럼 교화하기 어려운 억세고 고집 세며 죄 많고 고통 많은 중생들을 해탈시킴을 보았느니라. 하지만 아직 그 가운데는 조복되지 못한 자들이, 죄고를 따라 과보를 받고 있으니, 만약 악도에 떨어져 큰 고통을 받을 때 그대들은 마땅히 내가 **도리천궁**에서 은근히 **부촉한** 일을 깊이 생각하여 사바세계에서 저 미륵불이 출세할 때까지 모든 중생들로 하여금 다 해탈케 하여 영원히 모든 고통을 여의고 부처님의 수기를 받게 하여라."

02-04 그때 모든 세계에서 모인, 모든 지장보살의 분신들이, 다시 한 몸을 이루어, **애절하게 눈물을 흘리며 부처님께 말씀드렸습니다.** "저는 아주 오랜 겁으로부터 부처님께서 이끌어 주심을 힘입어 불가사의한 신통력을 얻고, 위대한 지혜를 갖추었습니다. 저의 분신을 백 천만 억 항하사 세계에 몸을 나투어, 한 세계마다 백 천만억 분신으로 화현하고, 그 한 몸

신하며 **혹현비구비구니 우바새**
身　或現比丘比丘尼　優婆塞

우바이신과 **내지성문나한 벽지**
優婆夷身　乃至聲聞羅漢　辟支

불보살등신하여 **이이화도**하노니 **비단**
佛菩薩等身　而以化度　非但

불신으로 **독현기신**이니라
佛身　獨現其身

02-03 **여관오누겁**에 **근고도탈**
　　　汝觀吾累劫　勤苦度脫

여시등 난화강강한 **죄고중생**이나
如是等　難化剛强　罪苦衆生

기유미조복자 수업보응하여 **약타**
其有未調伏者　隨業報應　若墮

악취하여 **수대고시**이든 **여당억념오재**
惡趣　受大苦時　汝當憶念吾在

도리천궁하여 **은근부촉**하야 **영사바세**
忉利天宮　慇懃付囑　令娑婆世

계로 **지 미륵출세 이래중생**이 **실**
界　至　彌勒出世　已來衆生　悉

사해탈하여 **영리제고**하고 **우불수기**케하라
使解脫　永離諸苦　偶佛授記

02-04 **이시**에 **제세계화신 지**
　　　爾時　諸世界化身　地

장보살이 **공복일형**하여 **체루애연**하야
藏菩薩　共復一形　涕淚哀戀

이백불언하되 **아종구원겁래**로 **몽**
而白佛言　我從久遠劫來　蒙

불접인하여 **사획불가사의신력**하여
佛接引　使獲不可思議神力

구대지혜일새 **아소분신**이 **변만백**
具大智慧　我所分身　遍滿百

천만억항하사세계하여 **매일세계**에
千萬億恒河沙世界　每一世界

마다 백 천만 억의 사람들을 제도하여, 삼보에 귀의하고 공경케 하며, 영원히 생사를 여의고 열반락에 이르게 하겠습니다. 다만 불법 가운데, 한 올의 털끝이나 한 방울의 물이거나 한 알의 모래거나 한 점의 먼지만큼 작은 그 어떤 것이라도 선한 일을 하게 되면, 제가 점차로 교화하고 제도하여 마침내 커다란 이익을 얻게 하겠습니다. 오직 바라옵건대 세존께서는 **후세의 악업중생으로 인한 염려는 하지 마시옵소서.**" 이와 같이 세 번 부처님께 사뢰었습니다. "**원하옵건대 세존이시여! 후세의 악업중생에 대해서는 염려하지 마옵소서.**" 그때 부처님께서 지장보살을 찬탄하여 말씀하셨습니다. "착하고 착하다! 내가 그대를 도와 기쁨을 더하리라! 그대는 아득한 겁으로부터 세운 큰 서원을 성취하여, 널리 중생을 제도한 뒤 깨달음을 얻을 것이니라."

화백천만억신하고 **매일화신**에 도
化百千萬億身　每一化身　度

백천만억인하여 **영귀경삼보**하며 영
百千萬億人　令歸敬三寶　永

리생사하여 **지열반락**케하여 **단어불법**
離生死　至涅槃樂　但於佛法

중 **소위선사**에 **일모일적**이며 **일사**
中　所爲善事　一毛一滴　一沙

일진이며 **혹호발허**라도 **아점도탈**하여 사
一塵　或毫髮許　我漸度脫　使

획대리케하리니 **유원세존**하 **불이후세**
獲大利　唯願世尊　不以後世

악업중생으로 **위려**하소 **여시삼백불**
惡業衆生　爲慮　如是三白佛

언하되 **유원세존**하 **불이후세악업**
言　唯願世尊　不以後世惡業

중생으로 **위려**하소 **이시**에 **불**이 **찬지**
衆生　爲慮　爾時　佛讚地

장보살언하시되 **선재선재**라 **오조여**
藏菩薩言　善哉善哉　吾助汝

희하노라 **여능성취구원겁래**로 **발홍**
喜　汝能成就久遠劫來　發弘

서원하여 **광도장필**하고 **즉증보리**케하라
誓願　廣度將畢　卽證菩提

제3품 중생의 업연을 관찰함

제삼 관중생업연품
第三　觀衆生業緣品

03-01 그때 **부처님의 어머니 마야부인**이 공경히 합장하고 지장보살에게 여쭈었습니다. "성자이시여! 남염

03-01 **이시**에 **불모마야부인**이
爾時　佛母摩耶夫人

공경합장하사 **문지장보살언**하시되 **성**
恭敬合掌　問地藏菩薩言　聖

부제 중생들의 짓는 갖가지 업과 그에 따라 받는 과보는 어떠한 것이옵니까?" 지장보살이 대답하였습니다. "천만 세계의 모든 국토에 어떤 곳은 지옥이 있고 어떤 곳은 지옥이 없으며, 어떤 곳은 여인이 있고 어떤 곳은 여인이 없으며, 불법이 있기도 하고 없기도 하며, 성문과 벽지불도 역시 그렇듯이, 지옥의 죄보도 한 가지만 있는 것은 아닙니다."

03-02 마야 부인이 거듭 지장보살에게 여쭈었습니다. "바라옵건대 저 염부제에서 죄업으로 인하여 악취에 떨어져서 과보를 얻는 것에 대하여 듣고자 하나이다." 지장보살이 대답하였습니다. "성모시여! 바라건대 잘 들으소서. 제가 간략히 말씀드리겠나이다." "원컨대 성자시여! 말씀하여 주옵소서." 그때 지장보살은 성모 마야부인께 말씀드렸습니다. "남염부제의 죄보는 이러하옵니다. 부모에게 불효하고 혹 살생까지 하게 되면 장차 무간지옥에 떨어져 천만억겁에도 벗어날 기약이 없으며, 불상에 피를 내거나 삼보를 비방하고 경전을 존경

자여 염부중생의 조업차별과 소
者 閻浮衆生 造業差別 所

수보응은 기사운하잇고 지장이 답
受報應 其事云何 地藏 答

언하시되 천만세계와 내급국토에 혹
言 千萬世界 乃及國土 或

유지옥하며 혹무지옥하며 혹유여인하며
有地獄 或無地獄 或有女人

혹무여인하며 혹유불법하며 혹무불
或無女人 或有佛法 或無佛

법하며 내지성문벽지불도 역부여
法 乃至聲聞辟支佛 亦復如

시하니 비단지옥죄보일등이니다
是 非但地獄罪報一等

03-02 마야부인이 중백보살하시되
摩耶夫人 重白菩薩

차 원문어염부죄보로 소감악
且 願聞於閻浮罪報 所感惡

취하나이다 지장이 답언하시되 성모시여 유원
趣 地藏 答言 聖母 唯願

청수하소서 아조설지하리이다 불모백언하시되
聽受 我粗說之 佛母白言

원성자는 설하소서 이시에 지장보살
願聖者 說 爾時 地藏菩薩

백성모언하시되 남염부제의 죄보명
白聖母言 南閻浮提 罪報名

호는 여시니이다 약유중생이 불효부
號 如是 若有衆生 不孝父

모하고 혹지살생하면 당타무간지옥하여
母 或至殺生 當墮無間地獄

천만억겁에 구출무기하며 약유중
千萬億劫 求出無期 若有衆

생이 출불신혈커나 훼방삼보하고 불경
生 出佛身血 毁謗三寶 不敬

하지 않으면 또한 **무간지옥**에 떨어져 천만억겁에 벗어날 기약이 없습니다. 또한 절의 재물을 훔치거나 손해를 끼치고, 비구 비구니를 더럽히며, 혹은 절 안에서 음욕을 행하거나 살해하거나 하면 이러한 자들은 장차 **무간지옥**에 떨어져 천만억겁에 벗어날 기약이 없습니다. 사문이 아니면서 거짓사문의 행세를 하고 절집안의 집기들을 함부로 다루거나 부수거나 신도를 속이거나 계율을 어겨 갖가지 악업을 지으면 이러한 자들도 장차 **무간지옥**에 떨어져 천만억겁에도 벗어날 기약이 없습니다. 만약 어떤 중생이 상주물인 재물이나 곡식이나 음식이나 의복과 그 밖에 한 물건이라도 주지 아니한 것을 갖게 되면 마땅히 **무간지옥**에 떨어져 천만 억겁에도 벗어날 기약이 없습니다." 지장보살이 사뢰었습니다. "성모시여! 만약 어떤 중생이 이러한 죄를 지으면 장차 **오무간지옥**에 떨어져 잠깐도 쉴 새 없이 고통을 받습니다."

존경^{하면} 역당타어무간지옥^{하여} 천
尊經　亦當墮於無間地獄　千

만억겁^에 구출무기^{하며} 약유중생^이
萬億劫　求出無期　若有衆生

침손상주^{커나} 점오승니^{하며} 혹가람
侵損常住　點汚僧尼　或伽藍

내^에 자행음욕^{커나} 혹살혹해^{하면} 여시
內　恣行淫慾　或殺或害　如是

등배^는 당타무간지옥^{하여} 천만억
等輩　當墮無間地獄　千萬億

겁^에 구출무기^{하며} 약유중생^이 위작
劫　求出無期　若有衆生　僞作

사문^{하되} 심비사문^{이라} 파용상주^{하고} 기
沙門　心非沙門　破用常住　欺

광백의^{하며} 위배계율^{하고} 종종조악^{하면}
誑白衣　違背戒律　種種造惡

여시등배^는 당타무간지옥^{하여} 천
如是等輩　當墮無間地獄　千

만억겁^에 구출무기^{하며} 약유중생^이
萬億劫　求出無期　若有衆生

투절상주^{하되} 재물곡미^와 음식의
偸竊常住　財物穀米　飮食衣

복^에 내지일물^{이나} 불여취자^는 당타
服　乃至一物　不與取者　當墮

무간지옥^{하여} 천만억겁^에 구출무
無間地獄　千萬億劫　求出無

기^{니다} 지장^이 백언^{하되} 성모^{시여} 약유중
期　地藏　白言　聖母　若有衆

생^이 작여시죄^{하면} 당타오무간지
生　作如是罪　當墮五無間地

옥^{하여} 구잠정고^{하도} 일념부득^{이리다}
獄　求暫停苦　一念不得

03-03　마야부인이 거듭 지장보살

03-03　**마야부인**^이 **중백지장보**
　　　　摩耶夫人　重白地藏菩

에게 여쭈었습니다. "**어떤 것을 무간지옥이라 이름 하나이까?**" 지장보살이 대답하였습니다. "**성모시여!** 모든 **지옥**은 **대철위산** 안에 있습니다. 대지옥이 **열여덟** 곳이 있으며, 다음으로 **오백 곳**이 있어 이름이 각각 다르며, 다시 **천백개의 지옥**이 있는데 역시 이름은 각기 다릅니다. 무간지옥은 그 지옥의 성 둘레가 팔만여리가 되고 성벽은 모두 철로 되어 있으며 높이가 일만리이고 성 위에는 쉴 새 없이 타오르는 엄청난 불꽃이 있습니다. 그 지옥 속에는 여러 작은 지옥들이 서로 이어져 있는데 이름이 각기 다릅니다. 특별히 거기에 하나의 지옥이 있는데 그것이 곧 **무간지옥**이며 지옥의 둘레는 만팔천 리나 되고 옥의 담장 높이는 천 리나 되는데 모두 철로 이루어져 있습니다. 위의 불꽃은 아래로 타 내려오고 아래의 불꽃은 위로 타 오르며 무쇠로 된 뱀과 개들이 불꽃을 뿜으며 지옥의 담장 위를 이리 달리고 저리 달립니다. 지옥 안에는 평상이 하나 있는데 주변의 넓이가 만리에 두루 하며, 그 위에서 한 사람이 죄를 받을 때 그의 몸이 그 평상에 꽉 차게 됩니다. 또 천 사람이 죄를 받을 때도 제각기 자신의 몸이 그 평상에 꽉 차게 됨을 보게 됩니다. 이는 **갖가지 죄업으로 인해 이러한 과보를 받게 되는 것입니다.**"

살언하시되 **운하명위 무간지옥**이니까
薩言 云何名爲 無間地獄

지장이 **백언**하되 **성모**시여 **제유지옥**
地藏 白言 聖母 諸有地獄

재대철위산지내 하되 **기대지옥**은
在大鐵圍山之內 其大地獄

유일십팔소 요 **차유오백**하되 **명호**
有一十八所 次有五百 名號

각별하며 **차유천백**하되 **명자각별**커와
各別 次有千百 名字各別

무간옥자는 **기옥성**이 **주잡팔만**
無間獄者 其獄城 周匝八萬

여리요 **기성**이 **순철**이며 고 **일만리**요
餘里 其城 純鐵 高 一萬里

성상화취 소유공궐하며 **기옥성중**에
城上火聚 小有空闕 其獄城中

제옥이 **상련**하되 **명호각별**이나 **독유일**
諸獄 相連 名號各別 獨有一

옥이 **명왈무간**이니 **기옥**은 **주잡만팔**
獄 名曰無間 其獄 周匝萬八

천리요 **옥장고**는 **일천리**로되 **실시철**
千里 獄墻高 一千里 悉是鐵

위라 **상화철하**하고 **하화철상**하며 **철사**
爲 上火徹下 下火徹上 鐵蛇

철구토화치축하되 **옥장지상**에 **동서**
鐵狗吐火馳逐 獄墻之上 東西

이주하며 **옥중**에 **유상**하되 **변만만리**어든
而走 獄中 有床 遍滿萬里

일인이 **수죄**하되 **자견기신**이 **변와만**
一人 受罪 自見其身 遍臥滿

상하고 **천만인**이 **수죄**하되 **역각자견신**
床 千萬人 受罪 亦各自見身

만상상하나 **중업소감**으로 **획보여시**하며
滿床上 衆業所感 獲報如是

03-04 지장보살이 이어 말했습니다. "또 모든 죄인들이 온갖 고통을 골고루 받습니다. 천백의 야차를 비롯하여 수많은 악귀들이 칼날 같은 어금니와 번갯불과 같은 눈빛을 지니고 구리로 된 앞발톱으로 죄인의 내장을 꺼내어 자르기도 하며, 또 어떤 야차들은 커다란 쇠창을 들고 죄인의 몸에 집어던지는데 입이나 코를 맞추기도 하고 배나 등을 맞춰서는 공중에 집어던졌다가 다시 창끝으로 받아 평상 위에 두기도 합니다. 또 쇠독수리가 죄인의 눈을 쪼아 먹기도 하고 무쇠로 된 뱀이 죄인의 목을 감아 조이며, 온몸의 마디와 급소에 긴 못을 내려 박기도 하며 혀를 뽑아 보습을 삼아 죄인에게 끌게 합니다. 펄펄 끓는 구리물을 입에 붓는가 하면, 벌겋게 달아 오른 철사로 온몸을 결박하기도 하며, 만 번 죽였다가 만 번 살렸다하며, 모두가 업보를 받는 것으로 설사 억 겁을 지나더라도 벗어날 기약이 없습니다. 이 세계가 무너질 때는 다른 세계에 옮겨가고, 다른 세계가 무너질 때는 또 다른 세계에 옮겨가고 계속하여 옮겨가고 하다가 이 세계가 이루어진 뒤에는 다시 돌아와 자리를 잡게 됩니다. 무간지옥의 죄보는 이와 같나이다."

03-05 지장보살이 이어 말했습니다. "또 다섯 가지 업으로 인하여 무간지옥이라 합니다. 그 다섯 가지는

03-04 우제죄인이 비수중고할새
又諸罪人 備受衆苦
천백야차와 급이악귀구아여검하고
千百夜叉 及以惡鬼口牙如劒
안여전광하며 수부동조로 추장좌
眼如電光 手復銅爪 抽腸剉
참하며 부유야차는 집대철극하여 중죄
斬 復有夜叉 執大鐵戟 中罪
인신하되 혹중구비 혹중복배하여 포
人身 或中口鼻 或中復背 抛
공번접하고 혹치상상하며 부유철응은
空翻接 或置床上 復有鐵鷹
담죄인목하며 부유철사는 교죄인
啗罪人目 復有鐵蛇 繳罪人
수하며 백지절내에 실하장정하며 발설
首 百肢節內 悉下長釘 拔舌
경리할새 타예죄인하며 양동관구하고 열
耕犁 拖拽罪人 洋銅灌口 熱
철전신하여 만사만생하나 업감여시라
鐵纏身 萬死萬生 業感如是
동경억겁하여도 구출무기하며 차계괴
動經億劫 求出無期 此界壞
시에 기생타계하고 타계차괴하여는 전
時 寄生他界 他界次壞 轉
기타방하며 타방괴시에는 전전상기라가
寄他方 他方壞時 展轉相寄
차계성후에 환부이래하나니 무간죄
此界成後 還復而來 無間罪
보는 기사여시니다
報 其事如是

03-05 우오사업감일새 고칭무
又五事業感 故稱無
간이니 하등이 위오요 일자는 일야수
間 何等 爲五 一者 日夜受

다음과 같습니다. 첫째는 밤낮으로 죄를 받되 심지어 한 겁에 이르기까지 잠시도 쉴 틈이 없으므로 무간지옥이라 합니다. 둘째는 한 사람만으로도 그 지옥이 가득 차고 아무리 많은 사람이라도 그 지옥이 꽉 차기 때문에 무간지옥이라 합니다. 셋째는 죄인을 다루는 형구로 쇠방망이·독수리·뱀·이리·개·맷돌·톱·도끼·가마솥·철망·철사·무쇠나귀·철마 등이 있는데 생가죽 등으로 목을 조르고, 쇳물을 몸에 부으며, 배가 고프면 철환을 삼키고, 목마르면 무쇠 즙을 마십니다. 그리하여 해가 다하고 겁이 다하여 나유타의 겁에 이른다 하더라도 고초가 계속 이어져 잠시도 끊일 사이가 없으므로 무간지옥이라 합니다. 넷째는 남자·여자·오랑캐·도적·늙고 젊거나·귀하고 천하거나·용·신·하늘·잡귀나 가릴 것 없이 누구나 죄를 짓고 과보를 받음에 있어서는 똑같이 받기 때문에 무간지옥이라 합니다. 다섯째는 만약 이 지옥에 떨어질 때로부터 백 천겁에 이르기까지 하루 낮 하룻밤 사이에 만 번 죽었다가 만 번 소생합니다. 단 한 순간만이라도 쉬고자 하지만 쉴 수가 없으며 오직 업이 다해야만 비로소 다른 곳에 태어날 수 있습니다. 그러나 이러한 일을 제하고는 이러한 고통이 계속하여 이어지므로 **무간지옥**이라 합니다."

03-06 지장보살이 성모께 사뢰었

죄하여 이지겁수히 무시간절일새 고칭
罪 以至劫數 無時間絶 故稱

무간이요 이자는 일인이 역만하고 다인도
無間 二者 一人 亦滿 多人

역만일새 고칭무간이요 삼자는 죄기차
亦滿 故稱無間 三者 罪器

봉과 응사낭견과 대마거착과 좌작
棒 鷹蛇狼犬 碓磨鉅鑿 剉斫

확탕 철망철승 철려철마를 생
鑊湯 鐵網鐵繩 鐵驢鐵馬 生

혁으로 낙수하고 열철로 요신하며 기탄철
革 絡首 熱鐵 澆身 飢吞鐵

환하고 갈음철즙하여 종년경겁에 수나
丸 渴飲鐵汁 終年竟劫 數那

유타라도 고초상련하여 갱무간단일새 고
由他 苦楚相連 更無間斷 故

칭무간이요 사자는 불문남자녀인과
稱無間 四者 不問男子女人

강호이적과 노유귀천과 혹룡혹
羌胡夷狄 老幼貴賤 或龍或

신과 혹천혹귀하고 죄행업감으로 실동
神 或天或鬼 罪行業感 悉同

수지할새 고칭무간이요 오자는 약타차
受之 故稱無間 五者 若墮此

옥하면 종초입시로 지백천겁이 일일
獄 從初入時 至百千劫 一日

일야에 만사만생하여 구일념간의 잠
一夜 萬死萬生 求一念間 暫

주부득이라 제비업진이라사 방득수
住不得 除非業盡 方得受

생할것이니 이차연면일새 고칭무간입니다
生 以此連綿 故稱無間

03-06   **지장보살**이 **백성모언**하시되
地藏菩薩 白聖母言

습니다. "무간지옥에 대한 대강의 설명이 이러합니다만 만약 지옥의 형벌 기구를 비롯하여 모든 고통 받는 일들을 자세히 설명한다면 한 겁 동안 설명을 하더라도 다 말씀드릴 수가 없습니다." 라고 하였습니다. 마야부인은 다 듣고 나서 매우 근심스런 표정으로 합장정례하고 물러갔습니다.

무간지옥을 조설여시이오나 약광설
無間地獄 粗說如是 若廣說
지옥죄기등명과 급제고사인대 일
地獄罪器等名 及諸苦事 一
겁지중에 구설부진입니다 마야부인이
劫之中 求說不盡 摩耶夫人
문이에 수우합장하시어 정례이퇴하시니라
聞已 愁憂合掌 頂禮而退

제4품 염부중생이 받는 업보

제사 염부중생업감품
第四 閻浮衆生業感品

04-01 그때에 지장보살이 부처님께 사뢰었습니다. "세존이시여! 제가 **부처님의 위신력을 힘입어 백천만억 세계에 두루 수많은 분신을 나투어 일체의 업보중생을 구제하고 있나이다.** 만약 부처님의 대자비의 위신력이 아니면 이러한 변화를 나타낼 수 없을 것입니다. 제가 이제 부처님의 부촉하심을 받아, 아일다(미륵불의 전신)께서 성불하여 이 땅에 오실 때까지 **육도중생**으로 하여금 해탈케 하겠나이다. 원컨대 세존께서는 더 **염려하지 마시옵소서.**" 그때 세존께서 지장보살에게 말씀하셨습니다. "일체 중생들이 아직 해탈치 못함은 본성과 의식이 한결같지 못하여, 악습으로 업을 맺기도 하고, 선한 습관으로 결

04-01 이시에 지장보살마하살이
爾時 地藏菩薩摩訶薩
백불언하사 세존하 아승불여래위
白佛言 世尊 我承佛如來威
신력고로 변백천만억세계토록 분
神力故 遍百千萬億世界 分
시신형하여 구발일체업보중생하나니
是身形 救拔一切業報衆生
약비여래대자력고면 즉불능작
若非如來大慈力故 卽不能作
여시변화이다 아금에 우몽불부
如是變化 我今 又蒙佛付
촉하시와 지아일다성불이래히 육도
囑 至阿逸多成佛已來 六道
중생을 견령해탈케하리니 유원세존은
衆生 遣令解脫 唯願世尊
원불유려하소서 이시에 불고지장보
願不有慮 爾時 佛告地藏菩
살하시되 일체중생의 미해탈자는 성
薩 一切衆生 未解脫者 性

과를 맺기도 하여, 때로는 선이 되기도 하고 때로는 악이 되기도 하며, 경계에 따라 태어나, 다섯 갈래에 윤회하여 잠시도 쉴 새가 없느니라. 설사 미진 겁을 지난다 하더라도 미혹하여 장애와 온갖 고난을 받음이, 마치 고기가 그물에 걸려 끝없이 흘러 다니다가, 혹 그물을 벗어난다 하더라도 다시 그물에 걸리게 되느니라. 이러한 자들을 내가 염려했더니, 그대가 이미 옛적에 세웠던 원력을 여러 겁에 걸쳐 거듭 서원을 세워, 죄지은 자들을 널리 제도하고자 하니 내 다시 무엇을 염려하겠느냐."

식이 **무정**하여 **악습**으로 **결업**하고 **선습**으로
識　無定　　惡習　　結業　　善習
결과하여 **위선위악**에 **축경이생**하여 **윤**
結果　　爲善爲惡　　逐境而生　　輪
전오도하되 **잠무휴식**하며 **동경진겁**하여
轉五道　　暫無休息　　動經塵劫
미혹장난하니 **여어유망**에 **장시장**
迷惑障難　　如魚遊網　　將是長
류라 **탈입잠출**하여도 **우부조망**인듯하니 **이**
流　脫入暫出　　又復遭網　　以
시등배를 **오당우념**이러니; **여기필시**
是等輩　　吾當憂念　　　汝旣畢是
왕원 누겁중서하여 **광도죄배**하니 **오**
往願　累劫重誓　　廣度罪輩　　吾
부하려리요
復何慮

04-02 이렇게 말씀하실 때, 회중에 한 보살마하살이 있었으니, 이름은 **정자재왕보살**이었습니다. 정자재왕보살이 부처님께 사뢰었습니다. "세존이시여! 지장보살은 여러 겁에 걸쳐 **어떤 원을 세웠기에 이제 세존의 이러한 찬탄을 받는 것입니까?** 원컨대 세존께서는 간략히 말씀하여 주시옵소서." 그때 세존께서 정자재왕보살에게 말씀하셨습니다. "자세히 듣고 잘 생각하라. 내 그대를 위하여 분별하여 설하리라." "지나간 과거 무량한 아승지 나유타의 불가설 겁

04-02 **설시어시**에 **회중**에 **유일**
　　　　說是語時　會中　　有一
보살마하살하되 **명**은 **정자재왕**이라 **백**
菩薩摩訶薩　　名　定自在王　白
불언하시 **세존**하 **지장보살**이 **누겁**
佛言　　世尊　　地藏菩薩　　累劫
이래에 **각발하원**이건대 **금몽세존**의
以來　　各發何願　　今蒙世尊
은근찬탄입니 **유원세존**은 **약이설**
慇懃讚歎　　唯願世尊　略而說
지하소서 **이시**에 **세존**이 **고정자재왕**
之　　爾時　　世尊　　告定自在王
보살하시되 **제청제청**하여 **선사념지**하라
菩薩　　諦聽諦聽　　善思念之
오당위여하여 **분별해설**하리라 **내왕과**
吾當爲汝　　分別解說　　乃往過
거 무량아승지나유타불가설
去　無量阿僧祇那由他不可說

전에 일체지를 성취한 여래가 계셨으니, **여래·응공·정변지·명행족·선서·세간해·무상사·조어장부·천인사·불·세존**이시며, 그 부처님의 수명은 육만 겁이었느니라. 출가하시기전 작은 나라의 국왕으로서 이웃나라 국왕과 더불어 함께 도반이 되어 열 가지 선을 닦고 중생들을 이롭게 하였으며, 그 이웃나라 백성들이 여러 가지 악업을 짓자 두 왕은 서로 의논하여 두루 방편을 베풀었다. 한 왕은 이때 서원을 세우기를 '**어서 불도를 이루어 장차 이들을 남김없이 제도하리라**' 하였고,

04-03 다른 한 왕은 원을 세우기를 '**먼저 이 죄고의 중생을 제도하여 안락케 하고 나아가 깨달음을 이루게 하지 않고는, 나는 마침내 성불하지 않으리라**' 하였느니라." 부처님께서 정자재왕보살에게 계속하여 말씀하셨습니다. "그때 속히 성불하기를 발원한 왕은 일체지를 성취하신 여래요, 죄 많은 중생을 제도하지 아니하면 결코 성불하기를 원하지 않는다고 발원한 왕은 바로 지장보살이니라."

겁에 이시유불하시니 호는 일체지성
劫 爾時有佛 號 一切智成

취여래 응공 정변지 명행족
就如來 應供 正遍智 明行足

선서 세간해 무상사 조어장
善逝 世間解 無上士 調御丈

부 천인사 불 세존이시라 기불수
夫 天人師 佛 世尊 其佛壽

명은 육만겁이니 미출가시에 위소국
命 六萬劫 未出家時 爲小國

왕하여 여일인국왕으로 위우하시어 동행
王 與一隣國王 爲友 同行

십선하여 요익중생하더니 기인국내에
十善 饒益衆生 其隣國內

소유인민이 다조중악커늘 이왕이 의
所有人民 多造衆惡 二王 議

계하고 광설방편할새 일왕은 발원하여 조
計 廣設方便 一王 發願 早

성불도하여 광도시배하여 영사무여케하리라
成佛道 廣度是輩 令使無餘

04-03 일왕은 발원하되 약불선도
一王 發願 若不先度

죄고하여 영시안락하여 득지보리하면 아
罪苦 令是安樂 得至菩提 我

종미원성불이라 하니라 불고정자재왕보
終未願成佛 佛告定自在王菩

살하시되 일왕은 발원하여 조성불자는
薩 一王 發願 早成佛者

즉일체지성취여래시요 일왕이
即一切智成就如來是 一王

발원하되 영도죄고중생하고 미원성
發願 永度罪苦衆生 未願成

불자는 즉지장보살이시니라
佛者 即地藏菩薩 是

04-04 "또 무량한 아승지겁에 한 부처님이 계셨으니 **청정연화목여래**로, 그 부처님의 수명은 사십 겁이었느니라. **상법시대**에 한 나한이 계시어 복으로써 중생을 제도하며 교화를 펴던 중 **광목이라는 여인**을 만나 그녀가 베푼 공양을 받고 나서 나한이 묻기를, '무엇을 원하십니까? 광목이라는 여인이 대답하기를, '저는 어머니가 돌아가신 날을 맞아 복을 짓고 어머니를 천도하고자 했으나, 저의 어머니가 어느 곳에 태어나신 줄을 알지 못하겠습니다.' 나한이 이를 가엾게 여겨 선정삼매에 들어 관찰해보니 광목의 어머니가 악도에 떨어져 극심한 고통을 받고 있는게 보였느니라. 나한이 광목에게 묻기를, '그대의 어머니는 살아 계실 때 어떤 죄업을 지었기에 지금 악도에 떨어져 이토록 극심한 고통을 받습니까? 광목이 대답하되, '저희 어머니는 평소 물고기와 자라 등을 좋아하셨습니다. 특히 어린 생선과 자라를 굽기도 하고 지지기도 하여 마음껏 드셨으므로, 그 숫자는 천만에 다시 천만을 더한 정도였을 것입니다. 존자께서는 자비로 불쌍히 여기시어 어떻게든 저희 어머니를 구하여 주옵소서.'

04-04 부어과거무량아승지
　　　復於過去無量阿僧祇

겁에 **유불출세**하더니 **명**은 **청정연화**
劫　有佛出世　名　清淨蓮華

목여래시라 **기불수명**은 **사십겁**이니라
目如來　其佛壽命　四十劫

상법지중에 **유일나한**하여 **복도중**
像法之中　有一羅漢　福度衆

생할새 **인차교화**라가 **우일여인**하니 **자왈**
生　因次教化　遇一女人　字曰

광목이라 **설식공양**키늘 **나한**이 **문지**하되
光目　設食供養　羅漢　問之

욕원하등인고 **광목**이 **답언**하되 **아이모**
欲願何等　光目　答言　我以母

망지일에 **자복구발**하되 **미지아모**
亡之日　資福救拔　未知我母

생처하취니다 **나한**이 **민지**하사 **위입정**
生處何趣　羅漢　愍之　爲入定

관하여 **견광목여모**하니 **타재악취**하여 **수**
觀　見光目女母　墮在惡趣　受

극대고어늘 **나한**이 **문광목언**하되 **여모**
極大苦　羅漢　問光目言　汝母

재생에 **작하행업**이건대 **금재악취수**
在生　作何行業　今在惡趣受

극대고요 **광목**이 **답왈** **아모소습**은
極大苦　光目　答曰　我母所習

유호식담어별지속하며 **소식어별**에
唯好食噉魚鼈之屬　所食魚鼈

다식기자하되 **혹초혹자**하여 **자정식**
多食其子　或炒或煮　恣情食

담하더니 **계기명수**하면 **천만부배**니다 **존**
噉　計其命數　千萬復倍　尊

자는 **자민**하시 **여하애구**하소서
者　慈愍　如何哀救

149

04-05 나한이 듣고 매우 불쌍히 여겨 방편으로 광목에게 말하기를, '그대는 지극한 정성을 다하여 **청정 연화목여래**를 생각하십시오. 게다가 그 부처님의 형상을 조성하거나 혹은 그려 모시면, 산 사람도 죽은 사람도 모두 좋은 과보를 받을 것입니다.' 광목은 이 말을 듣고는 곧바로 아끼던 것들을 팔아 부처님의 형상을 그려 모시고 공양하였으며, 공경하는 마음으로 슬피 울면서 우러러 바라보며 절을 하였느니라. 그러다가 문득 새벽녘 꿈에 부처님을 뵈었는데, 금빛이 찬란하기 마치 수미산과 같은데, 크나큰 광명을 놓으시며 광목에게 말씀하시기를, '너의 어머니는 머지않아 너의 집에 다시 태어날 것이며, 그리고 배고픔과 추위를 느낄 만 할 때 벌써 말을 하게 될 것이니라.'

04-06 그런 꿈을 꾸고 난 뒤 과연 집안의 여종이 한 자식을 낳았는데, 사흘도 되기 전에 말을 하였느니라. 아이가 머리를 숙여 슬피 울면서 광목에게 말하기를, '**생사의 업연으로 과보를 스스로 받는구나.** 내가 바로 너의 어머니다. 너와 사별한 뒤로 오래도록 어둠 속에 있다가, 여러 번 대지옥에 떨어졌었는데 너의 복력을 힘입어, 다시 인간 세상에 태어나기는 하였으나 하천한 사람이 되었고 또 단명보를 받았구나. 내 나이 열세 살이 되면 목숨이 다하고 다시 악도에

04-05 나한이 민지하여 위작방편하사 권광목언하되 여가지성으로 염청정연화목여래하고 겸소화형상하면 존망이 획보하리라 광목이 문이하고 즉사소애하여 심화불상하여 이공양지하고 부공경심으로 비읍첨례하더니 홀어야후에 몽견불신하니 금색황요 여수미산하시며 방대광명하시고 이고광목하시되 여모불구하여 당생여가하여 재각기한이면 즉당언설하리라하시더니
羅漢 愍之 爲作方便 勸光目言 汝可志誠 念淸淨蓮華目如來 兼塑畫形像 存亡 獲報 光目 聞已 卽捨所愛 尋畫佛像 而供養之 復恭敬心 悲泣瞻禮 忽於夜後 夢見佛身 金色晃耀 如須彌山 放大光明 而告光目 汝母不久 當生汝家 纔覺飢寒 卽當言說

04-06 기후가내에 비생일자하니 미만삼일에 이내언설하면 계수비읍하여 고어광목하되 생사업연으로 과보자수라 오시여모로니 구처암명하여 자별여거로 누타대지옥이러니 금몽복력하여 당득수생이나 위하천인이요 우부단명이라 수년십삼에 갱낙악도하리니
其後家內 婢生一子 未滿三日 而乃言說 稽首悲泣 告於光目 生死業緣 果報自受 吾是汝母 久處暗冥 自別汝去 累墮大地獄 今蒙福力 當得受生 爲下賤人 又復短命 壽年十三 更落惡道

떨어지게 되는데 너는 어떤 방편으로 나를 고통에서 벗어나게 할 수 있으리요?' 광목이 이 말을 듣고 틀림없는 어머니임을 알아 목메어 슬피 울며 종의 자식에게 말하기를, '만일 당신이 틀림없는 나의 어머니라면 본인의 죄를 아실 것입니다. 도대체 무슨 업을 지으셨기에 악도에 떨어졌나이까?' '살아 있는 생명을 죽인 죄와, 불법을 헐뜯고 비방한 죄업으로 그러한 과보를 받은 바, 만약 네가 복을 지어 나를 고난에서 구해주지 않았더라면 나는 이 업으로 인해 영원히 벗어날 수 없었을 것이다.' 광목이 묻기를, '지옥에서 받는 죄보가 어떠하나이까?' '죄보 받는 일을 어찌 다 말로 표현할 수 있겠느냐? 백 천년 동안 말한다 하더라도 다 말하기는 어려울 것이다.'

04-07 광목이 듣고는 눈물을 흘리고 슬피 울면서 허공을 향해 말하기를, '원하옵건대, 저의 어머니가 지옥을 영원히 벗어날 수 있게 하소서. 열세 살로 일생을 마치고 나면, 다시는 중죄를 지음이 없고 악도에 떨어짐이 없게 하소서. 시방의 모든 부처님께서는, 자애로운 마음과 가엾이 여기는 마음으로 어머니를 위해 제가 세우는 넓고 큰 서원을 들어 주시옵소서. 만일 저의 어머니가 **삼악도**와 이와 같은 하천한 몸과 여인의 몸에 이

여유하계하여 **영오탈면**고 **광목**이 **문**
汝有何計　令吾脫免　光目　聞

설하고 **지모무의**하여 **경열비제**하며 **이백**
說　知母無疑　哽咽悲啼　而白

비자하되 **기시아모**인대 **합지본죄**하리니
婢子　旣是我母　合知本罪

작하행업하여 **타어악도**잇가 **비자답**
作何行業　墮於惡道　婢子答

언하되 **이살생훼매이업수보**호라 **약**
言　以殺生毁罵二業受報　若

비몽복하여 **구발오난**이면 **이시업고**로
非蒙福　救拔吾難　以是業故

미합해탈하리라 **광목**이 **문언**하되 **지옥**
未合解脫　光目　問言　地獄

죄보기사운하잇가 **비자답언**하되 **죄**
罪報其事云何　婢子答言　罪

고지사는 **불인칭설**이로 **백천세중**에
苦之事　不忍稱說　百千歲中

졸백난경이니라
卒白難竟

04-07 광목이 **문이**하고 **제루호**
光目　聞已　啼淚號

읍하여 **이백공계**하되 **원아지모영탈지**
泣　而白空界　願我之母永脫地

옥하여 **필십삼세**하고는 **갱무중죄**와 **급**
獄　畢十三歲　更無重罪　及

역악도케하시며 **시방제불**이 **자애민아**하사
歷惡道　十方諸佛　慈哀愍我

청아위모하여 **소발광대서원**하소서 **약**
聽我爲母　所發廣大誓願　若

득아모영리삼도와 **급사하천**과
得我母永離三途　及斯下賤

내지여인지신하여 **영겁불수자**면 **원**
乃至女人之身　永劫不受者　願

르기까지 영겁을 두고 받지 않을 수만 있다면, 저는 오늘부터 **청정연화목여래존상** 앞에서 맹세 하겠나이다. 이후로 백 천만 억겁 중에 모든 세계에 있는 온갖 지옥과 삼악도에서 갖가지 죄업의 고통을 받는 모든 중생들을 제도하여 **지옥·악취·축생·아귀** 등을 벗어나게 하겠나이다. 이처럼 죄보를 받는 이들을 모두 성불시킨 뒤에 비로소 저는 정각을 이루겠나이다.' 이처럼 서원을 세우자 청정연화목여래의 말씀이 들려왔느니라. '광목이여! 그대가 크나큰 자비심으로 어머니를 위해 이처럼 큰 서원을 세웠구나. 내 살펴보건대 그대의 어머니가 열세 살로 생을 마감하면, 지은 업보가 다하고 바라문으로 태어나 백세의 수를 누릴 것이니라. 그리고 그 보가 다한 뒤 장차 **무우세계**에 태어나 그 수명은 겁으로도 계산할 수 없으며 불과를 이룬 뒤에는 인간과 하늘을 두루 제도하되 그 수는 항하사의 모래보다도 많을 것이니라.'

04-08 부처님께서 **정자재왕보살**에게 말씀하셨습니다. "그때 나한의 신분으로서 광목을, 복으로 제도한 자는 곧 지금의 **무진의 보살**이요, 광

아자금일후로 대청정연화목여
我自今日後　對淸淨蓮華目如
래상전하여 각후백천만억겁중에 응
來像前　却後百千萬億劫中　應
유세계의 소유지옥과 급삼악도
有世界　所有地獄　及三惡道
제죄고중생을 서원구발하여 영리지
諸罪苦衆生　誓願救拔　令離地
옥악취축생아귀등하고 여시죄보
獄惡趣畜生餓鬼等　如是罪報
등인이 진성불경연후에사 아방성정
等人　盡成佛竟然後　我方成正
각하리다 발서원이하더니 구문청정연화
覺　發誓願已　具聞淸淨蓮華
목여래지설이라 이고지왈 광목아
目如來之說　而告之曰　光目
여대자민으로 선능위모하여 발여시대
汝大慈愍　善能爲母　發如是大
원일새 오관하니 여모 십삼세필하면 사
願　吾觀　汝母　十三歲畢　捨
차보이하고 생위범지하여 수년백세하고
此報已　生爲梵志　壽年百歲
과시보후에는 당생무우국토하여 수
過是報後　當生無憂國土　壽
명은 불가계겁이라 후성불과하여 광도
命　不可計劫　後成佛果　廣度
인천하되 수여항하사하리라하였나니라
人天　數如恒河沙

04-08 불고정자재왕하시되 이시에
佛告定自在王　爾時
나한이 복도광목자는 즉무진의
羅漢　福度光目者　卽無盡意
보살이시요 광목모자는 즉해탈
菩薩　是　光目母者　卽解脫

목의 어머니는 지금의 **해탈보살**이며 광목은 곧 지금의 **지장보살**이니, 이처럼 과거 아주 오랜 겁에 자비로운 마음과 연민히 여기는 마음으로 항하사와 같은 원을 발하여 널리 중생을 제도하였느니라. 미래세에 남자나 여자로서 선을 닦지 않는 자와 **악**을 행하는 자와, 나아가서는 **인과**를 믿지 않는 자와, **사음·망어·기어·악구**를 하는 자, **대승**을 비방하는 자에 이르기까지, 이러한 모든 죄업 중생들은 반드시 악도에 떨어지게 되느니라. 만약 선지식을 만나 가르침을 받고 손가락 한 번 튕기는 순간이라도 **지장보살**에게 귀의하면 이들 중생들은 **삼악도**의 업보로부터 벗어 날수 있을 것이니라."

04-09 "그러므로 만일 지극한 마음으로 귀의하고 공경하며 우러러보고 찬탄하며 향과 꽃과 의복과 갖가지 진귀한 보석과 음식으로 받들어 올리는 자는 미래 백천만 억겁 동안 항상 여러 하늘에 살면서 거룩한 즐거움을 받을 것이니라. 하늘의 복이 다하여 인간의 세계에 하생한다 하더라도 백천겁 동안을 제왕의 자리에

보살이 시요 광목녀자는 즉지장
菩薩 是 光目女者 卽地藏
보살이 시라 과거구원겁중에 여
菩薩 是 過去久遠劫中 如
시자민하여 발항하사원하시어 광도중
是慈愍 發恒河沙 廣度衆
생하니라 미래세중에 약유남자여인의
生 未來世中 若有男子女人
불행선자와 행악자와 내지불신
不行善者 行惡者 乃至不信
인과자와 사음망어자와 양설악
因果者 邪淫妄語者 兩舌惡
구자와 훼방대승자인 여시제업
口者 毀謗大乘者 如是諸業
중생은 필타악취하리니 약우선지
衆生 必墮惡趣 若遇善知
식하여 권령일탄지간이라도 귀의지장
識 勸令一彈指間 歸依地藏
보살케하면 시제중생이 즉득해탈삼
菩薩 是諸衆生 卽得解脫三
악도보하리니
惡道報

04-09 약능지심귀경하며 급첨례
若能至心歸敬 及瞻禮
찬탄하고 향화의복과 종종진보와 혹
讚歎 香華衣服 種種珍寶 或
부음식으로 여시봉사자는 미래백
復飮食 如是奉事者 未來百
천만억겁중에 상재제천하여 수승
千萬億劫中 常在諸天 受勝
묘락하리니 약천복진하여 하생인간이라도
妙樂 若天福盡 下生人間
유백천겁을 상위제왕하여 능억숙
猶百千劫 常爲帝王 能憶宿

처하여 숙명과 인과의 본말을 기억하게 될 것이니라. **정자재왕이여!** 이와 같이 **지장보살**에게는 불가사의한 대위신력이 있어서 **중생들을** 두루 이롭게 하느니라. 그러므로 그대 모든 보살들은 마땅히 이 **경**을 기록하여 널리 **유포하도록 하여라.**" 정자재왕보살이 부처님께 아뢰었습니다. "**세존이시여!** 염려하시지 마시옵소서. 저희 천만억 보살 마하살들은 반드시 부처님의 위신력을 힘입어 이 경을 널리 펴고 마침내 저 남염부제에서 중생들을 이익 되게 하겠나이다." **정자재왕보살**이 세존께 이처럼 사뢰어 마치고 합장 공경하여 예배드리고 물러갔습니다.

04-10 그때 **사천왕**이 함께 자리에서 일어나 합장 공경하면서 부처님께 아뢰었습니다. "**세존이시여!** 지장보살은 저 아주 오랜 겁 전에 이미 이와 같이 큰 서원을 세웠는데 어찌하여 지금도 제도하는 일이 끝나지 않았으며 다시 **넓고 큰 서원**을 세워야 하나이까? 원하옵건대 세존께서는 저희들을 위해 말씀하여 주시옵소서." **부처님이 사천왕**에게 이르시되, "착하고 착하구나! 내 이제 그대들과 현

명인과본말하리라 **정자재왕**아 **여시**
命因果本末　　定自在王　如是

지장보살이 **유여차불가사의대**
地藏菩薩　有如此不可思議大

위신력하여 **광리중생**하나니 **여등제보**
威神力　廣利衆生　汝等諸菩

살은 **당기시경**하여 **광선유포**하라 **정자**
薩　當記是經　廣宣流布　定自

재왕이 **백불언**하시되 **세존**하 **원불유**
在王　白佛言　世尊　願不有

려하소서 **아등천만억보살마하살**이
慮　我等千萬億菩薩摩訶薩

필능승불위신하사 **광연시경**하여 **어**
必能承佛威神　廣演是經　於

염부제에 **이익중생**하리이다 **정자재왕**
閻浮提　利益衆生　定自在王

보살이 **백세존이**하시고 **합장공경**하시며
菩薩　白世尊已　合掌恭敬

작례이퇴하니라
作禮而退

04-10 **이시**에 **사방천왕**이 **구종**
爾時　四方天王　俱從

좌기하여 **합장공경**하고 **백불언**하시되 **세**
座起　合掌恭敬　白佛言　世

존하 **지장보살**이 **어구원겁래**에
尊　地藏菩薩　於久遠劫來

발여시대원하되 **운하지금**에 **유도**
發如是大願　云何至今　猶度

미절하여 **갱발광대서원**하시나이까 **유원세**
未絶　更發廣大誓願　唯願世

존하 **위아등설**하소서 **불고사천왕**하시되
尊　爲我等說　佛告四天王

선재선재라 **오금**에 **위여급미래**
善哉善哉　吾今　爲汝及未來

재와 미래의 하늘과 인간들에게 널리 이익 되게 하기 위하여 지장보살이 이 사바세계 남염부제의 생사의 길속에서 자비와 연민으로 일체 죄 많은 중생들의 고통을 구원하여 해탈시키는 방편의 일을 설하여 주리라." 사천왕이 아뢰었습니다. "**세존이시여! 원컨대 즐거이 듣고자 하옵나이다.**" 부처님께서 사천왕에게 이르시길, "지장보살이 아주 오랜 겁으로부터 지금에 이르기까지 중생을 제도하고 해탈시켜 오지만, 아직도 그 서원을 다하지 못하여 이 세계의 죄고중생을 사랑하고 불쌍히 여기며, 미래 무량한 겁 동안 업인이 이어져 끊이지 않음을 관찰하고 이로 인해 거듭 원을 세우게 되느니라. **이와 같이 보살은 사바세계 남염부제 안에서 백천만억의 방편으로 교화하고 있느니라.**"

현재천인중등하여 **광이익고**로 **설**
現在天人衆等　　廣利益故　　說

지장보살이 **어사바세계염부제**
地藏菩薩　　於娑婆世界閻浮提

내생사도중에 **자애구발**하여 **도탈**
內生死道中　　慈哀救拔　　度脫

일체죄고중생하는 **방편지사**하리라 **사**
一切罪苦衆生　　方便之事　　四

천왕이 **언**하시되 **유연세존**하 **원요욕**
天王　言　　唯然世尊　　願樂欲

문하나이다 **불고사천왕**하시되 **지장보살**이
聞　　佛告四天王　　地藏菩薩

구원겁래로 **흘지우금**히 **도탈중**
久遠劫來　　迄至于今　　度脫衆

생하되 **유미필원**하여 **자민차세죄고**
生　猶未畢願　　慈愍此世罪苦

중생하며 **다관미래 무량겁중**에 **인**
衆生　多觀未來　無量劫中　因

만부단일새 **이시지고**로 **우발중원**하나니
蔓不斷　　以是之故　又發重願

여시보살은 **어사바세계염부제**
如是菩薩　　於娑婆世界閻浮提

중에 **백천만억방편**으로 **이위교화**하나니라
中　百千萬億方便　　而爲教化

04-11 "**사천왕이여! 지장보살은 생명을 죽이는 자를 보면**, 태어날 때마다 재앙으로 단명하는 과보를 말해주고, **도둑질하는 자**를 만나면 빈궁하여 고통 받는 과보를 말해주며, **사음하는 자**를 만나면 공작이나 비둘기・원앙새로 태어나는 과보를 말해주고, **악담하는 자**를 만나면 권속끼리 서로 다투는 과보를 말해 주고, **남을 헐뜯고 비방하는 자**를 만나면 혀

04-11 **사천왕**아 **지장보살**이
　　　　四天王　地藏菩薩

약우살생자하면 **설숙앙단명보**하고
若遇殺生者　　說宿殃短命報

약우절도자하면 **설빈궁고초보**하고
若遇竊盜者　　說貧窮苦楚報

약우사음자하면 **설작합원앙보**하고
若遇邪淫者　　說雀鴿鴛鴦報

약우악구자하면 **설권속투쟁보**하고
若遇惡口者　　說眷屬鬪諍報

가 없거나 입안에 부스럼이 생기는 과보를 말해 주며, **성을 잘 내는 자**를 만나면 추한 용모와 풍창이 생기는 과보를 말해 주고, **인색한 자**를 만나면 모든 일이 원하는 대로 잘 이루어지지 않는 과보를 말해 주고, 만약 **음식을 과도하게 먹는 자**를 만나면 주리고 목마르며 목에 병이 생기는 과보를 말해 주며, 함부로 **사냥하는 자**를 만나면 잘 놀라고 미치며 마침내 생명을 잃는 과보를 말해 주느니라."
"부모에게 불효하고 패역 하는 자를 만나면 천재지변으로 졸지에 죽게 되는 과보를 말해 주고, **산불을 놓아 초목을 불태우는 자**를 만나면 정신없이 미쳐 날뛰다가 마침내 죽게 되는 과보를 말해 주며, 만약 **전후 부모에게** 악독하게 하는 자를 만나면 다시 내생에 바꿔 태어나 매 맞는 과보를 말해 주느니라. 그물로 살아 있는 동물의 새끼를 생포하는 자를 만나면 내생에 가족 간에 이별하는 과보를 말해주느니라. 만약 **삼보를 헐뜯고 비방하는 자**를 만나면 소경과 귀머거리와 벙어리의 과보를 말해 주며, **불법과 가르침을 가벼이 여기거나 비웃는 자**를 만나면 영원히 악도에 떨어지는 과보를 말해 주느니라. **절집안의 물건을 함부로 쓰거나 파괴하는 자**를 만나면 억겁에 지옥에서 윤회하는 과보를 말해 주고, 청정한 **스님을 욕 뵈거나 속이는 자**를 만나면 영원히 축생의 과보 받음을 말해 주며, 끓는 물·불·낫·도끼 등으로 살아 있는 생명을 다치게 하는 자를 만나면 윤

약우훼방자하면 설무설창구보하고
若遇毀謗者 說無舌瘡口報

약우진에자하면 설추루륭잔보하고
若遇瞋恚者 說醜陋癃殘報

약우간린자하면 설소구위원보하고
若遇慳悋者 說所求違願報

약우음식무도자하면 설기갈인병
若遇飲食無度者 說飢渴咽病

보하고 약우전렵자정자하면 설경광
報 若遇畋獵恣情者 說驚狂

상명보하고 약우패역부모자하면 설
喪命報 若遇悖逆父母者 說

천지재살보하고 약우소산림목자하면
天地災殺報 若遇燒山林木者

설광미취사보하고 약우전후부모
說狂迷取死報 若遇前後父母

악독자하면 설반생편달현수보하고
惡毒者 說返生鞭撻現受報

약우망포생추자하면 설골육분리
若遇網捕生雛者 說骨肉分離

보하고 약우훼방삼보자하면 설맹농
報 若遇毀謗三寶者 說盲聾

음아보하고 약우경법만교자하면 설
瘖瘂報 若遇輕法慢教者 說

영처악도보하고 약우파용상주자하면
永處惡道報 若遇破用常住者

설억겁윤회지옥보하고 약우오범
說億劫輪廻地獄報 若遇汚梵

무승자하면 설영재축생보하고 약우
誣僧者 說永在畜生報 若遇

탕화참작상생자하면 설윤회체상
湯火斬斫傷生者 說輪廻遞償

보하고 약우파계범재자하면 설금수
報 若遇破戒犯齋者 說禽獸

회하면서 서로 되갚음을 말해 주느니라." "계를 파하거나 재를 지키지 않는 자를 만나면 금수의 몸으로 주린 과보를 말해 주고, 만약 **재물을 옳지 않게 쓰는 자**를 만나면 구하는 물건마다 품절되는 과보를 말해 주며, **아만심이 높은 자**를 만나면 남에게 부림당하는 비천한 종의 과보를 말해 주느니라. **이간**하고 싸우기 좋아하는 자를 만나면 혀가 아주 없거나 또는 백여 개의 혀를 지니게 되는 과보를 말해 주고, 그릇된 **견해**를 갖고 있는 자를 만나면 변두리에 태어날 과보를 말해 주느니라. 이와 같이 남염부제의 중생들이 **몸과 입과 뜻으로 짓는 삼업의 악습결과와 백 천 가지 인과응보**를 이제 간략히 설하였느니라. 이처럼 남염부제 중생들의 업으로 느끼는 차별에 따라 지장보살은 백 천 가지 방편으로 교화하고 있는 것이니라. 중생들은 앞에 지은 업보로 뒤에 지옥에 떨어져서 여러 겁이 지나도록 벗어날 기약이 없느니라. 그대들은 사람을 사랑하고 나라를 보호하여 중생으로 하여금 이 모든 여러 가지 업으로 인하여 미혹하지 않게 할지니라." 사천왕은 부처님의 말씀을 듣고는 눈물을 흘리며 슬피 탄식하며 합장하고 물러갔습니다.

기아보_{하고} **약우비리훼용자**_{하면} **설**
飢餓報　若遇非理毀用者　說

소구궐절보 약우아만공고자_{하면}
所求闕絶報　若遇我慢貢高者

설비사하천보_{하고} **약우양설투란**
說卑使下賤報　若遇兩舌鬪亂

자_{하면} **설무설백설보**_{하고} **약우사견**
者　說無舌百舌報　若遇邪見

자_{하면} **설변지수생보**_{하나니} **여시등염**
者　說邊地受生報　如是等閻

부제중생의 **신구의업 악습결과**로
浮提衆生　身口意業　惡習結果

백천보응 금조약설_{하나니} **여시등**
百千報應　今粗略說　如是等

염부제중생의 **업감차별**을 **지장**
閻浮提衆生　業感差別　地藏

보살이 **백천방편**으로 **이교화지**_{언마는} **시**
菩薩　百千方便　而敎化之　是

제중생이 **선수여시등보**_{하여} **후타**
諸衆生　先受如是等報　後墮

지옥_{하여} **동경겁수**_{하되} **무유출기**_{하나니}
地獄　動經劫數　無有出期

시고로 **여등**은 **호인호국**_{하여} **무령시**
是故　汝等　護人護國　無令是

제중업으로 **미혹중생**_{케하라} **사천왕**이
諸衆業　迷惑衆生　四天王

문이에 **체루비탄**_{하시고} **합장이퇴**_{하니라}
聞已　涕淚悲歎　合掌而退

제5품 지옥의 이름을 밝힘

05-01 그때 **보현보살마하살**이 지장보살에게 말씀하셨습니다. "**인자시여**! 원컨대 천룡팔부와 현재 미래의 일체 중생을 위하여, 사바세계와 염부제의 죄업중생이 과보를 받는 곳인 지옥의 이름과, 악독한 과보 받는 일들을 말씀하시어 미래세의 **말법중생**들이 그 과보를 알게 하여 주옵소서"

05-02 지장보살이 대답하였습니다. "**인자시여**! 내 이제 부처님의 위신력과 대사의 힘을 힘입어 지옥의 명호와 죄보에 대하여 간략히 말하겠나이다." "**인자시여**! 염부제의 동방에 산이 있으니, 이름은 철위라 하는데 매우 깊고 험하여, 해와 달의 빛이 없으며, 거기에는 큰 지옥이 있으니 이름이 극무간이며, 또 지옥이 있으니, 이름이 대아비이며, 사각·비도·화전·협산·통창·철거·철상·철우·철의·천인·철려·양동·포주·유화·경설·좌수·소각·담안·철환·쟁론·철수이며, 또 지옥

제오 지옥명호품
第五 地獄名號品

05-01 이시에 보현보살마하살이
爾時 普賢菩薩摩訶薩

백지장보살언하시되 인자여 원위천
白地藏菩薩言 仁者 願爲天

룡팔부와 급미래현재일체중
龍八部 及未來現在一切衆

생하시되 설사바세계와 급염부제죄
生 說娑婆世界 及閻浮提罪

고중생의 소수보처 지옥명호와
苦衆生 所受報處 地獄名號

급악보등사하시어 사미래세말법중
及惡報等事 使未來世末法衆

생으로 지시과보케하소서
生 知是果報

05-02 지장이 답언하시되 인자여 아
地藏 答言 仁者 我

금에 승불위신과 급대사지력하여 약
今 承佛威神 及大士之力 略

설지옥명호와 급죄보지사하리이다 인
說地獄名號 及罪報之事 仁

자여 염부제동방에 유산하되 호왈철
者 閻浮提東方 有山 號曰鐵

위니 기산이 흑수하여 무일월광하고 유
圍 其山 黑邃 無日月光 有

대지옥하되 호를 극무간이요 우유지
大地獄 號 極無間 又有地

옥하되 명왈대아요 부유지옥하되 명왈
獄 名曰大阿 復有地獄 名曰

사각이요 부유지옥하되 명왈비도요 부
四角 復有地獄 名曰飛刀 復

유지옥하되 명왈화전이요 부유지옥하되
有地獄 名曰火箭 復有地獄

이 있어 이름이 다진이라 하나이다."
"**인자시여!** 철위산 내에는 이와 같은 지옥의 수효가 한도 끝도 없나이다. 이밖에 또 지옥이 있으니, 규환지옥·발설지옥·분뇨지옥·동쇄지옥·화상지옥·화구지옥·화마지옥·화우지옥·화산지옥·화석지옥·화상지옥·화량지옥·화응지옥·거아지옥·박피지옥·음혈지옥·소수지옥·소각지옥·도자지옥·화옥지옥·철옥지옥·화랑지옥 등이 있나이다." "이 지옥들 속에는 각각 또 작은 지옥들이 있는데 하나 둘인 곳도 있고, 혹은 셋이나 넷인 곳도 있으며, 백이나 천인 곳도 있어서 그것들의 이름 또한 각각 다르나이다."

명왈협산(이요) **부유지옥**(하되) **명왈통**
名曰夾山　復有地獄　名曰通

창(이요) **부유지옥**(하되) **명왈철거**(요) **부유**
槍　復有地獄　名曰鐵車　復有

지옥(하되) **명왈철상**(이요) **부유지옥**(하되) **명**
地獄　名曰鐵床　復有地獄　名

왈철우(요) **부유지옥**(하되) **명왈철의**(요)
曰鐵牛　復有地獄　名曰鐵衣

부유지옥(하되) **명왈천인**(이요) **부유지**
復有地獄　名曰千刃　復有地

옥(하되) **명왈철려**(요) **부유지옥**(하되) **명왈**
獄　名曰鐵驢　復有地獄　名曰

양동(이요) **부유지옥**(하되) **명왈포주**(요) **부**
洋銅　復有地獄　名曰抱柱　復

유지옥(하되) **명왈유화**(요) **부유지옥**(하되)
有地獄　名曰流火　復有地獄

명왈경설(이요) **부유지옥**(하되) **명왈좌**
名曰耕舌　復有地獄　名曰剉

수(요) **부유지옥**(하되) **명왈소각**(이요) **부유**
首　復有地獄　名曰燒脚　復有

지옥(하되) **명왈담안**(이요) **부유지옥**(하되) **명**
地獄　名曰啗眼　復有地獄　名

왈철환(이요) **부유지옥**(하되) **명왈쟁론**(이요)
曰鐵丸　復有地獄　名曰諍論

부유지옥(하되) **명왈철수**(요) **부유지**
復有地獄　名曰鐵銖　復有地

옥(하되) **명왈다진**(이니다) **지장보살**(이) **우**
獄　名曰多瞋　地藏菩薩　又

언(하시되) **인자**(여) **철위지내**(에) **유 여시**
言　仁者　鐵圍之內　有 如是

등지옥(하되) **기수무한**(이라) **갱유규환**
等地獄　其數無限　更有叫喚

지옥(과) **발설지옥**(과) **분뇨지옥**(과)
地獄　拔舌地獄　糞尿地獄

159

동쇄지옥과 화상지옥과 화구지
銅鎖地獄　火象地獄　火狗地

옥과 화마지옥과 화우지옥과 화
獄　火馬地獄　火牛地獄　火

산지옥과 화석지옥과 화상지옥과
山地獄　火石地獄　火床地獄

화량지옥과 화응지옥과 거아지
火梁地獄　火鷹地獄　鉅牙地

옥과 박피지옥과 음혈지옥과 소
獄　剝皮地獄　飲血地獄　燒

수지옥과 소각지옥과 도자지옥과
手地獄　燒脚地獄　倒刺地獄

화옥지옥과 철옥지옥과 화랑지
火屋地獄　鐵屋地獄　火狼地

옥인 여시등지옥이거든 기중에 각각
獄　如是等地獄　其中　各各

부유제소지옥하되 혹일혹이며 혹
復有諸小地獄　或一或二　或

삼혹사로 내지백천이 기중명호는
三或四　乃至百千　其中名號

각각부동이니다
各各不同

05-03 지장보살이 다시 보현보살에게 말씀하였습니다. "인자시여! 이는 모두 남염부제에서 악을 행하는 중생들의 업보로 이루어진 것이며, 업력이란 매우 커 수미산을 대적하고, 큰 바다보다 깊어 거룩한 깨달음의 길을 가로 막습니다. 그러므로 중생은 작은 악업이라도 죄가 되지 않는다고 가볍게 여겨서는 안 되며, 죽은 뒤에는 털끝만한 과보도 모두 받

05-03 지장보살이 우고보현보
　　　 地藏菩薩　又告普賢菩

살언하되 인자여 차등은 개시남염부
薩言　仁者　此等　皆是南閻浮

제행악중생의 업감으로 여시라 업력이
提行惡衆生　業感　如是　業力

심대하여 능적수미하며 능심거해하며 능
甚大　能敵須彌　能深巨海　能

장성도하나니 시고로 중생은 막경소
障聖道　是故　衆生　莫輕小

악하여 이위무죄일지니 사후유보하여 섬
惡　以爲無罪　死後有報　纖

습니다. 부자지간처럼 가깝다 하더라도 그 길이 각기 다르며, 설사 서로 만난다 하더라도 업보를 대신 받을 수 없나이다. 내가 이제 부처님의 위신력을 힘입어 지옥에서 죄 때문에 고통 받는 일을 간략히 말하겠습니다. 바라건대 **인자시여!** 잠시 내 말을 들으십시오." 보현보살이 대답하였습니다. "나는 비록 오래전부터 삼악도의 과보를 일찍이 알고 있지만, **인자시여!** 말씀하소서. 후세 말법시대에 악을 행하는 모든 중생들로 하여금 인자의 말씀을 듣고 불법에 귀의하게 하고자 함입니다."

05-04 지장보살이 말씀하였습니다. "**인자시여!** 지옥의 죄보는 이러합니다. 어떤 지옥은 죄인의 혀를 뽑아 소로 하여금 갈게 하며, 어떤 지옥은 죄인의 심장을 꺼내어 야차에게 먹게 하며, 어떤 지옥은 죄인의 몸을 끓는 가마솥에 넣어 삶으며, 어떤 지옥은 타오르는 구리쇠 기둥을 죄인에게 끌어안게 하며, 어떤 지옥은 맹렬한 불무더기가 날아 죄인을 쫓아다니며, 어떤 지옥은 온통 찬 얼음뿐이며, 어떤 지옥은 끝없는 똥오줌이며, 어떤 지옥은 빈틈없이 화살이 날며, 어떤 지옥은 많은 불창이 찌르며, 어떤 지

호수지하나 **부자지친**이라도 **기로각별**하며
毫受之 父子至親 岐路各別

종연상봉하여도 **무긍대수**니다 **아금**에
縱然相逢 無肯代受 我今

승불위력하시어 **약설지옥죄보지사**하리니
承佛威力 略說地獄罪報之事

유원인자는 **잠청시언**하소서 **보현보**
唯願仁者 暫聽是言 普賢菩

살이 **답언**하시되 **오수구지삼악도보**나
薩 答言 吾雖久知三惡道報

망인자설은 **영후세말법일체악**
望仁者說 令後世末法一切惡

행중생으로 **문인자설**하여 **사령귀향**
行眾生 聞仁者說 使令歸向

불법케하나이다
佛法

05-04 **지장보살**이 **백언**하시되 **인**
地藏菩薩 白言 仁

자여 **지옥죄보** **기사여시**하니 **혹유**
者 地獄罪報 其事如是 或有

지옥은 **취죄인설**하여 **사우경지**하며 **혹**
地獄 取罪人舌 使牛耕之 或

유지옥은 **취죄인심**하여 **야차식지**하며
有地獄 取罪人心 夜叉食之

혹유지옥은 **확탕성비**하여 **자죄인**
或有地獄 鑊湯盛沸 煮罪人

신하며 **혹유지옥**은 **적소동주**로 **사죄**
身 或有地獄 赤燒銅柱 使罪

인포하며 **혹유지옥**은 **비맹화취**하여 **진**
人抱 或有地獄 飛猛火聚 趁

급죄인하며 **혹유지옥**은 **일향한빙**이며
及罪人 或有地獄 一向寒冰

혹유지옥은 **무한분뇨**며 **혹유지**
或有地獄 無限糞尿 或有地

옥은 가슴과 등을 치며, 어떤 지옥은 손과 발을 태우며, 어떤 지옥은 쇠뱀이 감으며, 어떤 지옥은 무쇠개에 쫓기며, 어떤 지옥은 무쇠 나귀에 끌려 다니게 합니다." "인자시여! 이러한 죄업으로 받는 지옥마다 각각 백 천 가지의 형벌도구가 있는데 그것은 모두 구리·쇠·돌·불로 되지 않은 것이 없습니다. 이 네 가지 물건은 여러 가지 죄업의 과보로 인해 생긴 것입니다. 만약 지옥의 고통 받는 일을 자세히 말한다면 한 지옥 가운데서도 다시 백 천 가지의 고초가 있으니, 더구나 많은 지옥이야 말하여 무엇 하겠습니까! 내가 이제 부처님의 위신력을 받들고 인자의 물으심에 받들어 대략 말씀드린 것이 이와 같으니, 만약 자세히 설명하자면 겁이 다하도록 하여도 다 말할 수 없을 것입니다."

옥은 비철질려하며 혹유지옥은 다찬
獄 飛鐵蒺藜 或有地獄 多攢
화창하며 혹유지옥은 추당흉배하며 혹
火槍 或有地獄 椎撞胸背 或
유지옥은 구소수족하며 혹유지옥은
有地獄 俱燒手足 或有地獄
반교철사하며 혹유지옥은 구축철
盤繳鐵蛇 或有地獄 驅逐鐵
구하며 혹유지옥은 병가철려니라 인
狗 或有地獄 並駕鐵驢 仁
자여 여시등보로 각각옥중에 유
者 如是等報 各各獄中 有
백천종업도지기하여 무비시동시
百千種業道之器 無非是銅是
철이며 시석시화니라 차사종물은 중업
鐵 是石是火 此四種物 衆業
행감이니라 약광설지옥죄보등사인대
行感 若廣說地獄罪報等事
일일옥중에 갱유백천종고초어든
一一獄中 更有百千種苦楚
하황다옥이리오 아금에 승불위신과
何況多獄 我今 承佛威神
급인자문하여 약설여시니 약광해
及仁者問 略說如是 若廣解
설인대 궁겁부진이니라
說 窮劫不盡

제6품 여래가 찬탄하심

제육 여래찬탄품
第六 如來讚歎品

06-01 그때 세존께서 온몸으로 위

06-01 이시에 세존이 거신방대
爾時 世尊 擧身放大

대한 광명을 놓으시어 백 천억 항하 모래와 같은 모든 부처님 세계에 두루 비추시며, 위대한 음성으로 모든 부처님의 세계와 일체 모든 보살마하살과 천·용·귀신·사람·사람 아닌 모든 무리들에게 말씀하셨습니다.
"**잘 들으라!** 내 이제 지장보살마하살이 시방세계에서 위대하고 불가사의한 위신력과 자비의 힘을 나타내어 일체 죄업 때문에 고통 받는 중생들을 구제하는 일에 대해 칭찬하고 찬탄하리니, 내가 멸도한 뒤 너희 모든 보살마하살과 천·용·귀신들도 갖가지 방편으로 이 경을 지키고 보호할 것이며, 마침내 일체 중생들로 하여금 일체의 고통을 여의고 열반락을 얻게 하여라."

06-02 이렇게 말씀하시니, 그 모임 가운데 한 **보살**이 있으니 이름을 **보광**이라 하는데, 공경히 합장하며 부처님께 사뢰었습니다. "지금, 세존께서는 **지장보살**에게 이처럼 불가사의하고 위대한 위신력의 덕이 있음을 찬탄하였습니다. 원하옵건대 세존께서는 미래세 말법 중생들을 위하여 지장보살이 인간과 천상을 이익 되게 하는 **인과**에 대하여 말씀하여 주시옵

광명하사 **변조백천억 항하사등제**
光明 遍照百千億 恒河沙等諸

불세계하시며 **출대음성**하사 **보고제불**
佛世界 出大音聲 普告諸佛

세계 일체제보살마하살과 **급천**
世界 一切諸菩薩摩訶薩 及天

룡귀신 인비인등하사되 **청오금일**에
龍鬼神 人非人等 聽吾今日

칭양찬탄지장보살마하살이 **어**
稱揚讚歎地藏菩薩摩訶薩 於

시방세계에 **현대불가사의 위신**
十方世界 現大不可思議 威神

자비지력하여 **구호일체죄고지사**하고
慈悲之力 救護一切罪苦之事

오멸도후에 **여등제보살대사**와
吾滅度後 汝等諸菩薩大士

급천룡귀신등도 **광작방편**하여 **위**
及天龍鬼神等 廣作方便 衛

호시경하며 **영일체중생**으로 **이일체**
護是經 令一切衆生 離一切

고하고 **증열반락** 케하라
苦 證涅槃樂

06-02 설시어이시어늘 **회중**에 **유**
說是語已 會中 有

일보살하사니 **명왈보광**이라 **합장공경**하사어
一菩薩 名曰普廣 合掌恭敬

이백불언하사되 **금견세존**이 **찬탄지**
而白佛言 今見世尊 讚歎地

장보살의 **유여시불가사의대위**
藏菩薩 有如是不可思議大威

신력하시오니 **유원세존**하 **위미래세말**
神力 唯願世尊 爲未來世末

법중생하사 **선설지장보살**의 **이익**
法衆生 宣說地藏菩薩 利益

163

소서. 그리하여 모든 천룡팔부와 미래세의 중생들로 하여금 부처님의 말씀을 공손히 받아 지니게 하옵소서." 그때 세존께서 보광보살을 비롯하여 사부대중에게 말씀하셨습니다. "잘 듣고 자세히 들으라. 내 마땅히 너희들을 위하여 **지장보살이 인간과 천상을 이롭게 하는 복덕을 간략히 말하리라.**" 보광보살이 사뢰었습니다. "**세존이시여!** 바라옵건대 즐거이 듣고자 하나이다."

인천인과등사 사제천룡팔부와
人天因果等事 使諸天龍八部

급미래세중생으로 정수불어케하옵소서 이
及未來世衆生 頂受佛語 爾

시에 세존이 고보광보살과 급사중
時 世尊 告普廣菩薩 及四衆

등하시되 제청제청하라 오당위여하여 약
等 諦聽諦聽 吾當爲汝 略

설지장보살의 이익인천복덕지
說地藏菩薩 利益人天福德之

사하리라 보광이 백언하시되 유연세존하
事 普廣 白言 唯然世尊

원요욕문하나이다
願樂欲聞

06-03 부처님께서 **보광보살**에게 말씀하셨습니다. "미래세의 **만약 어떤 선남자 선여인이 이 지장보살마하살의 이름을 듣거나 합장하거나 찬탄하거나 예배하거나 생각하고 사모하거나 하는 사람은, 삼십 겁의 죄를 초월할 것이니라. 보광보살이여!** 또 **어떤 선남자 선여인이 지장보살의 형상을 그리거나 혹은 흙·돌로 아교나 옻칠로 또는 금·은·구리·무쇠 등으로 이 보살상을 조성하여 우러러 예배하는 자는, 수없는 생을 저 삼십삼천에 태어나 오래도록 악도에 떨어지지 아니하며, 설사 하늘의 복이 다하여 인간 세상에 하생하더라도 국왕이 되어 큰 이익을 얻을 것이니라. 만

06-03 불고보광보살하시되 미래
佛告普廣菩薩 未來

세중에 약유선남자선여인이 문
世中 若有善男子善女人 聞

시지장보살마하살명자와 혹합
是地藏菩薩摩訶薩名者 或合

장자와 찬탄자와 작례자와 연모자는
掌者 讚歎者 作禮者 戀慕者

시인이 초월삼십겁죄하리라 보광아
是人 超越三十劫罪 普廣

약유선남자선여인이 혹채화형
若有善男子善女人 或彩畵形

상커나 혹토석교칠과 금은동철로 작
像 或土石膠漆 金銀銅鐵 作

차보살하여 일첨일례자는 시인이 백
此菩薩 一瞻一禮者 是人 百

반생어삼십삼천하여 영불타어악
返生於三十三天 永不墮於惡

도하리 가여천복이 진고로 하생인
道 假如天福 盡故 下生人

일 **어떤 여인**이 여인으로 태어난 것을 싫어하여 온갖 마음을 다 기울여 지장보살 형상을 그리거나 흙과 돌에 칠하여 만들거나 동·철 등으로 형상을 만들어, 정성을 다하여 보살상에 공양을 올리며, 이와 같이 하루도 빠짐없이 항상 꽃·향·음식·의복·비단·깃대·금전·보물 등으로 공양하면, 이 선여인은 이 한번의 여자 몸의 과보를 다한 뒤, 백천만겁이 지나도록 다시는 여인이 있는 세계에도 태어나지 않게 되니, 하물며 다시 여인의 몸을 받겠느냐. 다만 자비원력으로 중생을 제도하고 해탈시키고자 하여 스스로 여인의 몸을 받은 것을 제외하고는, 이 지장보살을 공양한 공덕의 힘을 입는 연유로 백 천만억 겁에 다시는 여인의 몸을 받지 않을 것이니라."

06-04 "또한 **보광보살이여**! 만약 **어떤 여인**이 있어 추하고 병이 많은 것을 싫어함에 지장보살의 형상 앞에서 지극한 마음으로 우러러 예배하기를 잠시만이라도 한다면, 이 사람은 천만겁 중에 받을 몸의 모양새가 원만하며, 온갖 질병이 없을 것이며, 이

간이라도 유위국왕하여 불실대리하리라 약
間 猶爲國王 不失大利 若
유여인이 염여인신하여 진심공양
有女人 厭女人身 盡心供養
지장보살화상과 급토석교칠동
地藏菩薩畵像 及土石膠漆銅
철등상하되 여시일일불퇴하여 상이화
鐵等像 如是日日不退 常以華
향음식과 의복증채와 당번전보
香飮食 衣服繒綵 幢幡錢寶
등물로 공양하면 시선여인이 진차일
等物 供養 是善女人 盡此一
보여신하고 백천만겁에 갱불생유
報女身 百千萬劫 更不生有
여인세계어든 하황부수여신이리요 제
女人世界 何況復受女身 除
자비원력고로 요수여신하여 도탈
慈悲願力故 要受女身 度脫
중생하고 승사공양지장보살지력과
衆生 承斯供養地藏菩薩之力
급공덕력고로 백천만겁에 갱불
及功德力故 百千萬劫 更不
부수여인지신하리라
復受女人之身

06-04 부차보광보살아 약유여
復次普廣菩薩 若有女
인이 염시추루하며 다질병자하여 단어
人 厭是醜陋 多疾病者 但於
지장보살상전에 지심첨례식경
地藏菩薩像前 至心瞻禮食頃
지간이라도 시인은 천만겁중에 소수
之間 是人 千萬劫中 所受
생신이 상모원만하고 무제질병하고 시
生身 相貌圓滿 無諸疾病 是

추한 여인이 만약 여자의 몸을 싫어하지 않는다면, 백 천만 억겁을 항상 왕녀나 왕비가 되거나, 재상이나 명문 집안의 큰 장자의 딸이 되어 단정하게 태어나고 모든 모양새가 원만하리라. 지장보살에게 지극한 마음으로 우러러 예배하면 이와 같은 복을 얻으리라."

추루여인이 **여불염시여신**하면 **즉백**
醜陋女人 如不厭是女身 卽百
천만억겁중에 **상위왕녀**와 **내급**
千萬億劫中 常爲王女 乃及
왕비와 **재보대성대장자녀**하여 **단정**
王妃 宰輔大姓大長者女 端正
수생하고 **제상**이 **원만**하리니 **유지심고**로
受生 諸相 圓滿 由至心故
첨례지장보살하면 **획복여시**하리라
瞻禮地藏菩薩 獲福如是

06-05 "또한 **보광보살이여!** 만약 **어떤** 선남자 선여인이 지장보살의 형상 앞에서 음악을 연주하고 노래하며 찬탄하고 향과 꽃으로 공양하고 또 이를 한사람이나 여러 사람에게 권하면 이들은 현재나 미래의 세상까지 백천의 여러 신들이 밤낮으로 수호하여서 악한 일은 전혀 귀에도 들리지 않게 되나니, 어찌 모든 횡액을 직접 받는 일이 있겠느냐."

06-05 **부차보광**아 **약유선남자**
復次普廣 若有善男子
선여인이 **능대지장보살상전**하여
善女人 能對地藏菩薩像前
작제기악하고 **가영찬탄**하고 **향화공**
作諸妓樂 歌詠讚歎 香華供
양하되 **내지권어일인다인**하여도 **여시**
養 乃至勸於一人多人 如是
등배는 **현재세중**과 **급미래세**에
等輩 現在世中 及未來世
상득백천귀신이 **일야위호**하여 **불영**
常得百千鬼神 日夜衛護 不令
악사로 **첩문어이**케함이온 **하황친수제**
惡事 輒聞於耳 何況親受諸
횡이리오
橫

06-06 "또 **보광보살이여!** 미래 세상에 **만약** 악인이나 악신, 악귀 등이 있어, 어떤 선남자 선여인이 지장보살에 귀의하여 공경하며 공양하고 찬탄하며 우러러 예배하는 것을 보고, 혹 망령되이 꾸짖고 헐뜯거나, 공덕과 이익이 없다고 비방하거나, 혹은

06-06 **부차보광보살**아 **미래세**
復次普廣菩薩 未來世
중에 **약유악인**과 **급악신악귀** **견**
中 若有惡人 及惡神惡鬼 見
유선남자선여인의 **귀경공양** **찬**
有善男子善女人 歸敬供養 讚
탄첨례지장보살형상하고 **혹망생**
歎瞻禮地藏菩薩形像 或妄生

비웃고, 돌아서서 그르다고 하거나, 혹은 다른 사람에게 권해 함께 비난하거나, 혹은 한사람이나 여러 사람들과 같이 그르다고 비난 하는 등 만약 한 생각만이라도 꾸짖고 훼방하는 마음을 낸다면, 이러한 사람은 현겁의 천불이 멸도하신 뒤까지라도 비방하고 헐뜯은 죄보로 아비지옥에 떨어져서 매우 극심한 죄보를 받을 것이니라. 이 겁을 지나고 나서는 다시 아귀보를 받게 되며, 또 천겁이 지나면 다시 축생보를 받게 될 것이며, 또 천겁을 지나고서 비로소 사람의 몸을 받게 되느니라. 비록 사람의 몸을 받더라도 빈궁하고 미천하여 이목구비 등 육근을 갖추지 못한 불구자가 되고, 많은 악업이 그의 몸에 맺혀서 곧 또다시 악도에 떨어지게 되느니라. 그러므로 **보광보살이여!** 다른 사람이 공양 올리는 것을 비방하고 헐뜯기만 하여도 이러한 죄보를 받거늘, 더구나 다른 나쁜 소견을 내어서 불법을 직접 훼방하고 파괴함이야 말해 무엇하랴!"

기훼^{하며} 방무공덕^과 급이익사^{라하여}
譏毀 謗無功德 及利益事

혹노치소^{커나} 혹배면비^{커나} 혹권인
或露齒笑 或背面非 或勸人

공비^{하며} 혹일인비^{커나} 혹다인비^{커나} 내
共非 或一人非 或多人非 乃

지일념^{이나} 생기훼자^면 여시지인^은
至一念 生譏毀者 如是之人

지현겁천불멸도지후^{하여} 기훼죄
至賢劫千佛滅度之後 譏毀罪

보^로 상재아비지옥^{하여} 수극중죄^{하리며}
報 尚在阿鼻地獄 受極重罪

과시겁이^{코는} 방수아귀^{하며} 우경천
過是劫已 方受餓鬼 又經千

겁^{하여} 부수축생^{하며} 우경천겁^{하여} 방득
劫 復受畜生 又經千劫 方得

인신^{하나니} 종수인신^{하여도} 빈궁하천^{하고}
人身 縱受人身 貧窮下賤

제근^이 불구^{하며} 다피악업^이 내결기
諸根 不具 多被惡業 來結其

신^{하여} 불구지간^에 부타악도^{하리니} 시
身 不久之間 復墮惡道 是

고^로 보광^아 기훼타인공양^{하여도} 상
故 普廣 譏毀他人供養 尚

획차보^{어든} 하황별생악견훼멸^{이리요}
獲此報 何況別生惡見毀滅

06-07 "또 **보광보살이여!** 만일 미래세에 어떤 남자나 여인이 **지병**으로 침상에 누워서 살려고 하여도 죽으려고 하여도 모두 마음대로 안되고, 혹 꿈에 악귀가 집안 식구들을 괴롭히고 험한 길을 헤매게 하기도 하며, 혹은 도깨비에게 홀리고 귀신에 홀리며,

06-07 부차보광보살^아 약미래
復次普廣菩薩 若未來

세^에 유남자여인^이 구환상침^{하여} 구
世 有男子女人 久患牀枕 求

생구사^{호대} 요불가득^{하며} 혹야몽^에 악
生求死 了不可得 或夜夢 惡

귀내급가친^{하며} 혹유험도^{하며} 혹다염
鬼乃及家親 或遊險道 或多魘

세월이 점차 깊어감에 따라 그의 몸은 점점 야위어가고, 그리하여 잠자다가도 놀라 소리를 지르고 처참하게 괴로워하는 것은, 이러한 것들은 모두 업장으로 죄업의 경중이 정해지지 않았기 때문이니라. 그러므로 죽고자 하나 죽어지지 않고 낫고자 하나 낫지 않는데, 보통 남녀의 속된 눈으로는 이를 도저히 분간할 수 없느니라."

"이러한 때는 마땅히 모든 불·보살의 형상 앞에서 이 경을 소리 높여 한 번이라도 읽고, 그 병자가 아끼는 물건 혹은 의복·보석·패물·동산·사택이건 간에 그걸 놓고서 병자 앞에서 큰소리로 말하기를, '저희들 ○○등은 이 병든 이를 위하여 경전과 불상을 모신 앞에 이 모든 재물들을 희사합니다. 혹은 경이나 불상 앞에 공양하며, 혹은 불·보살의 형상을 조성하며, 혹은 탑이나 절을 만들며, 혹은 등을 밝히며, 혹은 **상주 대중에 보시하겠습니다.**' 이렇게 세 번을 아픈 사람이 알아듣도록 하라. 이때 만일 아픈 이가 모든 의식이 흩어져 호흡이 다한 자는 하루 이틀 사흘 나흘로부터 칠일 동안 계속해서 큰소리로 이 일을 말하고 큰소리로 이 경을 읽어야 하느니라. 이 사람은 명을 다한 뒤 설사 전생에 지은 중죄로 **오무간 지옥**에 떨어질 경우라도 영원히 해탈

매하여 공귀신유하며 일월세심하되 전부
魅　共鬼神遊　日月歲深　轉復

왕채하여 수중규환하여 처참불락자는
尫瘵　睡中叫喚　悽慘不樂者

차개시업도논대에 미정경중하여 혹
此皆是業道論對　未定輕重　或

난사수하며 혹불득유하여 남녀속안이
難捨壽　或不得愈　男女俗眼

불변시사하나니 단당대제불보살상
不辨是事　但當對諸佛菩薩像

전하여 고성전독차경일변커나 혹취병
前　高聲轉讀此經一遍　或取病

인의 가애지물이어나 혹의복보패와 장
人　可愛之物　或衣服寶貝　莊

원사택을 대병인전하여 고성창언하되
園舍宅　對病人前　高聲唱言

아모갑등이 위시병인하여 대경상
我某甲等　爲是病人　對經像

전하여 사제물등하되 혹공양경상커나 혹
前　捨諸物等　或供養經像　或

조불보살형상커나 혹조탑사커나 혹연
造佛菩薩形像　或造塔寺　或燃

유등커나 혹시상주하거나 여시삼백병
油燈　或施常住　如是三白病

인하여 견령문지하면 가사제식이 분
人　遣令聞知　假使諸識　分

산하여 지기진자라도 일일이일삼일로
散　至氣盡者　一日二日三日

내지칠일히 단고성백사하며 고성
乃至七日　但高聲白事　高聲

독경하면 시인은 명종지후에 숙앙중
讀經　是人　命終之後　宿殃重

죄로 지우오무간죄라도 영득해탈하며
罪　至于五無間罪　永得解脫

할 수 있을 것이니라. 그는 생을 받을 때마다 항상 전생의 숙명을 알게 되느니라. 하물며 선남자 선여인이 스스로 이 경을 쓰거나 남에게 쓰게 하거나, 또는 스스로 보살의 형상을 조성하거나 그리거나 나아가서는 남에게 권유하여 조성하고 그리게 함이겠는가! 반드시 큰 이익을 얻는 과보를 받을 것이니라." "그러므로 **보광보살이여!** 만약 어떤 사람이 이 **경을 독송**하거나, 한 생각만이라도 이 경을 **찬탄**하고 이 경을 **공양**하는 자를 보거든, **그대는** 마땅히 백천가지 방편으로 이들에게 권하여서 **정근하는 마음**에서 **물러나지 않도록 한다면**, 능히 현재와 미래에 백천만 억의 **불가사의한 공덕**을 얻게 되리라."

소수생처에 상지숙명하리니 하황선
所受生處 常知宿命 何況善

남자선여인이 자서차경커나 혹교
男子善女人 自書此經 或敎

인서하며 혹자소화보살형상커나 내
人書 或自塑畵菩薩形像 乃

지교인소화이리요 소수과보는 필획
至敎人塑畵 所受果報 必獲

대리하리니 시고로 보광아 약견유인이
大利 是故 普廣 若見有人

독송시경커나 내지일념이나 찬탄시
讀誦是經 乃至一念 讚歎是

경하며 혹공경시경자어든 여수백천
經 或恭敬是經者 汝須百千

방편으로 권시등인하되 근심막퇴하면 능
方便 勸是等人 勤心莫退 能

득미래현재에 백천만억 불가사
得未來現在 百千萬億 不可思

의공덕하리라
議功德

06-08 "또 **보광보살이여!** 미래세의 중생들이 꿈속에서나 잠결에 귀신이나 여러 가지 모습이 나타나서 슬피 울며 탄식하고 근심스러워하거나 혹 공포에 질려 있는 모습을 보았다고 한다면, 이는 모두가 다 일생이나 십생 또는 백생 천생 과거세의 부모와 자녀와 형제와 자매와 남편과 아내와 나아가서는 권속들이 악도에 떨어져 나올 길을 얻지 못하고 있음이라. 이들은 자신의 복력으로는 고뇌로부터 벗어날 희망이 없으므로 부득

06-08 부차보광보살아 약미래
復次普廣菩薩 若未來

세계에 제중생등이 혹몽혹매에
世界 諸衆生等 或夢或寐

견제귀신과 내급제형의 혹비혹
見諸鬼神 乃及諸形 或悲或

제하며 혹수혹탄하며 혹비혹포하나니 차는
啼 或愁或歎 或悲或怖 此

개시일생십생과 백생천생의 과
皆是一生十生 百生千生 過

거부모와 남녀제매와 부처권속이
去父母 男女弟妹 夫妻眷屬

재어악취하여 미득출리로되 무처희
在於惡趣 未得出離 無處希

169

이 숙세의 가족들에게 호소하여 그들로 하여금 여러 가지 방편을 지어 악도를 벗어나게 해주길 원하고 있는 것이니라. **보광보살이여!** 그대는 신통력으로 이들 가까이 화현하여 그들 권속들에게 모든 불보살상 앞에서 지극한 마음으로 이 경전을 읽게 하거나 스님 네를 청하여 읽게 하되 **세편** 내지 **일곱 편**에 이르게 하라. 반드시 악도의 권속들이 독경을 편수를 거듭할 때마다 **해탈**을 얻을 것이요, 나아가서는 꿈속에서나 잠결에 다시는 그러한 모습을 보이지 않게 될 것이다."

06-09 "또 **보광보살이여!** 만약 미래 세상에 여러 **미천한** 무리들이 있어 혹은 노비 등 내지는 모든 자유를 잃는 자들이 숙세의 업보라는 것을 깨닫고 참회를 하고자 하거든, 지극한 마음으로 **지장보살**의 형상을 우러러 예배하면서 7일 동안 보살의 명호를 염하여 만 번을 채울 것이니라. 이렇게 하는 사람은 지금의 보가 다한 후에 천만 생 동안 항상 존귀한 몸으로 태어나며, 다시는 **삼악도의 고통**을 겪지 않으리라."

06-10 "**보광보살이여!** 미래세상의

망복력으로 구발고뇌일새 당고숙세
望福力　求拔苦惱　當告宿世
골육하여 사작방편하여 원리악도하나니
骨肉　使作方便　願離惡道
보광아 여이신력으로 견시권속하여 영
普廣　汝以神力　遣是眷屬　令
대제불보살상전하여 지심으로 자독
對諸佛菩薩像前　至心　自讀
차경커나 혹청인독하여 기수삼변커나 혹
此經　或請人讀　其數三遍　或
지칠변하면 여시악도권속이 경성의
至七遍　如是惡道眷屬　經聲
필시변수하면 당득해탈하여 내지몽
畢是遍數　當得解脫　乃至夢
매지중에 영불부견하리라
寐之中　永不復見

06-09 부차보광아 약미래세에
復次普廣　若未來世
유제하천등인이 혹노혹비와 내
有諸下賤等人　或奴或婢　乃
지제부자유지인이 각지숙업하고
至諸不自由之人　覺知宿業
요참회자 지심첨례지장보살형
要懺悔者　至心瞻禮地藏菩薩形
상하여 내어일칠일중에 염보살명하여
像　乃於一七日中　念菩薩名
가만만편하면 여시등인은 진차보후
可滿萬遍　如是等人　盡此報後
천만생중에 상생존귀하여 갱불경력
千萬生中　常生尊貴　更不經歷
삼악도고하리라
三惡道苦

06-10 부차보광아 약미래세중
復次普廣　若未來世中

염부제에 바라문·찰제리·장자·거사 등과 그 밖의 모든 사람들과 성을 달리하는 종족에게 새로 태어나는 자가 있다면, 남자든지 여자든지 간에 7일 이내에 이 불가사의한 경전을 읽어주고, 다시 보살의 명호를 만 번을 **염송**하여라. 이 아이가 남자이거나 여자이거나 간에 비록 숙세의 허물이 있어 죄보가 있더라도 문득 해탈을 얻게 되어 안락하게 잘 자랄 것이며, 수명이 증장되며, 만약 그가 복을 받아 태어난 자라면, 더욱더 안락과 수명을 더하게 될 것이니라."

06-11 "**보광보살이여! 미래세의 중생이 매달 1일, 8일, 14일, 15일, 18일, 23일, 24일, 28일, 29일과 30일**에 모든 죄를 모아 그 가볍고 무거움을 정하나니, 대개 남염부제의 중생들의 행동과 생각에 업 아님이 없고 죄 아닌 것이 없는데, 어찌 하물며 방자한 마음으로 살생·투도·사음·망어를 하는 등 백 천 가지의 죄상이랴! 만약 능히 십재일에 불·보살님과 모든 성현의 존상 앞에서 이 경을 한 번 읽으면, 동서남북 백 유순 내의 모든 재

염부제내에 찰리바라문장자거
閻浮提內 刹利婆羅門長者居
사일체인등과 급이성종족에 유
士一切人等 及異姓種族 有
신생자혹남혹녀든 칠일지중에
新生者或男或女 七日之中
조여독송차 불가사의경전하고 갱
早與讀誦此 不可思議經典 更
위념보살명호하되 가만만편하면 시
爲念菩薩名號 可滿萬遍 是
신생자혹남혹녀의 숙유앙보를
新生子或男或女 宿有殃報
변득해탈하여 안락이양하고 수명이 증
便得解脫 安樂易養 壽命 增
장하리며 약시승복생자하면 전증안락하며
長 若是承福生者 轉增安樂
급여수명하리라
及與壽命

06-11 부차보광아 약미래세중
復次普廣 若未來世衆
생이 어월일일팔일과 십사십오와
生 於月一日八日 十四十五
십팔일 이십삼과 이십사 이십
十八日 二十三 二十四 二十
팔일과 이십구 삼십일인 시제일
八日 二十九 三十日 是諸日
등은 제죄결집하여 정기경중하나니 남
等 諸罪結集 定其輕重 南
염부제중생의 거지동념이 무불
閻浮提衆生 擧止動念 無不
시업이며 무불시죄어든 하황자정으로 살
是業 無不是罪 何況恣情 殺
생절도하며 사음망어하는 백천죄상이리오
生竊盜 邪淫妄語 百千罪狀

앙과 고난이 없어지며, 그가 사는 집안에 어른이나 아이가 현재 또는 미래의 백천세에 영원히 악도에서 벗어나게 되느니라. 또한 매달 이 10재일에 능히 이 경을 한 편씩 읽으면, 현재의 이 집안에 모든 횡액과 질병이 사라지고 **의식이 풍족하리라.**" "그러므로 **보광보살이여!** 마땅히 알라. 지장보살은 이와 같이 한량없는 백천만억의 큰 위신력으로 이익을 주느니라. 염부제 중생들은 모두가 이 지장보살과 큰 인연이 있으니, 모든 중생들이 지장보살의 이름을 듣거나, 지장보살의 형상을 보거나, 또는 이 경을 석자나 다섯 자 혹은 한 게송 한 구절이라도 듣는다면, 현세에 특별히 안락함을 얻을 것이며, 미래세 백천만생 동안에도 항상 단정한 몸으로 존귀한 가문에 태어나게 되리라."

약능어시십재지일에 대불보살과
若能於是十齋之日 對佛菩薩

급제현성상전하여 전독시경일편하면
及諸賢聖像前 轉讀是經一遍

동서남북백유순내에 무제재난하며
東西南北百由旬內 無諸災難

당차거가에 약장약유커나 현재미
當此居家 若長若幼 現在未

래백천세중에 영리악취할것이니 능어
來百千世中 永離惡趣 能於

십재일에 매전일편하면 현세에 영차
十齋日 每轉一遍 現世 令此

거가로 무제횡병하고 의식이 풍일할것이니
居家 無諸橫病 衣食 豐溢

시고로 보광아 당지하라 지장보살이
是故 普廣 當知 地藏菩薩

유여시등불가설백천만억 대위
有如是等不可說百千萬億 大威

신력 이익지사하니 염부중생이 어
神力 利益之事 閻浮衆生 於

차대사에 유대인연하니 시제중생이
此大士 有大因緣 是諸衆生

문보살명커나 견보살상커나 내지문시
聞菩薩名 見菩薩像 乃至聞是

경삼자오자어나 혹일게일구자는 현
經三字五字 或一偈一句者 現

재에 수묘안락하며 미래지세백천만
在 殊妙安樂 未來之世百千萬

생에 상득단정하여 생존귀가하리라
生 常得端正 生尊貴家

06-12 그때에 보광보살은 부처님께서 지장보살을 칭찬하고 찬탄하심을 듣고 무릎을 꿇고 합장하며 다시

06-12 이시에 보광보살이 문불
爾時 普廣菩薩 聞佛

여래의 칭양찬탄지장보살하시옵고 호
如來 稱揚讚歎地藏菩薩 胡

부처님께 사뢰었습니다. "세존이시여! 저는 오래 전부터 이 **지장보살**이 지닌 불가사의한 **위신력**과 큰 서원력을 알았사오나, 미래의 중생들을 위하여 저들에게 널리 알려 이익을 주고자 짐짓 부처님께 여쭈었나이다. **세존이시여!** 이 경의 이름은 무엇이라고 하오며, 저희가 어떻게 유포해야 하오리까? 오직 원하오니 머리에 받들어 수지 하겠나이다." 부처님께서 보광보살에게 말씀하셨습니다. "보광보살이여! 이 경의 이름은 세 가지니 **하나**는 **지장본원경**이요, 둘째는 **지장본행경**이요, **셋째는 지장본서력경**이니라. 이는 지장보살이 오랜 겁으로부터 내려오면서 큰 서원을 거듭 발하여 중생들에게 이익 되게 하였으니, 너희들은 이 원에 의지하여 널리 유포하도록 하여라." 보광보살이 부처님의 말씀을 듣고 신심으로 받들고 합장공경 예배한 다음 물러갔습니다.

궤합장하여 부백불언하시되 세존하 아
跪合掌 復白佛言 世尊 我

구지시대사의 유여차불가사의
久知是大士 有如此不可思議

신력과 급대서원력하옵고 위미래중
神力 及大誓願力 爲未來衆

생하여 견지이익고문여래하옵나니 세존하
生 遣知利益故問如來 世尊

당하명차경이며 사아로 운하유포하오리까
當何名此經 使我 云何流布

유원정수하나이다 불고보광하시되 차경이
唯願頂受 佛告普廣 此經

범유삼명하니 일명은 지장본원이요 역
凡有三名 一名 地藏本願 亦

명 지장본행이며 역명 지장본서
名 地藏本行 亦名 地藏本誓

력경이니 연차보살이 구원겁래에 발
力經 緣此菩薩 久遠劫來 發

중대원하여 이익중생하나니 시고로 여
重大願 利益衆生 是故 汝

등은 의원유포하라 보광보살이 문이
等 依願流布 普廣菩薩 聞已

신수하고 합장공경하여 작례이퇴하니라
信受 合掌恭敬 作禮而退

제7품 죽은 이, 산 이도 모두 이익 됨

제칠 이익존망품
第七 利益存亡品

07-01 그때 지장보살마하살이 부처님께 사뢰었습니다. "세존이시여! 제가 이 남염부제 중생들을 보니 그

07-01 이시에 지장보살마하살이
爾時 地藏菩薩摩訶薩

백불언하시되 세존하 아관시염부제
白佛言 世尊 我觀是閻浮提

들의 일체 행동거지와 생각을 일으키는 것이 죄 아님이 없나이다. 만약 좋은 일과 이익 되는 좋은 인연을 만나더라도 대개 처음 마음이 오래 머무르지 못하며, 혹 악연을 만나면 순간 순간 악연을 더하게 되나, 이들은 마치 무거운 돌을 지고 진흙길을 걷는 것과 같아서, 갈수록 몸은 지치고 짐은 무거워져 발걸음이 깊은 수렁으로 빠져 드는 것과 같나이다. 다행이 선지식을 만나게 되면 짐을 나누어 짊어지거나 혹은 전부를 져다 주기도 하며, 이 선지식은 엄청난 힘을 지니고 있기 때문에 다시 그를 부축하여 힘을 내게 도와주고 인도하여, 평지에 이르러서는 지나온 나쁜 길을 돌아보게 함으로써 다시는 그런 길에 들지 않게 하나이다." "세존이시여! 중생이 악을 익힘은 털끝보다 더 작은 것에서 비롯되었지만 순식간에 엄청난 곳에 이르게 됩니다. 모든 중생들이 이러한 악습이 있으므로 목숨이 다할 때에, 그의 남녀 **권속들이 마땅히 그를 위하여 복을 베풀고 앞길을 열어 주어야 하며**, 혹 번개(=기)를 달거나 등불을 밝히거나, 경전을 읽기나 불상이나 보살상 또는 성인의 형상 앞에 공양을 올려야 하나이다. 그리고 불보살과 벽지불의 명호를 염하되 임종하는 사람의 귀에 대고 천천히 그리고 똑똑하게 발음하여 알아듣게 하고 이해하게 하면, 이 모든 중생들이 자신이 지은 악업으로 반드시

중생하니 **거족동념**이 **무비시죄**라 **약**
衆生 舉足動念 無非是罪 若

우선리라도 **다퇴초심**하며 **혹우악연**하면
遇善利 多退初心 或遇惡緣

염념증익하니 **시등배인**은 **여이니**
念念增益 是等輩人 如履泥

도하며 **부어중석**하며 **점곤점중**하여 **족섭**
塗 負於重石 漸困漸重 足涉

심수하니 **약득우선지식**하면 **체여감**
深邃 若得遇善知識 替與減

부커나 **혹전여부**하나니 **시선지식**이 **유**
負 或全與負 是善知識 有

대력고로 **부상부조**하며 **권령뇌각**하여
大力故 復相扶助 勸令牢脚

약달평지하여는 **수성악로**하여 **무재경**
若達平地 須省惡路 無再經

력입니다 **세존**하 **습악중생**은 **종섬호**
歷 世尊 習惡衆生 從纖毫

간하여 **변지무량**하나니 **시제중생**이 **유**
間 便至無量 是諸衆生 有

여차습일새 **임명종시**에 **남녀권속**이
如此習 臨命終時 男女眷屬

의위설복하여 **이자전로**하되 **혹현번**
宜爲設福 以資前路 或懸幡

개하고 **급연유등**하며 **혹전독존경**하고 **혹**
蓋 及燃油燈 或轉讀尊經 或

공양불상과 **급제성상**하며 **내지염불**
供養佛像 及諸聖像 乃至念佛

보살과 **급벽지불명자**를 **일명일**
菩薩 及辟支佛名字 一名一

호하여 **역임종인이근**하거나 **혹문재본**
號 歷臨終人耳根 或聞在本

식하면 **시제중생**의 **소조악업**을 **계기**
識 是諸衆生 所造惡業 計其

악도에 떨어지게 되었다 하더라도, 인연을 맺은 권속들이 그를 위해 닦는 성스러운 인연공덕으로 그토록 엄청난 중죄가 모두 다 소멸하게 될 것이옵니다."

07-02 "만약 목숨이 다한 뒤 49일 내에 여러 가지 좋은 공덕을 지어 주면, 그 중생은 영원히 **삼악도**를 여의고, 인간이나 하늘에 태어나 매우 건강하고 아름다우며 안락함을 누리게 될 것이며, 현재 그의 가족도 그 이익이 한량이 없을 것이옵니다. 그러므로 제가 이제 **부처님**이신 세존을 모시고 천룡팔부와 인간과 인간 아닌 무리들이 함께 모인 이 자리에서 저 남염부제 중생들에게 권하옵니다. '**임종하는 날**에는 살생을 하여 나쁜 인연 짓기를 삼가고, 귀신들에 절하여 제사하지 말고, 도깨비들에게 구하는 일을 하지 말 것을 권하나이다.' 왜냐하면 살생하는 일에서부터 귀신이나 도깨비를 섬기고 위하는 일이, 망자에게는 털끝만큼도 이익이 없으며, 오히려 죄업의 인연만 더욱 깊어지기 때문입니다. 가령 내생이나 현생에 성자의 도움을 받아 인간이나 천상에 태어난다 할지라도, 임종할 때 다른 가족들이 악을 행하면, 그 재앙이 죽은 사람에게 미치게 되고 죽은 자는 이를 변명하느

감과하여 필타악취라도 연시권속의 위
感果 必墮惡趣 緣是眷屬 爲

기임종지인하여 수차성인일새 여시중
其臨終之人 修此聖因 如是衆

죄 실개소멸하리니
罪 悉皆消滅

07-02 약능갱위신사지후칠
若能更爲身死之後七

칠일내에 광조중선하면 능사시제
七日內 廣造衆善 能使是諸

중생으 영리악취하고 득생인천하여 수
衆生 永離惡趣 得生人天 受

승묘락하며 현재권속도 이익무
勝妙樂 現在眷屬 利益無

량할것이니 시고로 아금에 대불세존과
量 是故 我今 對佛世尊

급천룡팔부인비인등하여 권어염
及天龍八部人非人等 勸於閻

부제중생하되 임종지일에 신물살
浮提衆生 臨終之日 愼勿殺

생하고 급조악연하며 배제귀신하여 구제
生 及造惡緣 拜祭鬼神 求諸

망량하라하노니 하이고오 시소살연와 내
魍魎 何以故 是所殺緣 乃

지배제히 무섬호지력도 이익망
至拜祭 無纖毫之力 利益亡

인하고 단결죄연하여 전증심중하나니 가
人 但結罪緣 轉增深重 假

사내세나 혹현재생에 득획성분하여
使來世 或現在生 得獲聖分

생인천중이라도 연시임종에 피제권
生人天中 緣是臨終 被諸眷

속의 조시악인으로 역령시명종인이
屬 造是惡因 亦令是命終人

라 좋은 곳에 태어나는 일이 그만큼 늦어지게 됩니다. 하물며 임종하는 당사자가 살아생전에 조그마한 선근도 쌓지 못하였다면, 각기 지은 죄업에 의거하여 스스로 악도에 떨어질 것이온데, 살아 있는 가족들이 어찌 다시 업을 더할 수 있겠나이까. 이는 마치 어떤 사람이 먼 길을 감에 있어서 사흘을 굶고, 짊어진 짐은 백 근이 넘는데, 문득 이웃사람을 만나 작은 짐을 더 부탁받게 되는 것과 같나이다. 그는 이로 인해 더욱더 곤란함이 가중될 것이옵니다." "세존이시여! 제가 살펴보니, 염부제 중생이 모든 부처님의 가르치심 가운데, 착한 일을 터럭 하나·물 한 방울·모래 알 하나·티끌 하나 만큼이라도 하게 되면, 이와 같은 모든 이익을 모두 스스로 얻게 될 것이옵니다."

앙루대변하여 **만생선처**케함이온 **하황임**
殃累對辯　晩生善處　何況臨

명종인이 **재생**에 **미증유소선근**하면
命終人　在生　未曾有小善根

각거본업하여 **자수악취**하리오 **하인권**
各據本業　自受惡趣　何忍眷

속이 **갱위증업**이어뇨 **비여유인**이 **종**
屬　更爲增業　譬如有人　從

원지래에 **절량삼일**이요 **소부담물**이
遠地來　絶糧三日　所負擔物

강과백근이어늘 **홀우인인**하여 **갱부소**
强過百斤　忽遇隣人　更附小

물하면 **이시지고**로 **전부곤중**인듯합니다 **세**
物　以是之故　轉復困重　世

존하 **아관**하니 **염부중생**이 **단능어제**
尊　我觀　閻浮衆生　但能於諸

불교중에 **내지선사**를 **일모일적**과
佛教中　乃至善事　一毛一滴

일사일진이라도 **여시이익**을 **실개자**
一沙一塵　如是利益　悉皆自

득할것입니다
得

07-03 이와 같은 말씀을 할 때, 회중에 한 **장자**가 있으니, 이름은 **대변**이라. 이 장자는 일찍이 무생의 진리를 증득하였으나 시방의 중생들을 교화하고 제도하기위해 장자의 몸을 나투었으며, 합장 공경하며 지장보살에게 여쭈었습니다. "**지장보살이여!** 이 남염부제의 중생이 목숨을 마친 뒤에 그의 가족들이 **죽은 이를 위하여 공덕을** 닦아주거나 재를 베풀어, 여러

07-03 **설시어시**에 **회중**에 **유일**
說是語時　會中　有一

장자하니 **명왈대변**이라 **시장자 구증**
長者　名曰大辯　是長者　久證

무생하여 **화도시방**할새 **현장자신**이러니
無生　化度十方　現長者身

합장공경하시 **문지장보살언**하시되 **대**
合掌恭敬　問地藏菩薩言　大

사여 **시남염부제중생**이 **명종지**
士　是南閻浮提衆生　命終之

후에 **대소권속**이 **위수공덕**하되 **내지**
後　大小眷屬　爲修功德　乃至

가지 선한 일을 하게 되면, 목숨을 마친 그 사람이 **큰 이익을 얻고 해탈을** 하게 되나이까?" 지장보살이 말씀하였습니다. "**장자여!** 내가 지금 미래, 현재 일체 중생들을 위하여 부처님의 위신력을 힘입어 간단히 이 일을 설하오니, **장자여!** 미래, 현재 모든 중생들이 생명이 다하는 날에 한 부처님의 명호나, 한 보살님의 명호나, 한 벽지불의 명호만 들어도, 죄가 있고 죄가 없음을 가릴 것 없이 모두 다 해탈을 얻게 되느니라. 만약에 **어떤 선남자와 선여인**이 살아 있을 때에 착한 일을 하지 못하고 많은 죄를 지었더라도, 명이 다한 후에 비록 가깝고 먼 가족들이 그를 위해 훌륭한 공덕을 지어 복을 지어 주면, 그 **공덕의 7분의 1은 망인**이 얻게 되고, **나머지 공덕은 산 사람에게 이익**이 되어 돌아가게 됩니다. 그러므로 현재 미래의 선남자와 선녀인은 잘 알아들어서 스스로 닦으면, 그 공덕의 전부를 얻을 수 있습니다. **무상대귀** 즉 죽음의 귀신은 기약 없이 다가오며, **어둠 속을 헤매는 혼신**은 자신의 죄와 복을 알지 못하고 49일 동안 **어리석고 귀머거리**와 같이 지내며, 7일마다 사직 앞에서 업과의 옳고 그름을 따진 뒤에야 그의 업대로 다시 태어나게 됩

설재하면 **조중선인**하면 **시명종인**이 **득**
設齋 造衆善因 是命終人 得

대이익과 **급해탈부**잇가 **지장보살**이
大利益 及解脫不 地藏菩薩

답언하시되 **장자**여 **아금**에 **위미래현**
答言 長者 我今 爲未來現

재일체중생하여 **승불위력**하시어 **약설**
在一切衆生 承佛威力 略說

시사하리다 **장자**여 **미래현재제중생**
是事 長者 未來現在諸衆生

등이 **임명종시**에 **득문일불명**커나 **일**
等 臨命終時 得聞一佛名 一

보살명커나 **일벽지불명**하면 **불문유죄**
菩薩名 一辟支佛名 不問有罪

무죄하고 **실득해탈**하리다 **약유남자여**
無罪 悉得解脫 若有男子女

인이 **재생**에 **불수선인**하고 **다조중**
人 在生 不修善因 多造衆

죄하면 **명종지후**에 **권속대소위조**
罪 命終之後 眷屬大小爲造

복리일체성사하여도 **칠분지중**에 **이**
福利一切聖事 七分之中 而

내획일하고 **육분공덕**은 **생자자리**하나니
乃獲一 六分功德 生者自利

이시지고로 **미래현재선남녀등**이
以是之故 未來現在善男女等

문건자수하면 **분분전획**하리다 **무상대**
聞健自修 分分全獲 無常大

귀 불기이도하면 **명명유신**이 **미지**
鬼 不期而到 冥冥遊神 未知

죄복하여 **칠칠일내**에 **여치여농**하며 **혹**
罪福 七七日內 如癡如聾 或

재제사하여 **변론업과**하고 **심정지후**에
在諸司 辯論業果 審定之後

니다. 앞길도 예측 할 수 없는 그 사이에도 근심과 고통이 천만가지이온데 하물며 악도에 떨어졌을 때 이겠나이까! 이 목숨을 마친 사람은 다시 태어남을 얻지 못하고 있는 49일 동안, 혈육권속들이 복을 지어 구원해 주기만을 순간순간 기다리다가, 49일이 지난 뒤에는 업을 따라 과보를 받게 됩니다. 그가 만약 죄 많은 중생이라면 백 천세가 지나더라도 해탈할 날이 없을 것이요, 만일 **오무간지옥**에 떨어질 죄업으로 대지옥에 떨어지면, 천만겁토록 온갖 고통을 영원히 받게 됩니다.

07-04 또 **장자여**! 이와 같은 죄업 중생이 목숨을 마친 뒤 골육권속들이 재를 베풀어 그의 선업을 도와줄 때는 재식을 마치기 전이나, 재를 지내는 동안 쌀뜨물·나물잎사귀 등을 함부로 땅에 버리지 말며, 모든 음식을 부처님과 스님들께 올리기 전에는 민저 먹지 말아야 합니다. 만약 이를 어기어 먼저 먹거나 또는 깨끗하고 정성껏 만들지 않으면, 목숨을 마친 사람이 복의 힘을 얻지 못할 것이니라. 만일 정성을 다하여 깨끗하게 만든

거업수생하나니 **미측지간**에 **천만수**
據業受生　未測之間　千萬愁

고어든 **하황타어제악취등**이리오 **시명**
苦　何況墮於諸惡趣等　是命

종인이 **미득수생**하고 **재칠칠일내**하여
終人　未得受生　在七七日內

염념지간에 **망제골육권속**의 **여**
念念之間　望諸骨肉眷屬　與

조복력구발하다가 **과시일후**에 **수업**
造福力救拔　過是日後　隨業

수보하나니 **약시죄인**이면 **동경천백세**
受報　若是罪人　動經千百歲

중하여 **무해탈일**이요 **약시오무간죄**로
中　無解脫日　若是五無間罪

타대지옥하면 **천겁만겁**에 **영수중**
墮大地獄　千劫萬劫　永受衆

고하나니라
苦

07-04 **부차장자**여 **여시죄업중**
復次長者　如是罪業衆

생은 **명종지후**에 **권속골육**이 **위수**
生　命終之後　眷屬骨肉　爲修

영재하여 **자조업도**하되 **미재식경**과 **급**
營齋　資助業道　未齋食竟　及

영재지차에 **미감채엽**을 **불기어**
營齋之次　米泔菜葉　不棄於

지하며 **내지제식**히 **미헌불승**하고 **물득**
地　乃至諸食　未獻佛僧　勿得

선식하리 **여유위식**커나 **급불정근**하면
先食　如有違食　及不精勤

시명종인이 **요부득력**하리다 **약능정**
是命終人　了不得力　若能精

근호정하여 **봉헌불승**하면 **시명종인**이
勤護淨　奉獻佛僧　是命終人

음식을 부처님과 스님들께 받들어 올리면, 죽은 이가 그 공덕의 칠분의 일을 얻습니다. 그러므로 **장자여!** 염부제의 중생이 능히 그 부모나 권속을 위하여 목숨이 다한 뒤에 재를 베풀어 공양하되, 지극한 마음으로 부지런히 정성을 다하면, **산 사람도 죽은 사람도 다함께 이익을 얻게 됩니다."**
이 말씀을 하실 때에 도리천궁에 있던 천만억 나유타 염부제의 모든 귀신들이 한량없는 보리심을 발하였으며, 대변장자는 환희심으로 가르침을 받들고 예배하고 물러갔습니다.

칠분에 획일하리다 시고로 장자여 염
七分 獲一 是故 長者 閻
부중생이 약능위기부모와 내지
浮衆生 若能爲其父母 乃至
권속하여 명종지후에 설재공양하되 지
眷屬 命終之後 設齋供養 至
심근간하면 여시지인은 존망획리하리다
心勤懇 如是之人 存亡獲利
설시어시에 도리천궁에 유천만
說是語時 忉利天宮 有千萬
억 나유타염부귀신이 실발무량
億 那由他閻浮鬼神 悉發無量
보리지심하며 대변장자는 환희봉
菩提之心 大辯長者 歡喜奉
교 작례이퇴하니라
教 作禮而退

제8품 염라왕중 찬탄

제팔 염라왕중찬탄품
第八 閻羅王衆讚歎品

08-01 이때 **철위산** 내 무량한 귀왕들이 **염라천자**와 함께 도리천의 부처님 계신 곳에 모이니, 그들 귀왕의 이름은 이러하였습니다. **악독귀왕**을 비롯하여 **다악귀왕·대쟁귀왕·백호귀왕·혈호귀왕·적호귀왕·산앙귀왕·비신귀왕·전광귀왕·낭아귀왕·천안귀왕·담수귀왕·부석귀왕·주모귀왕·주화귀왕·주복귀

08-01 이시철위산내에 유무량
爾時鐵圍山內 有無量
귀왕하니 여염라천자로 구예도리하여
鬼王 與閻羅天子 俱詣忉利
내도불소하니 소위악독귀왕과 다
來到佛所 所謂惡毒鬼王 多
악귀왕과 대쟁귀왕과 백호귀왕과
惡鬼王 大爭鬼王 白虎鬼王
혈호귀왕과 적호귀왕과 산앙귀
血虎鬼王 赤虎鬼王 散殃鬼
왕과 비신귀왕과 전광귀왕과 낭아
王 飛身鬼王 電光鬼王 狼牙

귀왕과 천안귀왕 담수귀왕과 부
鬼王　千眼鬼王　噉獸鬼王　負

석귀왕과 주모귀왕과 주화귀왕과
石鬼王　主耗鬼王　主禍鬼王

주복귀왕과 주식귀왕과 주재귀
主福鬼王　主食鬼王　主財鬼

왕과 주축귀왕과 주금귀왕과 주수
王　主畜鬼王　主禽鬼王　主獸

귀왕과 주매귀왕 주산귀왕과 주
鬼王　主魅鬼王　主產鬼王　主

명귀왕과 주질귀왕과 주험귀왕과
命鬼王　主疾鬼王　主險鬼王

삼목귀왕과 사목귀왕과 오목귀
三目鬼王　四目鬼王　五目鬼

왕과 기리실왕과 대기리실왕과 기
王　祁利失王　大祁利失王　祁

리차왕과 대기리차왕과 아나타
利叉王　大祁利叉王　阿那吒

왕과 대아나타왕과 여시등대귀
王　大阿那吒王　如是等大鬼

왕이 각각여백천제소귀왕으로 진
王　各各與百千諸小鬼王　盡

거염부제하여 각유소집하며 각유소
居閻浮提　各有所執　各有所

주하니 시제귀왕이 여염라천자로 승
住　是諸鬼王　與閻羅天子　承

불위신과 급 지장보살마하살
佛威神　及　地藏菩薩摩訶薩

력하사 구예도리하여 재일면립이러라
力　俱詣忉利　在一面立

08-02 이시에 염라천자 호궤
爾時　閻羅天子　胡跪

합장하여 백불언하시되 세존하 아등이 금
合掌　白佛言　世尊　我等　今

왕・주식귀왕・주재귀왕・주축귀
왕・주금귀왕・주수귀왕・주매귀
왕・주산귀왕・주명귀왕・주질귀
왕・주험귀왕・삼목귀왕・사목귀
왕・오목귀왕・기리실귀왕・대기리
실귀왕・기리차귀왕・대기리차귀
왕・아나타귀왕・대아나타귀왕 들이
었습니다. 이들 대귀왕들은 각기 백
천의 여러 **소귀왕**과 더불어 염부제에
머물며 각기 맡은 바가 있고 각기 머
무는 곳이 있었습니다. 이러한 모든
귀왕들이 염라천자와 함께, 부처님의
위신력과 지장보살마하살의 힘을 받
들어 도리천에 이르러 한쪽에 서 있
었습니다.

08-02　그때 염라천자가 공손히 꿇
어앉아 합장하고 부처님께 여쭈었습
니다. "세존이시여! 저희들이 지금 모

든 귀왕으로 더불어 부처님의 위신력과 지장보살마하살의 힘을 입어 바야흐로 이곳 도리천의 큰 모임에 온 것은, 저희들 역시 좋은 이익을 얻고자 함이옵니다. 이제 저희들에게 작은 의심이 있어 감히 세존께 여쭈오니 바라건대 세존께서는 저희들을 위하여 자비로 말씀하여 주시옵소서." 부처님께서 염라천자에게 말씀하셨습니다. "마음대로 물으라. 내 너희들을 위하여 말해주리라." 그때 염라천자가 세존의 자비로운 모습을 우러러 뵙고 공손히 예배한 뒤 지장보살을 돌아보며 부처님께 말씀드렸습니다. "세존이시여! 제가 자세히 관찰해 보니 **지장보살**은 육도 가운데 몸을 나타내어 백 천 가지 방편으로 죄고의 중생들을 제도합니다만 피곤함이나 귀찮아하는 생각이 전혀 없나이다. 이 위대한 보살에게는 이처럼 불가사의하고 신통한 일이 있는데도 불구하고 모든 중생들은 죄보로부터 벗어남을 얻었다가도 머지않아 다시 악도에 떨어지고 있나이다. 세존이시여! 지장보살에게 이미 이와 같은 불가사의한 신력이 있는데 어찌하여 중생들은 옳은 법에 의지하여 영원히 해탈을 얻지 못하나이까? 바라옵건대 세존께서는 저희들을 위하여 설법하여 주시옵소서."

자에 여제귀왕으로 승불위신과 급지
者 與諸鬼王 承佛威神 及地

장보살마하살력하사 방득예차도
藏菩薩摩訶薩力 方得詣此忉

리대회하시오며 역시아등이 획선리고이다
利大會 亦是我等 獲善利故

아금에 유소의사하와 감문세존하사옵나니
我今 有小疑事 敢問世尊

유원세존하 자비로 위아선설하소서
唯願世尊 慈悲 爲我宣說

불고 염라천자하되 자여소문하나니 오
佛告 閻羅天子 恣汝所問 吾

위여설하리라 시시에 염라천자첨례
爲汝說 是時 閻羅天子瞻禮

세존하시옵고 급회시지장보살하오며 이백
世尊 及廻視地藏菩薩 而白

불언하시되 세존하 아관하오니 지장보살이
佛言 世尊 我觀 地藏菩薩

재육도중하사 백천방편으로 이도죄고
在六道中 百千方便 而度罪苦

중생하시되 불사피권하시나니 시대보살이
衆生 不辭疲倦 是大菩薩

유여시불가사의신통지사시어늘 연
有如是不可思議神通之事 然

제중생이 탈획죄보하였다가 미구지간에
諸衆生 脫獲罪報 未久之間

우타악도하나니 세존하 시지장보살이
又墮惡道 世尊 是地藏菩薩

기유여시불가사의신력이어늘 운하
旣有如是不可思議神力 云何

중생이 이불의지선도하여 영취해
衆生 而不依止善道 永取解

탈하나이까 유원세존하 위아해설하소서
脫 唯願世尊 爲我解說

181

08-03 부처님께서 염라천자에게 말씀하셨습니다. "남염부제 중생들은 그 성질이 거칠고 억세어 다스리기도 어렵고 길들이기도 어려운데도 이 위대한 보살은 이러한 중생들을 백 천 겁에 낱낱이 구원하여 마침내 그들로 하여금 해탈케 하느니라. 심지어는 큰 악도에 떨어진 죄인들이라 하더라도 보살은 방편의 힘으로 그들을 그 근본업연에서 빼내어 숙세의 일을 깨닫게 하느니라. 하지만 남염부제 중생들은 그들 스스로 악습을 거듭하여지므로 잠시 구출 되었다가는 다시 악도에 들어가 이 보살을 수고롭게 하느니라. 그러므로 **오랜 겁을 두고 계속하여 그들을 제도하고 해탈하게 되느니라.**" "비유하건대, 어떤 사람이 본래의 집을 잃어버리고 잘못하여 험한 길로 들어섰느니라. 그 험한 길 가운데는 온갖 야차·호랑이·이리·사자·구렁이·독사·전갈 등이 득실거렸으니, 이 길 잃은 사람은 험한 길속에서 잠깐 사이에 여러 가지 나쁜 독물이 있는 것들과 만나게 될 것이니라. 이때 여러 가지 위대한 힘과 술법을 지녀, 이들의 독과 나아가서는 야차 등 모든 악독한 것들을 잘 풀 수 있는 선지식이 있었으니, 그 선지식은 자꾸만 험한 길로 들어서려는 이 길 잃은 사람을 우연히 만나자 그를 불쌍히 여겨 이렇게 말했느니라. '나그네여, 어쩌자고 이처럼 험한 길로 들어왔는가? 자네는 이 모든 맹수와 독을 물리칠 수 있는 어떤 특이한 술법이라도 지니고 있는가?' 이 말을

08-03 불고 염라천자^{하시} 남염
佛告 閻羅天子 南閻

부제중생_이 기성_이 강강_{하여} 난조난
浮提衆生 其性 剛强 難調難

복_컬 시대보살_이 어백천겁_에 두두
伏 是大菩薩 於百千劫 頭頭

구발여시중생_{하여} 조령해탈_{케하} 시
救拔如是衆生 早令解脫 是

제죄인_도 내지타대악취_히 보살_이
諸罪人 乃至墮大惡趣 菩薩

이방편력_{으로} 출발근본업연_{하여} 이견
以方便力 出拔根本業緣 而遣

오숙세지사_{케하건} 자시염부중생_이
悟宿世之事 自是閻浮衆生

결악습중_{하여} 선출선입_{하여} 노사보
結惡習重 旋出旋入 勞斯菩

살_{하고} 구경겁수_{하여} 이작도탈_{케하} 비
薩 久經劫數 而作度脫 譬

여유인_이 미실본가_{하고} 오입험도_{할새}
如有人 迷失本家 誤入險道

기험도중_에 다제야차_와 급호랑
其險道中 多諸夜叉 及虎狼

사자_와 원사복갈_{하였더니} 여시미인_이 재
獅子 蚖蛇蝮蠍 如是迷人 在

험도중_에 수유지간_에 즉조제독_{커늘}
險道中 須臾之間 即遭諸毒

유일지식_이 다해대술_{하여} 선금시독_과
有一知識 多解大術 善禁是毒

내급야차제악독등_{이러} 홀봉미인_이
乃及夜叉諸惡毒等 忽逢迷人

욕진험도_늘 이어지언_{하되} 돌재_라
欲進險道 而語之言 咄哉

남자_여 위하사고_로 이입차로_{하며} 유
男子 爲何事故 而入此路 有

들자, 길 잃은 사람은 바야흐로 자신이 험한 길에 들어섰음을 알고 곧 물러나 이 길에서 벗어나려고 할 것이니라. 그때 선지식은 그를 이끌어 험한 길에서 벗어나 모든 악독을 면하게 하고 마침내 넓고 큰 길에 이르게 하여, 그로 하여금 편안함을 얻게 한 뒤에, 그에게 말하기를, '나그네여, 앞으로 다시는 그 길로 들어가지 말게나. 그 길로 들어가면 좀처럼 빠져나오기 어려울 뿐만 아니라 자칫 하다가는 목숨까지도 잃게 된다.' 고 하니 이 사람은 깊은 감동을 받았으며, 서로 헤어지게 되었을 때 선지식이 또 말하기를 '만일 저 길을 가는 모든 사람을 보거든, 친구나 노인이나 또는 남자나 여자나 누구든 그 길에 들어서게 되는 자를 보거든 그 길에는 여러 가지 사납고 독한 것들이 많아 자칫하다가는 목숨을 잃게 된다고 일러주어 그들로 하여금 스스로 죽음의 길에 들어서지 않도록 하라.' 고 하는 것과 같으니라.

08-04 "그러므로 **지장보살**은 크나큰 자비를 갖추어 죄고중생을 구제하여 천상이나 인간에 태어나, 그들로 하여금 묘한 즐거움을 받도록 해주며, 이 모든 죄업중생들이 업보의 고통을 깨달아, 악도에서 벗어나 다시는 그 길에 들어서지 않게 하나니라. 이는 마치 길 잃은 사람이 잘못하여 험한 길에 들어섰다가 우연히 선지식을 만나 그의 안내로 험한 길을

하이술인대 **능제제독**이어 **시미로인**이
何異術　能制諸毒　是迷路人

홀문시어하고 **방지험도**하여 **즉편퇴**
忽聞是語　方知險道　卽便退

보하며 **구출차로**어늘 **시선지식**이 **제휴**
步　求出此路　是善知識　提携

접수하고 **인출험도**하여 **면제악독**하고 **지**
接手　引出險道　免諸惡毒　至

우호도하여 **영득안락**케하고 **이어지언**하되
于好道　令得安樂　而語之言

돌재미인아 **자금이후**에 **물리차**
咄哉迷人　自今以後　勿履此

도라 **차로입자**는 **졸난득출**하며 **부손**
道　此路入者　卒難得出　復損

성명하리라 하거든 **시미로인**도 **역생감동**하며
性命　是迷路人　亦生感動

임별지시에 **지식**이 **우언**하되 **약견지**
臨別之時　知識　又言　若見知

친과 **급제로인**이 **약남약녀**어든 **언어**
親　及諸路人　若男若女　言於

차로에 **다제악독**일새 **상실성명**이라하여
此路　多諸惡毒　喪失性命

무령시중으로 **자취기사**하라하나니
無令是衆　自取其死

08-04 **시고**로 **지장보살**이 **구대**
是故　地藏菩薩　具大

자비하여 **구발죄고중생**하여 **욕생천**
慈悲　救拔罪苦衆生　欲生天

인중하여 **영수묘락**케든 **시제죄중**이 **지**
人中　令受妙樂　是諸罪衆　知

업도고하여 **탈득출리**하여 **영불재력**하나
業道苦　脫得出離　永不再歷

여미로인이 **오입험도**라가 **우선지**
如迷路人　誤入險道　遇善知

벗어난 뒤, 영원히 다시는 그 길에 들어서지 않으며, 다른 사람을 만나 또한 들어가지 않도록 권하면, 다른 사람이 또한 어리석음으로부터 벗어나 해탈을 얻게 되고, 다시는 악도에 들어가지 않게 하는 것과 같은 것이니라. 만약 두 번 다시 그 길을 밟는다면 그는 아직도 어리석어 예전에 빠졌던 험한 길을 깨닫지 못하고 목숨을 잃어 버리는 것이 되는데, 그것은 마치 저 악도에 떨어진 중생들을 지장보살이 그의 뛰어난 방편의 힘으로 구해 내어 해탈케 하고 인간이나 천상에 태어나게 하지만, 저들 죄 많은 중생들은 또다시 악도에 들어감과 같은 것이니라. 만약 그와 같이 업을 다시 맺게 되면 영원히 지옥에 떨어져서 해탈하기 어려울 것이니라."

식하여 인접령출하여 영불부입하며 봉견
識 引接令出 永不復入 逢見

타인하여 부권막입하면 자연히 인시미
他人 復勸莫入 自然 因是迷

고로 해탈이경하며 갱불부입이라하리라 약
故 解脫離竟 更不復入 若

재이천하여 유상미오하여 불각구증
再履踐 猶尙迷誤 不覺舊曾

소락험도하고 혹치실명하면 여타악
所落險道 或致失命 如墮惡

취중생을 지장보살이 방편력고로
趣衆生 地藏菩薩 方便力故

사령해탈하여 생인천중케하여도 선우재
使令解脫 生人天中 旋又再

입하니 약업결중하면 영처지옥하여 무
入 若業結重 永處地獄 無

해탈시리라
解脫時

08-05 그때 악독귀왕이 합장하고 공경히 부처님께 사뢰었습니다. "세존이시여! 저희 모든 귀왕들은 그 수가 한량없나이다. 남염부제에서 사람에게 이익을 주기도 하고 손해를 끼치기도 하여 반드시 서로가 동일하지 않은데, 이는 다 사람들의 업보 때문이옵니다. 제가 권속들과 함께 세계를 돌아다녀 보니 악은 많고 선은 적었습니다. 그래서 가정·성읍·마을·전답·숙박업소들을 두루 돌아보면서, 혹 어떤 남자나 여인이 터럭만큼이라도 좋은 일을 하거나, 단 하나의 번개를 달거나 조그마한 향과

08-05 이시에 악독귀왕이 합장
爾時 惡毒鬼王 合掌

공경하여 백불언하시되 세존하 아등제
恭敬 白佛言 世尊 我等諸

귀왕이 기수무량이라 재염부제하여 혹
鬼王 其數無量 在閻浮提 或

이익인하며 혹손해인하여 각각부동은
利益人 或損害人 各各不同

연시업보입니다 사아권속으로 유행세
然是業報 使我眷屬 遊行世

계에 다악소선이라 과인가정커나 혹성
界 多惡少善 過人家庭 或城

읍취락장원방사에 혹유남자여
邑聚落莊園房舍 或有男子女

인이 수호발선사하되 내지현일번
人 修毫髮善事 乃至懸一幡

꽃으로 부처님과 보살님의 존상에 공양하거나, 부처님의 존귀한 경전을 독송하거나, 향을 사루어 불경의 한 구절 한 게송에 공양하거나 하면, 저희 귀왕들은 이 사람 공경하기를 과거·현재·미래의 부처님과 같이 여겼습니다. 그리고는 각기 커다란 힘과 토지 등을 관장하는 모든 소귀들에게 명령하여 호위하게 했으며, 사나운 횡액과 질병과 나아가서는 뜻대로 되지 않는 일들이 이 사람의 집 근처에서는 일어나지 못하게 했나이다. 어찌 하물며 그 집안에 그런 일들이 들게 하겠나이까?" 부처님께서 귀왕을 칭찬하셨습니다. "착하고 착하구나! 너희들과 염라천자가 더불어 이와 같이 능히 선남자 선여인을 옹호하니, 내 또한 범왕과 제석에게 부탁하여 너희들을 잘 지키고 돕게 하리라."

일개하며 소향소화로 공양불상과 급
一盖 少香少華 供養佛像 及
보살상하며 혹전독존경하며 소향공양
菩薩像 或轉讀尊經 燒香供養
일구일게라도 아등귀왕이 경례시
一句一偈 我等鬼王 敬禮是
인하되 여과거현재미래제불하야 칙제
人 如過去現在未來諸佛 勅諸
소귀에 각유대력과 급토지분하여 갱
小鬼 各有大力 及土地分 更
령위호하여 불령악사횡사와 악병
令衛護 不令惡事橫事 惡病
횡병과 내지불여의사 근어차사
橫病 乃至不如意事 近於此舍
등처케하거든 하황입기문호리까 불찬귀
等處 何況入其門戶 佛讚鬼
왕하시되 선재선재라 여등과 급여염
王 善哉善哉 汝等 及與閻
라천자로 능여시옹호선남자선
羅天子 能如是擁護善男子善
여인하나 오역령어범왕제석하여 위
女人 吾亦令於梵王帝釋 衛
호여등하리라
護汝等

08-06 이 말씀을 하실 때, 회중에 한 **귀왕**이 있어 이름이 **주명**인데 부처님께 아뢰었습니다. "세존이시여! 저는 본래 업연은 염부제 사람들의 **수명을 관장**하고 있사온데, 저들의 **날 때와 죽을 때**를 제가 모두 알아서 하오며, 저 본래의 원에 있어서는 크게 중생을 이익 되게 하려는 것이오

08-06 설시어시에 회중에 유일
說是語時 會中 有一
귀왕하니 명왈주명이라 백불언하시되 세
鬼王 名曰主命 白佛言 世
존하 아본업연으로 주기염부제인수
尊 我本業緣 主其閻浮提人壽
명하여 생시사시 아개주지하니 재아
命 生時死時 我皆主知 在我
본원하여는 심대이익이언마는 자시중생이
本願 甚大利益 自是衆生

나, 중생들은 제 뜻을 알지 못하고 나고 죽음에 모두 편안함을 얻지 못하나이다. 왜냐하면 이 염부제 사람들이 **처음 태어났을 때** 남자이거나 여자이거나, 그의 부모는 아이가 나기 전에 착한 일을 하게 되면 집안에 이익이 더하고, 토지신도 한없이 기뻐하면서, 아기와 어머니를 옹호하여 큰 안락을 얻게 하고 가족도 이롭게 하나이다. 그러므로 이미 아이를 낳은 뒤에는 삼가 살생을 말아야 할 것이온데 여러 가지 비린 것들을 가져다가 산모에게 먹이며, 또한 많은 가족들이 모여 술 마시고 고기를 먹으며 노래를 부르고 풍악을 울리고 즐긴다면, 모자가 함께 편안하고 즐거움을 얻지 못하게 되는 것이나이다. 왜냐하면 산모가 아이를 낳을 때 많은 피를 흘리게 되고 그렇게 되면 무수한 악귀들과 도깨비와 정령들이 그 피를 먹고자 하는데, 그때 저는 미리 집과 토지의 신들로 하여금 힘써 산모와 아기를 보호하여 안락하고 이익되게 하고 있습니다. 이와 같이 사람들은 안락함을 얻었으므로 곧 복을 베풀어 모든 토지신에게 보답해야 하거늘 오히려 살생을 하여 가족들을 모아 잔치를 벌이게 되면 재앙을 스스로 불러서 받는 일이라 산모와 아이 모두에게 해를 끼치게 되나이다.

불회아의하여 **치령생사**하여 **구부득**
不會我意 致令生死 俱不得

안케하나니 **하이고**오 **시염부제인**의 **초생**
安 何以故 是閻浮提人 初生

지시에 **불문남녀**하고 **장욕생시**에 **단**
之時 不問男女 將欲生時 但

작선사하여 **증익사택**하면 **자령토지**로
作善事 增益舍宅 自令土地

무량환희하여 **옹호자모**하여 **득대안**
無量歡喜 擁護子母 得大安

락하여 **이익권속**케하리니 **혹이생하**는 **신**
樂 利益眷屬 或已生下 慎

물살생어며 **취제선미**하여 **공급산모**하며
勿殺生 取諸鮮味 供給産母

급광취권속하여 **음주식육**하며 **가악현**
及廣聚眷屬 飮酒食肉 歌樂絃

관하여 **능령자모**로 **부득안락**케하나니 **하**
管 能令子母 不得安樂 何

이고오 **시산난시**에 **유무수악귀**와
以故 是産難時 有無數惡鬼

급망량정매가 **욕식성혈**커든 **시아조**
及魍魎精魅 欲食腥血 是我早

령사택토지영기로 **하호자모**하여 **사**
令舍宅土地靈祇 荷護子母 使

령안락하여 **이득이익**케하나니 **여시지인**이
令安樂 而得利益 如是之人

견안락고로 **변합설복**하여 **답제토**
見安樂故 便合說福 答諸土

지어늘 **번위살생**하여 **취회권속**할새 **이시**
地 翻爲殺生 聚會眷屬 以是

지고로 **범앙자수**하여 **자모구손**케하나이다
之故 犯殃自受 子母俱損

우염부제임명종인을 **불문선악**하고
又閻浮提臨命終人 不問善惡

또한 저희는 염부제 사람들이 **목숨을 마치게 되면** 선악을 불문하고 그로 하여금 악도에 떨어지지 않게 힘쓰고 있나이다. 하물며 스스로 선근을 닦아 저의 힘을 도와주는 사람이겠습니까? 하지만 이 남염부제에서 선을 닦은 사람이 목숨을 마칠 때에도 백 천의 악독한 귀신들이 부모나 가족들의 모습으로 나타나 망인을 이끌어 악도에 떨어지게 하거늘, 하물며 본래부터 악업을 지은 사람은 어떠하겠습니까? 세존이시여! 이와 같이 염부제의 남자와 여자들은 임종할 때에 정신과 의식이 혼미하여 선악을 구분하지 못하며, 눈과 귀로는 아무것도 보거나 듣지 못하나이다. 만약 이때 그의 모든 가족들이 마땅히 큰 공양을 베풀고 경을 읽으며 불·보살님의 명호를 염하면, 이러한 좋은 인연으로 능히 죽은 이가 모든 악도를 여의게 되고, 모든 마군과 귀신들도 흩어져 사라지게 되나이다. 세존이시여! 일체 중생이 임종할 때에 만약 한 부처님의 명호니 한 보살의 명호, 혹은 대승경전의 한 구절, 한 게송만이라도 얻어 듣게 된다면 제가 이러한 사람들을 살펴보니, 오무간지옥에 떨어질 대죄를 **빼놓고는**, 소소한 악업으로 악도에 떨어질 자는 바로 해탈을 얻게 될 것이옵니다." 부처님께서 주명귀왕에게

아욕령시명종지인은로 **불락악도**케하거든
我欲令是命終之人　不落惡道

하황자수선근하여 **증아력고**리까 **시염**
何況自修善根　增我力故　是閻

부제행선지인이 **임명종시**에도 **역유**
浮提行善之人　臨命終時　亦有

백천악도귀신이 **혹변작부모**하며 **내**
百千惡道鬼神　或變作父母　乃

지제권속하야 **인접망인**하여 **영락악**
至諸眷屬　引接亡人　令落惡

도케하나니 **하황본조악자**리까 **세존**하 **여**
道　何況本造惡者　世尊　如

시염부제남자여인이 **임명종시**에
是閻浮提男子女人　臨命終時

신식이 **혼미**하여 **불변선악**하면 **내지안**
神識　昏迷　不辨善惡　乃至眼

이히 **갱무견문**커든 **시제권속**이 **당수**
耳　更無見聞　是諸眷屬　當須

설대공양하며 **전독존경**하여 **염불보살**
設大供養　轉讀尊經　念佛菩薩

명호하면 **여시선연**으로 **능령망자**로 **이**
名號　如是善緣　能令亡者　離

제악도하고 **제마귀신**이 **실개퇴산**하리다
諸惡道　諸魔鬼神　悉皆退散

세존하 **일체중생**이 **임명종시**에 **약**
世尊　一切衆生　臨命終時　若

득문일불명커나 **일보살명**하며 **혹대승**
得聞一佛名　一菩薩名　或大乘

경전일구일게하면 **아관여시배인**은
經典一句一偈　我觀如是輩人

제오무간살생지죄하며 **소소악업**으로
除五無間殺生之罪　小小惡業

합타악취자라도 **심즉해탈**하리다 **불고**
合墮惡趣者　尋即解脫　佛告

말씀하셨습니다. "네가 대자비로 능히 큰 서원을 발하여, 나고 죽는 모든 중생들을 잘 보호하는구나. 미래세에도 남·여 중생이 나고 죽고 할 때, 네가 결단코 이 원력에서 물러서지 말고 모두를 해탈시켜 영원히 안락함을 얻게 하여라." 주명귀왕이 부처님께 아뢰었습니다. "바라옵건대 **세존이시여!** 염려하지 마시옵소서. 제가 이 몸이 다할 때까지 생각 생각에 염부제의 중생들을 옹호하여서 날 때나 죽을 때나 모두 안락함을 얻도록 하겠나이다. 다만 바라는 것은 모든 중생들이, 나고 죽을 때에 저의 말을 믿고 받아들여 모두가 해탈하여 큰 이익을 얻는 것이옵니다."

주명귀왕^{하시되} 여대자고^로 능발여
主命鬼王　汝大慈故　能發如

시대원^{하여} 어생사중^에 호제중생^{하나니}
是大願　於生死中　護諸衆生

약미래세중^에 유남자여인^이 지
若未來世中　有男子女人　至

생사시^{어든} 여막퇴시원^{하고} 총령해
生死時　汝莫退是願　總令解

탈^{하여} 영득안락^{케하라} 귀왕^이 백불^{하되} 원
脫　永得安樂　鬼王　白佛　願

불유려^{하소서} 아필시형^{토록} 염념옹호
不有慮　我畢是形　念念擁護

염부중생^{하여} 생시사시^에 구득안
閻浮衆生　生時死時　俱得安

락^{케하려니와} 단원제중생^이 어생사시^에
樂　但願諸衆生　於生死時

신수아어^{하여} 무불해탈^{하여} 획대이
信受我語　無不解脫　獲大利

익^{이니다}
益

08-07 그때에 부처님께서 지장보살에게 말씀하셨습니다. "이 **수명을 맡은 주명귀왕**은 이미 과거 백 천생 동안을 지나오면서 대귀왕이 되어 나고 죽는 가운데서 중생을 옹호하고 있나니, 이는 보살의 자비원력으로 대귀왕의 몸을 나타낸 것이요, 실은 귀왕이 아니니라. 앞으로 일백칠십 겁이 지나 주명대귀왕은 마땅히 성불할 것이니 호를 **무상여래**라 하며, 겁의 이름은 **안락**이라 하며, 세계의 이

08-07 이시^에 불고지장보살^{하시되}
爾時　佛告地藏菩薩

시대귀왕주수명자^는 이증경백
是大鬼王主壽命者　已曾經百

천생중^{하여} 작대귀왕^{하여} 어생사중^에
千生中　作大鬼王　於生死中

옹호중생^{하나니} 여시대사자비원고^로
擁護衆生　如是大士慈悲願故

현대귀왕신^{이언정} 실비귀야^라 각후
現大鬼王身　實非鬼也　却後

과일백칠십겁^{하여} 당득성불^{하리니} 호
過一百七十劫　當得成佛　號

왈무상여래^며 겁명^은 안락^{이요} 세계
曰無相如來　劫名　安樂　世界

름은 정주이고, 그 부처님의 수명은 가히 헤아릴 수 없는 겁이 되리라. 지장보살이여! 이 대귀왕의 일은 이와 같이 불가사의하며, 그에게 제도 받은 천상사람과 세간 사람도 또한 그 수가 한량이 없느니라."

명은 정주라 **기불수명**은 **불가계겁**이니라
名 淨住 其佛壽命 不可計劫

지장보살아 **시대귀왕**의 **기사여**
地藏菩薩 是大鬼王 其事如

시하여 **불가사의**하며 **소도천인**도 **역불**
是 不可思議 所度天人 亦不

가한량이니라
可限量

제9품 부처님의 명호를 부르는 공덕

제구 칭불명호품
第九 稱佛名號品

09-01 그때에 지장보살마하살이 부처님께 사뢰었습니다. "세존이시여! 제가 지금 미래세의 **중생들을 위해 이익이 되는 일**을 말하여, **생사 중에서 큰 이익이 되도록** 할까 하오니, 원하옵건대 허락하여 주시옵소서." 부처님께서 지장보살에게 이르셨습니다. "네가 지금 자비심을 일으켜서 일체 죄고 육도중생을 제도하고자 하여 불가사의한 일을 말하려하니, 지금이 바로 그때라, 마땅히 속히 설하여라. 나는 곧 열반하리니 그대의 원을 일찍이 마치게 된다면, 나 또한 현재와 미래의 일체 중생에게 근심이 없으리라."

09-01 **이시**에 **지장보살마하살**이
爾時 地藏菩薩摩訶薩

백불언하시되 **세존**하 **아금**에 **위미래**
白佛言 世尊 我今 爲未來

중생하여 **연이익사**하여 **어생사중**에 **득**
衆生 演利益事 於生死中 得

대이익케하나니 **유원세존**은 **청아설지**하소서
大利益 唯願世尊 聽我說之

불고지장보살하시되 **여금**에 **욕흥자**
佛告地藏菩薩 汝今 欲興慈

비하여 **구발일체죄고육도중생**하려하여
悲 救拔一切罪苦六道衆生

연부사의사하나니 **금정시시**라 **유당**
演不思議事 今正是時 唯當

속설하라 **오즉열반**하여 **사여**로 **조필시**
速說 吾卽涅槃 使汝 早畢是

원하며 **오역무우현재미래일체중**
願 吾亦無憂現在未來一切衆

생하리라
生

09-02 지장보살이 부처님께 사뢰었습니다. "세존이시여! 과거 무량 아승지겁 전에 부처님이 계셔서 세상에 출현하시니, 호는 **무변신여래**이시온데, 만약 어떤 남자나 여인이 이 부처님의 명호를 듣고 잠깐이라도 공경심을 낸다면 곧 사십 겁 동안에 나고 죽는 중죄도 초월하게 되나이다. 어찌 하물며 부처님 형상을 조성하거나 그려 모시고 공양하고 찬탄함이겠습니까? 그 사람이 얻는 복은 참으로 무량무변 하나이다.

09-03 또 과거 항하사 겁 전에 부처님이 세상에 출현하셨으니, 명호는 **보승여래**이시온데, 만약 어떤 남자나 여인이 이 부처님의 명호를 듣고 눈 깜짝 할 사이라도 귀의하는 마음을 낸다면, 이 사람은 위없는 진리의 길에서 영원히 물러서지 않게 되옵니다.

09-04 또 저 과거 부처님이 계셔서 세상에 출현하시니, 명호는 **파두마승여래**이시온데, 만약 어떤 남자나 여인이 이 부처님의 명호를 귀에 스치기만 하여도 이 사람이 마땅히 6욕천에 천 번을 태어나게 되거늘, 하물며 지극한 마음으로 염불을 부름이오리까?

09-02 지장보살이 백불언하시되 세
地藏菩薩 白佛言 世
존하 과거무량아승지겁에 유불출
尊 過去無量阿僧祇劫 有佛出
세하시니 호는 무변신여래시라 약유남
世 號 無邊身如來 若有男
자여인이 문시불명하고 잠생공경하면
子女人 聞是佛名 暫生恭敬
즉득초월사십겁생사중죄어든 하
卽得超越四十劫生死重罪 何
황소화형상하여 공양찬탄하면 기인획
況塑畫形像 供養讚歎 其人獲
복이 무량무변하리라
福 無量無邊

09-03 우어과거항하사겁에 유
又於過去恒河沙劫 有
불출세하시니 호는 보승여래시라 약유
佛出世 號 寶勝如來 若有
남자여인이 문시불명하고 일탄지
男子女人 聞是佛名 一彈指
경이나 발심귀의하면 시인은 어무상도에
頃 發心歸依 是人 於無上道
영불퇴전하리다
永不退轉

09-04 우어과거에 유불출세하시니
又於過去 有佛出世
호는 파두마승여래시라 약유남자여
號 波頭摩勝如來 若有男子女
인이 문시불명하고 역어이근하면 시인은
人 聞是佛名 歷於耳根 是人
당득천반을 생어육욕천중하리니 하
當得千返 生於六欲天中 何
황지심칭념이리까
況至心稱念

09-05 또 저 과거 말로는 이루 다 할 수 없는 아승지겁 전에 부처님이 세상에 출현하시니, 명호는 **사자후여래**이시온데, 만약 어떤 남자나 여인이 이 부처님의 명호를 듣고 일념으로 귀의하면, 이 사람은 한량없는 모든 부처님을 만나 **마정수기**를 받게 되나이다.

09-06 또 과거에 부처님이 계셔서 세상에 출현하시니, 명호는 **구류손여래**이시온데, 만약 어떤 남자나 여인이 이 부처님의 명호를 듣고 지극한 마음으로 우러러 절하거나, 찬탄하면, 이 사람은 현겁천불 회상에서 대법왕이 되어서 위없는 수기를 받게 되나이다.

09-07 또 과거에 부처님이 세상에 출현하시니, 명호는 **비바시여래**이시라. 만약 어떤 남자나 여인이, 이 부처님의 명호를 들으면, 영원히 악도에 떨어지지 않고 항상 인간이나 천상에 태어나 수승하고 묘한 즐거움을 받나이다.

09-08 또 과거 헤아릴 수 없이 많은 항하사 겁 전에 부처님이 계셔서 세상에 출현하시니, 명호는 **다보여래**이시온데, 만약 어떤 남자나 여인이 이 부처님의 이름을 들으면, 필경 악

09-05 우어과거불가설불가
又於過去不可說不可
설아승지겁에 유불출세하시니 호는
說阿僧祇劫 有佛出世 號
사자후여래시라 약유남자여인이
獅子吼如來 若有男子女人
문시불명하고 일념귀의하면 시인은 득
聞是佛名 一念歸依 是人 得
우무량제불하여 마정수기하리라
遇無量諸佛 摩頂受記

09-06 우어과거에 유불출세하시니
又於過去 有佛出世
호는 구류손불시라 약유남자여인이
號 拘留孫佛 若有男子女人
문시불명하고 지심첨례커나 혹부찬
聞是佛名 至心瞻禮 或復讚
탄하면 시인은 어현겁천불회중에 위
歎 是人 於賢劫千佛會中 爲
대범왕하여 득수상기하리라
大梵王 得授上記

09-07 우어과거에 유불출세하시니
又於過去 有佛出世
호는 비바시불이시라 약유남자여인이
號 毗婆尸佛 若有男子女人
문시불명하면 영불타어악도하고 상
聞是佛名 永不墮於惡道 常
생인천하여 수승묘락하리라
生人天 受勝妙樂

09-08 우어과거무량무수항
又於過去無量無數恒
하사겁에 유불출세하시니 호는 다보
河沙劫 有佛出世 號 多寶
여래시라 약유남자여인이 문시불
如來 若有男子女人 聞是佛

도에 떨어지지 않고, 항상 천상에 있으면서 승묘한 즐거움을 받게 되나이다.

09-09 또 과거에 부처님이 세상에 출현하시니, 명호는 **보상여래**이시온데, 만약 어떤 남자나 여인이 이 부처님의 명호를 듣고 공경심을 내면, 이 사람은 오래지 않아서 아라한의 과보를 얻게 되나이다.

09-10 또 과거 무량 아승지겁 전에 부처님이 이 세상에 출현하시니, 명호는 **가사당여래**이시온데, 만약 어떤 남자나 여인이 이 부처님의 명호를 들으면, 일백 대겁의 나고 죽는 죄를 벗어나게 되나이다.

09-11 또 과거에 부처님이 세상에 출현하시니, 명호는 **대통산왕여래**이시온데, 만약 어떤 남자나 여인이 이 부처님의 명호를 들으면, 이 사람은 항하의 모래 수만큼 많은 부처님의 설법하심을 만나서, 반드시 보리를 이루게 되나이다.

09-12 또 과거에 정월불 · 산왕불 · 지승불 · 정명왕불 · 지성취불 · 무상불 · 묘성불 · 만월불 · 월면불 등

명하면 필경불타악도하고 상재천상하여
名　畢竟不墮惡道　常在天上

수승묘락하리다
受勝妙樂

09-09 우어과거에 유불출세하시니
又於過去　有佛出世

호는 보상여래시라 약유남자여인이
號　寶相如來　若有男子女人

문시불명하고 생공경심하면 시인은 불
聞是佛名　生恭敬心　是人　不

구에 득아라한과하리다
久　得阿羅漢果

09-10 우어과거무량아승지
又於過去無量阿僧祇

겁에 유불출세하시니 호는 가사당여
劫　有佛出世　號　袈裟幢如

래시라 약유남자여인이 문시불명하면
來　若有男子女人　聞是佛名

초일백대겁생사지죄하리다
超一百大劫生死之罪

09-11 우어과거에 유불출세하시니
又於過去　有佛出世

호는 대통산왕여래시라 약유남자
號　大通山王如來　若有男子

여인이 문시불명자는 시인이 득
女人　聞是佛名者　是人　得

우항하사불하사 광위설법하면 필성
遇恒河沙佛　廣爲說法　必成

보리하리다
菩提

09-12 우어과거에 유정월불과
又於過去　有淨月佛

산왕불과 지승불과 정명왕불과 지
山王佛　智勝佛　淨名王佛　智

이러한 말할 수 없는 부처님이 계셨나이다. **세존이시여!** 현재나 미래에 일체 중생가운데 혹 하늘이나 인간이나 혹 남자나 여인이 다만 한 부처님의 명호만 생각하여도 그 공덕이 한량없거늘, 하물며 많은 부처님의 명호를 생각한다면 그 공덕은 더욱 한량이 없나이다. 이러한 중생들은 살았을 때나 죽었을 때나 스스로 큰 이익을 얻어 끝내 악도에 떨어지지 않을 것이옵니다. 만약 목숨을 마치는 사람이 있어서, 그의 가족들 중 한 사람만이라도 이 사람을 위하여 높은 소리로 한 부처님의 명호만이라도 부른다면 명을 마치는 사람이 오무간지옥에 떨어질 대죄를 제외하고 나머지 업보는 모두 다 소멸하게 되나이다. 이 **오무간지옥**의 대죄는 너무도 극중한 것이어서, 억겁을 지나도록 벗어날 수 없는 것이지만, 목숨을 마칠 때에 다른 사람이, 그를 위해 부처님의 명호를 생각하고 부른다면, 이러한 중죄가 점점 소멸됩니다. 어찌 하물며 중생이 스스로 부처님의 명호를 부르고 생각함이겠나이까? 무량한 복을 얻을 것이요, 무량한 죄가 소멸 될 것이옵니다."

성취불과 **무상불**과 **묘성불** 만월
成就佛 無上佛 妙聲佛 滿月

불과 **월면불**이 **유여시등 불가설**
佛   月面佛   有如是等 不可說

불이러시니 **세존**하 **현재미래일체중생**의
佛   世尊   現在未來一切衆生

약천약인과 **약남약녀**로 **단염득일**
若天若人   若男若女   但念得一

불명호하여도 **공덕**이 **무량**이어든 **하황다**
佛名號   功德   無量   何況多

명이라 **시중생등**은 **생시사시**에 **자**
名   是衆生等   生時死時   自

득대리하여 **종불타악도**하리 **약유임**
得大利   終不墮惡道   若有臨

명종인의 **가중권속**이 **내지일인**이나
命終人   家中眷屬   乃至一人

위시병인하여 **고성**으로 **염일불명**하면 **시**
爲是病人   高聲   念一佛名   是

명종인이 **제오무간대죄**하고 **여업보**
命終人   除五無間大罪   餘業報

등은 **실득소멸**하리니 **시오무간대죄**가
等   悉得消滅   是五無間大罪

수지극중하여 **동경억겁**하여 **요부득**
雖至極重   動經億劫   了不得

출이건마는 **승사임명종시**에 **타인**이 **위**
出   承斯臨命終時   他人   爲

기칭념불명하야 **어시죄중**도 **역점소**
其稱念佛名   於是罪中   亦漸消

멸이어든 **하황중생**의 **자칭자념**이리까 **획**
滅   何況衆生   自稱自念   獲

복무량하고 **멸무량죄**하리이다
福無量   滅無量罪

193

제10품 보시 공덕을 비교함

10-01 그때에 지장보살마하살이 부처님의 위신력을 받들어 자리에서 일어나 무릎을 꿇고 합장하고 부처님께 아뢰었습니다. "세존이시여! 제가 **업도 중생들의 보시 공덕을 헤아려 보건대**, 혹 가벼운 자도 있으며, 혹 무거운 자도 있으며, 어떤 이는 일생 동안 복을 누리는 이도 있으며, 십생 동안 복을 누리는 이도 있으며, 백 천 생 동안 큰 복을 받는 이도 있나이다. 이 일은 어떠한 까닭이옵니까? 바라옵건대 **세존이시여!** 저를 위하여 말씀하여 주시옵소서." 그때에 부처님께서 말씀하셨습니다. "내가 지금 이 도리천궁의 일체 대중이 모인 이 법회에서, 염부제에서 보시한 공덕의 가볍고 무거운 것을 헤아려 말하노니, 그대는 마땅히 자세히 들어라. 내 그대를 위하여 설하리라." 지장보살이 부처님께 사뢰었습니다. "저는 이 일에 대하여 궁금하오니 원컨대 즐거이 듣고자 하나이다."

10-02 부처님께서 지장보살에게 말씀하셨습니다. "남염부제의 여러 국왕·재상·대신·대장자·대찰제리·대바라문들이, 만약 매우 빈궁한 자·곱추·벙어리·귀머거리·소경 등 이러한 모든 장애인들을 만나, 이

제십 교량보시공덕품
第十 校量布施功德品

10-01 이시에 지장보살마하살이
爾時 地藏菩薩摩訶薩
승불위신하사 종좌이기하여 호궤합
承佛威神 從座而起 胡跪合
장하고 백불언하시되 세존하 아관업도
掌 白佛言 世尊 我觀業道
중생하여 교량보시컨대 유경유중하며 유
衆生 校量布施 有輕有重 有
일생수복하며 유십생수복하며 유백
一生受福 有十生受福 有百
생천생에 수대복리자하니 시사운
生千生 受大福利者 是事云
하니까 유원세존아 위아설지하소서 이
何 唯願世尊 爲我說之 爾
시에 불고지장보살하시되 오금어도
時 佛告地藏菩薩 吾今於忉
리천궁일체중회에 설염부제보
利天宮一切衆會 說閻浮提布
시교량 공덕경중하니 여당제청하라
施校量 功德輕重 汝當諦聽
오위여설하리라 지장이 백불하시되 아의
吾爲汝說 地藏 白佛 我疑
시사하니 원요욕문하나이다
是事 願樂欲聞

10-02 불고지장보살하시되 남염
佛告地藏菩薩 南閻
부제에 유제국왕과 재보대신과
浮提 有諸國王 宰輔大臣
대장자와 대찰리와 대바라문등이
大長者 大剎利 大婆羅門等
약우최하빈궁이어나 내지륭잔음아
若遇最下貧窮 乃至癃殘瘖瘂

대국왕 등이 보시하고자 할 때, 만약 능히 대자비심을 갖추어 겸손한 마음으로 웃음을 지으며 손수 널리 보시하거나, 혹은 다른 사람을 시켜서 보시하고, 부드러운 말로 위로하면 이들 국왕 등이 얻는 복과 이익은 저 백 항하의 모래알만큼 많은 부처님께 보시한 공덕과 같으니라. 왜냐하면 이는 높고 귀한 자리에 있는 이들이 가장 가난하고 천한 자들과 장애인들에게 큰 자비심을 낸 까닭이니라. 이들이 얻는 복과 이익은 백 천생 동안 항상 칠보가 구족할 것이니라. 어찌 하물며 의식의 부족이 있겠느냐.

롱치무목인 여시종종불완구자하여
聾癡無目 如是種種不完具者

시대국왕등이 욕보시시에 약능
是大國王等 欲布施時 若能

구대자비하여 하심함소 친수변
具大慈悲 下心含笑 親手遍

포나 혹사인시하여 연언위유하면 시국
布 或使人施 軟言慰喩 是國

왕등의 소획복리는 여보시백항
王等 所獲福利 如布施百恒

하사불 공덕지리라 하이고오 연
河沙佛 功德之利 何以故 緣

시국왕등이 어시최빈천배와 급
是國王等 於是最貧賤輩 及

불완구자에 발대자비심일새 시고로
不完具者 發大慈悲心 是故

복리유여차보하여 백천생중에 상
福利有如此報 百千生中 常

득칠보구족하리니 하황의식수용이리오
得七寶具足 何況衣食受用

10-03 또 **지장보살이여!** 만약 미래세의 모든 국왕이나 바라문 등이 부처님의 탑이나 절이나, 혹은 부처님의 형상이나 보살·성문·벽지불 등의 존상을 보고 스스로 공양과 보시를 하게 되면, 이 국왕 등은 삼겁 동안 제석천왕의 몸이 되어서 뛰어난 즐거움을 받을 것이며, 만약 능히 이 보시한 복과 이익을 법계에 회향하면, 이 대국왕 등이 십겁 동안 항상 대범천왕이 될 것이니라. **지장보살이**

10-03 **부차지장**아 **약미래세**에
復次地藏 若未來世

유제국왕지바라문등이 우불탑
有諸國王至婆羅門等 遇佛塔

사어 혹불형상이어나 내지보살성문벽
寺 或佛形像 乃至菩薩聲聞辟

지등상하여 궁자영판 공양보시하면
支等像 躬自營辦 供養布施

시국왕등이 당득삼겁에 위제석
是國王等 當得三劫 爲帝釋

신하여 수승묘락하리니 약능이차 보시
身 受勝妙樂 若能以此 布施

복리로 회향법계하면 시대국왕등이
福利 廻向法界 是大國王等

여! 만약 미래세의 모든 국왕이나 바라문 등이 옛 부처님의 탑이나 절이나 경전이나 존상이 허물어지고 파괴된 것을 보고 이 국왕 등이 발심하여 보수를 하되, 혹 스스로 힘들여 하거나 혹은 타인에게 권하여 수천의 많은 사람들에게 보시 인연을 맺어주면, 이 국왕 등은 백 천생 동안 항상 전륜성왕의 몸이 될 것이고, 같이 보시한 다른 사람들도 백 천생 동안 항상 작은 나라의 왕이 될 것이니라. 다시 능히 탑묘 앞에서 회향하는 마음을 내게 되면, 이러한 국왕과 저 모든 다른 사람들은 다 불도를 이룰 것이니라. 이 과보는 한량없고 끝이 없느니라.

10-04 또 **지장보살이여!** 미래세에 모든 국왕과 바라문 등이 늙고 병든 이나 해산하는 여인을 보고, 만약 한 생각 동안이라도 큰 자비심을 일으켜 의약·음식·침구 등을 보시하여 안락하게 하여 주면, 이와 같은 복과 이익은 가장 커서 가히 생각할 수 없느니라. 그리하여 일백 겁 중에 항상 정

어십겁중에 상위대범천왕하리 부
於十劫中 常爲大梵天王 復
차지장아 약미래세에 유제국왕지
次地藏 若未來世 有諸國王至
바라문등이 우선불탑묘어 혹지경
婆羅門等 遇先佛塔廟 或至經
상이 훼괴파락하여 내능발심수보하되
像 毀壞破落 乃能發心修補
시국왕등이 혹자영판커나 혹권타
是國王等 或自營辦 或勸他
인하되 내지백천인등하여 보시결연하면
人 乃至百千人等 布施結緣
시국왕등이 백천생중에 상위전륜
是國王等 百千生中 常爲轉輪
왕신이요 여시타인의 동보시자는 백
王身 如是他人 同布施者 百
천생중에 상위소국왕신하리며 갱능
千生中 常爲小國王身 更能
어탑묘전에 발회향심하면 여시국왕과
於塔廟前 發廻向心 如是國王
내급제인이 진성불도하리니 이차과
乃及諸人 盡成佛道 以此果
보는 무량무변일새니라
報 無量無邊

10-04 부차지장아 미래세중에
復次地藏 未來世中
유제국왕과 급바라문등이 견제
有諸國王 及婆羅門等 見諸
노병과 급생산부녀하고 약일념간이나
老病 及生產婦女 若一念間
구대자심하여 보시의약과 음식와
具大慈心 布施醫藥 飲食臥
구하여 사령안락하면 여시복리는 최부
具 使令安樂 如是福利 最不

거천주가 될 것이며, 이백 겁 동안은 항상 육욕천의 주인이 될 것이며, 필경에는 부처를 이루어, 영원히 악도에 떨어지지 않고 백천 생 동안 귀로 괴로운 소리도 듣지 않을 것이니라. 또 **지장보살이여**! 만약 미래세에 모든 국왕과 바라문 등이 능히 이와 같은 보시를 하면, 한량없는 복을 얻고 다시 능히 회향하며, 보시의 많고 적고를 묻지 아니하고 필경 성불할 것이니라. 어찌 하물며 제석이나 범천이나 전륜왕의 과보이랴! 그러므로 지장보살이여! 그대는 널리 중생들에게 권하여 마땅히 이와 같이 배우도록 하여라.

10-05 또 **지장보살이여**! 미래세에 만약 **선남자 선여인**이 **불법**가운데에서 털끝이나 먼지만큼의 작은 **선근**을 심는다면 받는 **복**과 **이익**은 무엇에도 비유 할 수 없느니라. 또 **지장보살이여**! 미래세에 만약 선남자나 선여인이 부처님의 존상이나 보살·벽지불·전륜성왕의 존상을 뵈옵고 보시 공양하면, 한량없는 복을 얻을 것이며, 항상 인간이나 천상에 태어나서 승묘한 즐거움을 받을 것이며, 만약

사의라 일백겁중에 상위정거천
思議 一百劫中 常爲淨居天
주하며 이백겁중에 상위육욕천주하고
主   二百劫中 常爲六欲天主
필경성불하여 영불타악도하며 내지백
畢竟成佛 永不墮惡道 乃至百
천생중에 이불문고성하리 부차지
千生中 耳不聞苦聲 復次地
장아 약미래세중에 유제국왕과 급
藏 若未來世中 有諸國王 及
바라문등이 능작여시보시하면 획복
婆羅門等 能作如是布施 獲福
무량하고 갱능회향하면 불문다소하고 필
無量 更能廻向 不問多小 畢
경성불하리니 하황석범전륜지보이리오
竟成佛 何況釋梵轉輪之報
시고로 지장아 보권중생하여 당여시
是故 地藏 普勸衆生 當如是
학케하라
學

10-05 부차지장아 미래세중에
復次地藏 未來世中
약선남자선여인이 어불법중에
若善男子善女人 於佛法中
종소선근을 모발사진허라도 소수
種少善根 毛髮沙塵許 所受
복리는 불가위유니라 부차지장아 미
福利 不可爲喩 復次地藏 未
래세중에 약유선남자선여인이
來世中 若有善男子善女人
우불형상과 보살형상과 벽지불
遇佛形像 菩薩形像 辟支弗
형상과 전륜왕형상하여 보시공양하면
形像 轉輪王形像 布施供養

능히 그 공덕을 법계에 회향한다면 이 사람의 복과 이익은 가히 비유할 수가 없느니라. **지장보살이여!** 또 만약 미래세에 선남자나 선여인이 대승경전을 만나서, 혹 한 게송이나 한 구절을 듣고 소중한 마음을 내어서 찬탄 공경하고 보시 공양한다면, 이 사람은 한량없고 끝이 없는 큰 복을 얻을 것이며, 만약 능히 법계에 회향하면, 그 복은 비유할 수 없느니라. 또 지장보살이여! 만약 미래세에 선남자나 선여인이 부처님과 탑이나 사원이나 대승경전을 만나서 새것에 대하여서는 보시하고 공양하며, 혹 오래 되어서 헐고 무너진 것이라면 보수하고 관리하되, 홀로 마음을 내어서 하거나 혹은 남에게 권하여 모두 함께 마음을 내서 한다면 이와 같은 사람들은 삼십 생 동안 항상 작은 나라의 왕이 될 것이며, 보시인연을 맺어준 사람은 항상 전륜왕이 되어 선법으로 여러 작은 나라의 왕들을 교화하게 되느니라. 또 **지장보살이여!** 만약 미래세에 선남자 선여인이 불법 가운데 선근을 심는 바, 혹 보시 공양하고 혹은 탑이나 사원을 보수하고 혹은 경전을 잘 엮어 관리하되, 털끝 하나·

득무량복이요 상재인천하여 수승묘락하리니 약능회향법계하면 시인복리는 불가위유니라 부차지장이 미래세중에 약유선남자선여인이 우대승경전하여 혹청문일게일구하고 발은중심하여 찬탄공경하며 보시공양하면 시인은 획대과보를 무량무변하리니 약능회향법계하면 기복은 불가위유리라 부차지장아 약미래세중에 유선남자선여인이 우불탑사와 대승경전하여 신자는 보시공양하며 첨례찬탄하며 공경합장하고 약우고자어나 혹훼괴자어든 수보영리하되 혹독발심하며 혹권타인하여 동공발심하면 여시등배는 삼십생중에 상위제소국왕하고 단월지인은 상위륜왕하여 환이선법으로 교화제소국왕하리라 부차지장아 티끌 하나·모래 한 알·물 한 방울만한 것이더라도 이러한 착한 일을 능히 **법계에 회향하면**, 이 공덕으로 백천생 동안 최상의 즐거움을 받게 되느니라. 혹은 다만 자기 집안 가족에게만 회향하거나 자신의 이익을 위해서만 회향한다면, 이와 같은 과보는 곧 삼생 동안만의 즐거움을 누리게 되나니, 이는 일만 가지 결과 중에서 하나만을 얻는 것이 되리라. 지장보살이여! **보시인연의 공덕은** 이와 같으니라."

미래세중에 **약유선남자선여인**이
未來世中　若有善男子善女人

어불법중에 **소종선근**하되 **혹보시**
於佛法中　所種善根　或布施

공양하며 **혹수보탑사**하며 **혹장리경**
供養　或修補塔寺　或裝理經

전하되 **내지일모일진**과 **일사일제**일지라도
典　乃至一毛一塵　一沙一渧

여시선사를 **단능회향법계**하면 **시인**
如是善事　但能廻向法界　是人

공덕은 **백천생중**에 **수상묘락**하리니
功德　百千生中　受上妙樂

여단회향자가권속이어나 **혹자신이**
如但廻向自家眷屬　或自身利

익하면 **여시지과**는 **즉삼생락**이라 **일득**
益　如是之果　即三生樂　一得

만보리니 **시고**로 **지장**아 **보시인연**이
萬報　是故　地藏　布施因緣

기사여시니라
其事如是

제 11 품 견뢰지신이 법을 옹호함

제십일　지신호법품
第十一　地神護法品

11-01 그때에 **견뢰지신이** 부처님께 사뢰었습니다. "세존이시여! 제가 예로부터 한량없는 보살마하살을 우러러 뵈옵고 예배하온 바, 모두 크게 불가사의한 신통력과 지혜로써 널리

11-01 **이시**에 **견뢰지신**이 **백불**
爾時　堅牢地神　白佛

언하시되 **세존**하 **아종석래**로 **첨앙정**
言　世尊　我從昔來　瞻仰頂

례 무량보살마하살하니 **개시대불**
禮　無量菩薩摩訶薩　皆是大不

가사의인 **신통지혜**로 **광도중생**이언마는
可思議　神通智慧　廣度衆生

중생을 제도하시지만, 이 지장보살마하살은 모든 보살들보다도 더 **서원이** 깊나이다. **세존이시여!** 지장보살은 저 남염부제에 커다란 인연이 있나이다. 문수·보현·관음·미륵보살은 백 천 가지 형상으로 몸을 나타내어 육도중생을 제도하지만 그 원은 마침내 다할 날이 있으나, 지장보살은 육도의 일체 중생을 교화하며 세운 서원의 겁수는 천 백억 항하의 모래의 수와 같나이다.

11-02 **세존이시여!** 제가 살펴 보건대, 미래와 현재의 중생이 살고 있는 곳에서 남쪽으로 정결한 땅에 흙·돌·대나무·나무로써 집을 만들고 거기에 지장보살의 형상을 그리거나, 금·은·동·철 등으로 **지장보살의 형상을 조성하여** 모시고, 향을 사르고 공양하며, 우러러 예배하고 찬탄한다면, 이 사람은 사는 곳에서 곧 **열 가지의 이익을** 얻을 것이옵니다. 무엇이 열 가지인가 하오면, **첫째**는 토지에는 벼가 잘 여물고 풍성할 것이며, **둘째**는 집안이 언제나 편안하오며, **셋째**는 먼저 돌아가신 조상들과 가족들이 천상에 나며, **넷째**는

시지장보살마하살은 **어제보살**보다
是 地 藏 菩 薩 摩 訶 薩   於 諸 菩 薩

서원이 **심중**하나 **세존**하 **시지장보**
誓 願   深 重   世 尊   是 地 藏 菩

살이 **어염부제**에 **유대인연**하시니 **여**
薩   於 閻 浮 提   有 大 因 緣   如

문수보현관음미륵도 **역화백천**
文 殊 普 賢 觀 音 彌 勒   亦 化 百 千

신형하여 **도어육도**하시되 **기원**이 **상유**
身 形   度 於 六 道   其 願   尚 有

필경이어니와 **시지장보살**은 **교화육도**
畢 竟   是 地 藏 菩 薩   教 化 六 道

일체중생하시되 **소발서원겁수**는 **여**
一 切 衆 生   所 發 誓 願 劫 數   如

천백억항하사니라
千 百 億 恒 河 沙

11-02 **세존**하 **아관**하오니 **미래급**
        世 尊   我 觀   未 來 及

현재중생이 **어소주처**이나 **어남방**
現 在 衆 生   於 所 住 處   於 南 方

청결지지에 **이토석죽목**으로 **작기**
淸 潔 之 地   以 土 石 竹 木   作 其

감실하고 **시중**에 **능소화**하되 **내지금은**
龕 室   是 中   能 塑 畫   乃 至 金 銀

동철로 **작지장형상**하고 **소향공양**하며
銅 鐵   作 地 藏 形 像   燒 香 供 養

첨례찬탄하면 **시인거처**에 **즉득십**
瞻 禮 讚 歎   是 人 居 處   卽 得 十

종이익하리니 **하등**이 **위십**이고 **일자**는
種 利 益   何 等   爲 十   一 者

토지풍양이요 **이자**는 **가택영안**이요 **삼**
土 地 豊 穰   二 者   家 宅 永 安   三

자는 **선망생천**이요 **사자**는 **현존익**
者   先 亡 生 天   四 者   現 存 益

살아있는 가족들이 장수하고, **다섯째**는 구하는 바가 뜻대로 이루어지고, **여섯째**는 물이나 불로 인한 재앙이 없으며, **일곱째**는 헛되이 소모되는 일이 없게 되오며, **여덟째**는 악몽에 시달림이 없어지고, **아홉째**는 출입할 때 신장들이 보호하며, **열째**는 성현의 인연을 많이 만나게 되는 것들이 옵니다." "세존이시여! 미래세나 현세의 중생이 만약 능히 살고 있는 장소에서도, 이와 같은 공양을 올리면, 또한 이와 같은 이익을 얻게 되나이다." 견뢰지신이 다시 부처님께 사뢰었습니다. "세존이시여! 미래세 중에 만약 어떤 선남자나 선여인이 거주하는 곳에서, 이 경전과 보살의 형상을 뵙고, 이 경전을 독송하며 지장보살님께 공양하면, 제가 항상 밤낮으로 저의 본신통력으로 이 사람을 보호하여 물·불 또는 도적이며, 크고 작은 횡액이며, 나쁜 일들을 모두 다 사라지게 하겠나이다."

11-03 부처님께서 견뢰지신에게 말씀하셨습니다. "**견뢰여!** 너의 큰 신통력은 모든 신들이 미치지 못하느니라. 왜냐하면 염부제의 토지가 모두

수요 오자는 구자수의 육자는
壽 五者 求者遂意 六者
무수화재요 칠자는 허모벽제요
無水火災 七者 虛耗辟除
팔자는 두절악몽이요 구자는 출입
八者 杜絕惡夢 九者 出入
신호요 십자는 다우성인하리다 세존하
神護 十者 多遇聖因 世尊
미래세중과 급현재중생이 약능
未來世中 及現在衆生 若能
어소주처방면에 작여시공양하면
於所住處方面 作如是供養
득여시이익하리다 견뢰지신이 부백
得如是利益 堅牢地神 復白
불언하시되 세존하 미래세중에 약유
佛言 世尊 未來世中 若有
선남자선여인이 어소주처에 견
善男子善女人 於所住處 見
차경전과 급보살상하고 시인이 갱
此經典 及菩薩像 是人 更
능전독경전하며 공양보살하면 아상
能轉讀經典 供養菩薩 我常
일야에 이 본신력으로 위호시인하여
日夜 以 本神力 衛護是人
내지수화도적이며 대횡소횡이며 일
乃至水火盜賊 大橫小橫 一
체악사를 실개소멸케하리다
切惡事 悉皆消滅

11-03 불고지신하시되 견뢰야 여의
佛告地神 堅牢 汝
대신력은 제신의 소급이니 하이고오
大神力 諸神 小及 何以故
염부토지실몽여호하며 내지초목
閻浮土地悉蒙汝護 乃至草木

그대의 보호 아래 있으며, 초목·모래·돌·벼·마·대·갈·곡·쌀 등 보배까지 땅으로 인하여 있으며, 이 모두는 다 그대의 힘에 의지하기 때문이니라. 그리고 또 지장보살의 공양하는 이익에 대하여 그렇게 찬탄하니, 그대의 공덕과 신통은 저 보통 지신들보다 백 천 배나 더 되느니라. 만약 미래세 중에 선남자나 선여인이 있어서 지장보살에게 공양하고 이 경을 독송하되, 다만 **지장보살 본원경**에 의지하여 단 한 가지 일만이라도 행하는 자가 있다면, 그대는 마땅히 근본 신통력으로써 그를 옹호하여서 온갖 재해와 뜻대로 되지 않는 일들이 귀에 들리지 않게 할 것이니라. 하물며 그로 하여금 재앙을 받게 함이겠느냐! 다만 그대 혼자만이 이 사람을 옹호하는 것이 아니라, 또한 제석과 범천의 권속들이 다 이 사람을 옹호하게 되느니라. 왜냐하면, 이는 다 지장보살의 존상에 예경하고 이 지장보살 본원경을 독송한 때문이며, 자연히 마침내 모든 고해를 벗어나 열반의 즐거움을 얻게 되므로 그야말로 가장 큰 옹호를 받는 것이니라."

사석과 도마죽위와 곡미보패히 종
沙石 稻麻竹葦 穀米寶貝 從

지이유는 개인여력이어늘 우당칭양
地而有 皆因汝力 又當稱揚

지장보살이익지사하나니 여지공덕과
地藏菩薩利益之事 汝之功德

급이신통은 백천배어 상분지
及以神通 百千倍於 常分地

신하니라 약미래세중에 유선남자선
神 若未來世中 有善男子善

여인이 공양보살하며 급전독시경하되
女人 供養菩薩 及轉讀是經

단의지장본원경하여 일사수행자라도
但依地藏本願經 一事修行者

여이본신력으로 이옹호지하여 물령
汝以本神力 而擁護之 勿令

일체재해로 급불여의사 첩문어
一切災害 及不如意事 輒聞於

이어든 하황령수이 비단여독호시
耳 何況令受 非但汝獨護是

인고하고 역유석범권속과 제천권
人故 亦有釋梵眷屬 諸天眷

속이 옹호시인하리니 하고로 득여시
屬 擁護是人 何故 得如是

성현의 옹호어뇨 개유첨례지장형
聖賢 擁護 皆由瞻禮地藏形

상하며 급전독시 본원경고로 자연
像 及轉讀是 本願經故 自然

필경에 출리고해하여 증열반락하리니
畢竟 出離苦海 證涅槃樂

이시지고로 득대옹호하나니라
以是之故 得大擁護

제12품 보고 듣는 이익

12-01 그때에 세존께서 정수리로부터 백 천만 억의 **위대한 호상광**을 놓으셨습니다. 이른바 **백호상광·대백호상광·서호상광·대서호상광·옥호상광·대옥호상광·자호상광·대자호상광·청호상광·대청호상광·벽호상광·대벽호상광·홍호상광·대홍호상광·녹호상광·대녹호상광·금호상광·대금호상광·경운호상광·대경운호상광·천륜호광·대천륜호광·보륜호광·대보륜호광·일륜호광·대일륜호광·월륜호광·대월륜호광·궁전호광·대궁전호광·해운호광·대해운호광** 이었습니다.

제십이 견문이익품
第十二 見聞利益品

12-01 이시에 세존이 종정문상하사
爾時 世尊 從頂門上
방백천만억대호상광하시니 **소위백호상광**과 **대백호상광**이며 **서호상광**과 **대서호상광**이며 **옥호상광**과 **대옥호상광**이며 **자호상광**과 **대자호상광**이며 **청호상광**과 **대청호상광**이며 **벽호상광**과 **대벽호상광**이며 **홍호상광**과 **대홍호상광**이며 **녹호상광**과 **대녹호상광**이며 **금호상광**과 **대금호상광**이며 **경운호상광**과 **대경운호상광**이며 **천륜호광**과 **대천륜호광**과 **보륜호광**과 **대보륜호광**이며 **일륜호광**과 **대일륜호광**이며 **월륜호광**과 **대월륜호광**이며 **궁전호광**과 **대궁전호광**이며 **해운호광**과 **대해운호광**이니라
放百千萬億大毫相光 所謂白毫相光 大白毫相光 瑞毫相光 大瑞毫相光 玉毫相光 大玉毫相光 紫毫相光 大紫毫相光 青毫相光 大青毫相光 碧毫相光 大碧毫相光 紅毫相光 大紅毫相光 綠毫相光 大綠毫相光 金毫相光 大金毫相光 慶雲毫相光 大慶雲毫相光 千輪毫光 大千輪毫光 寶輪毫光 大寶輪毫光 日輪毫光 大日輪毫光 月輪毫光 大月輪毫光 宮殿毫光 大宮殿毫光 海雲毫光 大海雲毫光

203

12-02 정수리와 미간백호에서 이와 같은 호상광을 놓으시고, 미묘한 음성을 내시어 모든 대중, 천룡팔부와 사람과 사람 아닌 것들에게 말씀하셨습니다. "잘 들으라. 여래가 오늘 도리천궁에서 지장보살이 저 인간과 천상을 이익 되게 하는 일과 불가사의한 일과, 성현의 인연을 뛰어넘은 일과 십지를 얻은 일이며 끝내는 **아뇩다라삼먁삼보리**에서 물러서지 않는 일을, 칭찬하고 찬탄하리라."
이 말씀을 하실 때, 회중에 한 보살마하살이 계시니 명호가 **관세음보살**이시온데, 자리에서 일어나서 꿇어앉아 합장하고 부처님께 사뢰었습니다. "세존이시여! 이 지장보살마하살이 대자비를 갖추고 죄고 중생들을 불쌍히 여겨 천만 억 세계에서 천만 억의 몸을 나타냄을 비롯하여 그의 공덕과 불가사의한 위신력에 대한 말씀은 저는 이미 들었나이다. 세존께서는 시방의 헤아릴 수 없는 모든 부처님과 더불어 한 목소리로 지장보살을 찬탄하셨으나 어찌하여 과거·현재·미래의 모든 부처님들께서 그의 공덕을 말씀하신다 하더라도 오히려 다 못한다 하시옵니까? 또 전에 세존께서 대

12-02 어정문상에 방여시등호
於頂門上 放如是等毫
상광이하시고 출미묘음하사 고제대중과
相光已 出微妙音 告諸大衆
천룡팔부인비인등하시되 청오금일에
天龍八部人非人等 聽吾今日
어도리천궁에 칭양찬탄지장보
於忉利天宮 稱揚讚歎地藏菩
살의 어인천중에 이익등사와 부
薩 於人天中 利益等事 不
사의사와 초성인사와 증십지사와
思議事 超聖因事 證十地事
필경불퇴아뇩다라삼먁삼보리
畢竟不退阿耨多羅三藐三菩提
사하라 설시어시에 회중에 유일보살
事 說是語時 會中 有一菩薩
마하살하시니 명은 관세음이라 종좌이
摩訶薩 名 觀世音 從座而
기하사 호궤합장하여 백불언하시되 세존하
起 胡跪合掌 白佛言 世尊
시지장보살마하살이 구대자비하사
是地藏菩薩摩訶薩 具大慈悲
연민죄고중생하여 어천만억세계에
憐愍罪苦衆生 於千萬億世界
화천만억신하사 소유공덕과 급부
化千萬億身 所有功德 及不
사의위신지력을 아이문세존에
思議威神之力 我已聞世尊
여시방무량제불과 이구동음으로
與十方無量諸佛 異口同音
찬탄지장보살하시오니 운하사과거현
讚歎地藏菩薩 云何使過去現
재미래제불이 설기공덕하여도 유불
在未來諸佛 說其功德 猶不

중들에게 지장보살의 가피 등에 대하여 찬탄을 아끼지 않으시는 것을 들었나이다. 바라옵건대, **세존이시여!** 현재 미래 중생들을 위하여 **지장보살의 불가사의한 일들을** 말씀하시어 천룡팔부들로 하여금 우러러 예배하고 큰 복을 얻게 하시옵소서."

12-03 부처님께서 관세음보살에게 말씀하셨습니다. "그대는 사바세계에 큰 인연이 있어서 혹 천·용·남자·여자·신·귀신, 나아가 육도의 죄지어 고통 받는 중생까지도 그대의 이름을 듣거나, 그대의 형상을 보거나, 그대를 생각하고 따르는 자나, 또는 그대를 찬탄하면 이러한 여러 중생들은 모두 위없이 높은 도에서 반드시 물러서지 않고 항상 인간이나 천상에 태어나 묘한 즐거움을 누리며, 인과가 성숙하면 부처님의 수기를 받을 것이니라. 그대가 이제 대자비로 중생들과 천룡팔부들을 가엾이 여기고 내게서 지장보살의 불가사의한 이익에 대하여 듣고자 하는구나. 그대는 마땅히 잘 들으라. 내가 이제 설하리라." 관세음보살이 사뢰기를, "그러하옵니다. 세존이시여! 들

능진이닛 향자에 우몽세존이 보고
能盡 向者 又蒙世尊 普告
대중하시 욕칭양지장이익등사하시오니
大衆 欲稱揚地藏利益等事
유원세존하 위현재미래일체중
唯願世尊 爲現在未來一切衆
생하사 칭양지장부사의사하시와 영천
生 稱揚地藏不思議事 令天
룡팔부로 첨례획복하소서
龍八部 瞻禮獲福

12-03 불고관세음보살하시되 여어
佛告觀世音菩薩 汝於
사바세계에 유대인연하여 약천약
娑婆世界 有大因緣 若天若
룡과 약남약녀와 약신약귀와 내
龍 若男若女 若神若鬼 乃
지육도죄고중생이 문여명자와 견
至六道罪苦衆生 聞汝名者 見
여형자와 연모여자와 찬탄여자는
汝形者 戀慕汝者 讚歎汝者
시제중생이 실어무상도에 필불
是諸衆生 悉於無上道 必不
퇴전하여 상생인천하여 구수묘락하 인
退轉 常生人天 具受妙樂 因
과장숙하면 우불수기하리라 여금에 구
果將熟 遇佛授記 汝今 具
대자비하여 연민중생과 급천룡팔
大慈悲 憐愍衆生 及天龍八
부하여 욕청오의 선설지장보살부
部 欲聽吾 宣說地藏菩薩不
사의 이익지사하니 여당제청하라 오
思議利益之事 汝當諦聽 吾
금설지하리라 관세음이 언하시되 유연세
今說之 觀世音 言 唯然世

고자 하나이다."

12-04 부처님께서 관세음보살에게 말씀하셨습니다. "미래와 현재의 모든 세계 가운데에 천인이 천상 복이 다하여 다섯 가지 쇠퇴하는 모양이 나타나서 혹 악도에 떨어지는 자가 있게 되느니라. 그때 이와같은 천인의 남녀가 그러한 형상이 나타날 때를 맞이하여, 혹 지장보살의 형상을 보거나, 혹 지장보살의 명호를 듣고 우러러 **한 번만 절을 하여도** 이 여러 천인은 천상 복이 더하여 큰 즐거움을 받게 되어 길이 삼악도에 떨어지지 않게 되느니라. 그러하거늘 어찌 하물며 지장보살 형상을 뵈옵거나 그 명호를 듣고 여러 가지 향이나 꽃, 의복이나 음식, 보배나, 영락을 가져 보시하고 공양함이겠느냐! 이 사람이 얻는 공덕과 복과 이익은 한량없고 끝이 없느니라.

12-05 **관세음보살이여!** 만약 현재, 미래의 모든 세계에 육도 중생이 목숨을 마치려 할 때, 지장보살의 명호를 귓가에 한 번이라도 스쳐듣게 되면, 이 모든 중생이 길이 삼악도의 고초를 겪지 않으리라. 어찌 하물며 임종할 때에 부모와 가족들이 임종하

존 원요욕문하나이다
尊 願樂欲聞

12-04 불고관세음보살하시되 미
佛告觀世音菩薩 未
래현재제세계중에 유천인이 수
來現在諸世界中 有天人 受
천복진하여 유오쇠상이 현하여 혹유타
天福盡 有五衰相 現 或有墮
어악도지자라도 여시천인의 약남약
於惡道之者 如是天人 若男若
녀당현상시하여 혹견지장보살형
女當現相時 或見地藏菩薩形
상커나 혹문지장보살명하고 일첨일
像 或聞地藏菩薩名 一瞻一
례하면 시제천인이 전증천복하여 수대
禮 是諸天人 轉增天福 受大
쾌락하고 영불력삼악도보하리 하황
快樂 永不歷三惡道報 何況
견문보살하고 이제향화의복음식과
見聞菩薩 以諸香華衣服飲食
보패영락으로 보시공양하면 소획공
寶貝瓔珞 布施供養 所獲功
덕복리는 무량무변하리라
德福利 無量無邊

12-05 부차관세음아 약미래현
復次觀世音 若未來現
재제세계중에 육도중생이 임명
在諸世界中 六道衆生 臨命
종시에 득문지장보살명하되 일성이나
終時 得聞地藏菩薩名 一聲
역이근자는 시제중생이 영불역
歷耳根者 是諸衆生 永不歷
삼악도고하리 하황임명종시에 부
三惡道苦 何況臨命終時 父

는 이의 집과 재물과 보배와 의복 등으로 지장보살의 형상을 조성하거나 그려보게 함이랴! 혹은 병든 사람이 죽기 전에, 지장보살의 형상을 눈으로 보고 귀로 듣게 하여, 바른길을 아는 가족들이 병든 이의 집과 보배 등으로 그 자신을 위하여 지장보살 형상을 조성하거나 그리게 하면 이 사람은 그의 업보로 중병을 받아야 하겠지만, 이 공덕으로 인하여 병이 나아 수명이 더 길어질 것이니라. 이 사람이 만약 이 업보로 명이 다하여 그동안의 모든 죄업으로 마땅히 악도에 떨어질지라도 이 공덕으로 인하여 죽은 뒤에 곧 인간이나 천상에 태어나게 되어 승묘한 즐거움을 받으며, 모든 죄업장이 다 소멸되느니라.

모권속이 장시명종인의 사택재
母眷屬 將是命終人 舍宅財
물과 보패의복으로 소화지장형상커나
物 寶貝衣服 塑畵地藏形像
혹사병인미종지시에 혹안이견
或使病人未終之時 或眼耳見
문하여 지도권속이 장사택보패등하여
聞 知道眷屬 將舍宅寶貝等
위기자신하여 소화지장보살형상하면
爲其自身 塑畵地藏菩薩形像
시인이 약시업보로 합수중병자라도
是人 若是業報 合受重病者
승사공덕하여 심즉제유하고 수명이 증
承斯功德 尋即除愈 壽命 增
익하며 시인이 약시업보명진하여 응유
益 是人 若是業報命盡 應有
일체죄장업장으로 합타악취자라도
一切罪障業障 合墮惡趣者
승사공덕하여 명종지후에 즉생인
承斯功德 命終之後 即生人
천하여 수승묘락하고 일체죄장은 실개
天 受勝妙樂 一切罪障 悉皆
소멸하리라
消滅

12-06 또 관세음보살이여! 만약 미래세에 어느 남자나 여인이 혹 젖먹을 때나, 혹 세살·다섯 살·열 살이 못되어 부모를 잃거나, 또는 형제자매와 이별하고, 이 사람이 장성하여서 그 부모와 가족을 그리워하며 어떤 악도에 떨어졌을까, 또는 어느 세계에 태어났을까, 또는 어느 하늘

12-06 부차관세음보살아 약미
復次觀世音菩薩 若未
래세에 유남자여인이 혹유포시어나
來世 有男子女人 或乳哺時
혹삼세오세와 십세이하에 망실부
或三歲五歲 十歲已下 亡失父
모커나 내급망실 형제자매하고 시인이
母 乃及亡失 兄弟姉妹 是人
연기장대하여 사억부모와 급제권
年旣長大 思憶父母 及諸眷

에 태어났는지 알 수 없을 때, 만약 이 사람이 능히 **지장보살의 형상을 조성하거나 그리거나 그 명호를 듣고 한 번 보고 한 번 절하기를 하루에서 7일에 이르도록 처음 낸 마음에서 물러서지 아니하고, 명호를 부르고 형상을 보고 우러러 예배 공양한다면,** 이 사람의 가족들은 그들이 지은 악업으로 인하여 악도에 떨어져서 마땅히 여러 겁을 지내야 할지라도, 그 자녀나 형제자매가 지장보살님께 정성을 바친 공덕으로 해탈을 얻어 인간이나 하늘에 태어나서 승묘한 즐거움을 얻을 것이니라. 그리고 스스로 닦은 복의 힘에 의해서 인간이나 천상에 태어나서 승묘한 낙을 받는 자는 이 공덕으로 더욱더 성스러운 인연이 더하여 한량없는 즐거움을 받을 것이니라. 이 사람이 다시 능히 21일 동안 **일심으로 지장보살 형상에 우러러 절하면서 그 명호를 염하여서 만 번을 채우면,** 보살께서 무변신을 나타내어 이 사람에게 그 가족이 태어난 곳을 알려 주거나, 혹은 꿈에 보살이 큰 신통력을 나타내어서 친히 이 사람을 거느리고 모든 세계에서 여러 가족을 보여 줄 것이니라. 그리고 또 **매일 보살의 명호를 천 번씩 염하여 천 일에**

속^{하며} 부지락재하취^{하며} 생하세계^{하며}
屬 不知落在何趣 生何世界

생하천중^{인가} 시인^이 약능소화지
生何天中 是人 若能塑畫地

장보살형상^{커나} 내지문명 일첨일
藏菩薩形像 乃至聞名 一瞻一

례^{커나} 일일지칠일^히 막퇴초심^{하고} 문
禮 一日至七日 莫退初心 聞

명견형^{하며} 첨례공양^{하면} 시인권속^이
名見形 瞻禮供養 是人眷屬

가인업고^로 타악취자 계당겁
假因業故 墮惡趣者 計當劫

수^{라도} 승사남녀형제자매소화지장
數 承斯男女兄弟姉妹塑畫地藏

형상^{하여} 첨례공덕^{으로} 심즉해탈^{하고} 생
形像 瞻禮功德 尋即解脫 生

인천중^{하여} 수승묘락^{하리라} 시인^의 권속^이
人天中 受勝妙樂 是人 眷屬

여유복력^{하여} 이생인천^{하여} 수승묘락
如有福力 已生人天 受勝妙樂

자^는 즉승사공덕^{하여} 전증성인^{하고} 수
者 即承斯功德 轉增聖因 受

무량락^{하리니} 시인^이 갱능삼칠일중^에
無量樂 是人 更能三七日中

일심첨례지장보살형상^{하여} 염기
一心瞻禮地藏菩薩形像 念其

명자^{하되} 만어만편^{하면} 당득보살^이 현
名字 滿於萬遍 當得菩薩 現

무변신^{하여} 구고시인권속^의 생계^{하리며}
無邊身 具告是人眷屬 生界

혹어몽중^에 보살^이 현대신력^{하여} 친
或於夢中 菩薩 現大神力 親

령시인^{하여} 어제세계^에 견제권속^{하리며}
領是人 於諸世界 見諸眷屬

이르게 되면, 이 사람은 마땅히 보살이 그가 있는 곳의 토지신을 시켜 종신토록 보호하느니라. 현세에 의식이 풍족하고, 여러 질병이나 고통이 없어지며, 또는 횡액 되는 일이 그 집안에 들어오지 못할 것이니라. 하물며 어찌 그 사람의 몸에 미치겠느냐! 이 사람은 끝내는 보살의 마정수기를 얻으리라.

갱능매일에 염보살명천편하여 지우
更能每日　念菩薩名千遍　至于

천일하면 시인은 당득보살이 견이니 소
千日　是人　當得菩薩　遣所

재토지귀신하여 종신위호하며 현시에
在土地鬼神　終身衛護　現時

의식이 풍일하고 무제질고하며 내지횡
衣食　豊溢　無諸疾苦　乃至橫

사를 불입기문케하거든 하황급신이리오 시
事　不入其門　何況及身　是

인이 필경에 득보살의 마정수기하리라
人　畢竟　得菩薩　摩頂授記

12-07 관세음보살이여! 만약 미래세에 선남자 선여인이 있어 넓고 크나큰 자비심을 내어서 일체 중생을 제도하고자 하는 사람이나, 위없는 보리를 닦고자 하는 사람이나, 삼계를 벗어나고자 하는 자, 이러한 여러 사람들이 지장보살의 형상을 보거나, 그 명호를 듣고 지극한 마음으로 귀의하되, 혹은 향·꽃·의복·보배나 음식 등을 공양하고 우러러 예배한다면, 이 선남자 선여인의 소원하는 바가 속히 이루어지고 영원히 장애가 없으리라.

12-07 부차관세음보살아 약미
　　　復次觀世音菩薩　若未

래세에 유선남자선여인이 욕발
來世　有善男子善女人　欲發

광대자심하여 구도일체중생자와
廣大慈心　救度一切衆生者

욕수무상보제자와 욕출리삼계
欲修無上菩提者　欲出離三界

자는 시제인등이 견지장형상하며 급
者　是諸人等　見地藏形像　及

문명자지심귀의커나 혹이향화의
聞名者至心歸依　或以香華衣

복과 보패음식으로 공양첨례하면 시선
服　寶貝飮食　供養瞻禮　是善

남녀등의 소원이 속성하여 영무장
男女等　所願　速成　永無障

애하리라
礙

12-08 관세음보살이여! 만약 미래세에 선남자 선여인이 현재와 미래세에서 백 천만 억의 여러 가지 소원과

12-08 부차관세음아 약미래세에
　　　復次觀世音　若未來世

유선남자선여인이 욕구현재미
有善男子善女人　欲求現在未

백 천만 억의 여러 가지 일들을 이루고자 하거든, 다만 지장보살의 형상 앞에서 귀의하고 우러러 예배하며 공양하고 찬탄하면, 이와 같은 소원이나 구하는 바가 모두 다 이루어질 것이니라. 또 지장보살이 대자비심으로 영원히 자기를 옹호하여 주시기를 원한다면, 이 사람은 꿈속에서 즉시 지장보살의 마정수기를 받을 것이니라.

12-09 관세음보살이여! 만약 미래세에 선남자 선여인이 대승경전에 대하여 깊이 존중하는 불가사의한 마음을 내어서 읽고 외우고 밝은 스승을 만나서 이 가르침을 익숙해지려고 하여도, 읽은 것을 금방 잊어버리며, 세월이 흘러도 능히 독송할 수 없는 것은, 이 선남자 선여인은 숙세의 업장이 아직도 소멸되지 않아 대승경전을 독송할 만한 성품이 없는 것이니라. 이와 같은 사람은 지장보살의 명호를 듣거나 지장보살의 형상을 보고 지극한 마음으로 공경히 그 사실을 사뢰고, 다시 향·꽃·의복·음식 그 밖에 여러 가지 와구 등으로 보살께 공양 올리고, 또한 **깨끗한 물 한 그릇을 지장보살 존상 앞에 올려 하루 낮, 하룻**

래 **백천만억등원**과 **백천만억등**
來 百千萬億等願 百千萬億等

사^{어든} 단당 귀의첨례공양찬탄지
事 但當 歸依瞻禮供養讚歎地

장보살형상^{하면} 여시소원소구를
藏菩薩形像 如是所願所求

실개성취^{하리며} 부원지장보살^이 구
悉皆成就 復願地藏菩薩 具

대자비^{하사} 영옹호아^{하면} 시인^이 어면
大慈悲 永擁護我 是人 於眠

몽중^에 즉득보살^의 마정수기^{하리라}
夢中 卽得菩薩 摩頂授記

12-09 부차관세음보살^아 약미
復次觀世音菩薩 若未

래세^에 선남자선여인^이 어대승
來世 善男子善女人 於大乘

경전^에 심생진중^{하여} 발부사의심^{하여}
經典 深生珍重 發不思議心

욕독욕송^{하며} 종우명사^{하여} 교시령
欲讀欲誦 縱遇明師 教示令

숙^{하여도} 선독선망^{하여} 동경년월^{하되} 불
熟 旋讀旋忘 動經年月 不

능독송^{하나니} 시선남녀등^이 유숙업
能讀誦 是善男女等 有夙業

장^{하여} 미득소제고로 어대승경전^에
障 未得消除故 於大乘經典

무독송성^{하나니} 여시지인^이 문지장
無讀誦性 如是之人 聞地藏

보살명^{하며} 견지장보살상^{하고} 구이
菩薩名 見地藏菩薩像 具以

본심^{으로} 공경진백^{하며} 갱이향화의
本心 恭敬陳白 更以香華衣

복음식^과 일체완구로 공양보살^{하고}
服飲食 一切玩具 供養菩薩

밤을 지내고 난 뒤에 **합장하고** 지장보살님께 물을 마시겠다고 청한 다음, **머리는 남쪽**으로 향하고, 입을 댈 때 **지극히 정성스런** 마음으로 마셔야 하느니라. 마시고 나서는 오신채와 술과 사음과 망어와 모든 살생을 7일 혹은 21일을 삼가면, 이 선남자 선여인은 꿈 가운데 지장보살이 끝없는 몸을 나타내시어 이 사람이 있는 곳에 이르러서 이마에 물을 부어 주리니 이 꿈을 깨면 곧 총명을 얻어서 경전을 읽어 한 번 귓가에 스치기만 하여도 곧 기억하며, 한 글귀 한 게송이라도 잊어버리지 아니할 것이니라.

이정수일잔으로 경일일일야하여 안
以淨水一盞 經一日一夜 安
보살전연후에 합장청복하되 회수
菩薩前然後 合掌請服 廻首
향남하고 임입구시에 지심정중하여 복
向南 臨入口時 至心鄭重 服
수즉필하고 신오신주식과 사음망
水卽畢 愼五辛酒食 邪婬妄
어와 급제살생을 일칠일혹삼칠
語 及諸殺生 一七日或三七
일하면 시선남자선여인이 어수몽
日 是善男子善女人 於睡夢
중에 구견지장보살이 현무변신하여
中 具見地藏菩薩 現無邊身
어시인처에 수관정수하리니 기인이
於是人處 授灌頂水 其人
몽각하면 즉획총명하여 응시경전을 일
夢覺 卽獲聰明 應是經典 一
력이근하면 즉당영기하여 갱불망실
歷耳根 卽當永記 更不忘失
일구일게하리라
一句一偈

12-10 **관세음보살이여!** 만약 미래세에 모든 사람의 의식이 부족하여서 혹 의식을 구하더라도 뜻대로 되지 않거나, 혹은 질병이 많거나, 혹은 흉하고 쇠퇴하는 일이 많아서 집안이 불안하며 가족이 흩어지며, 혹 모든 횡사가 많아서 몸을 괴롭게 하고, 잠자는 꿈 사이에 많이 놀라는 등, 이와 같은 사람들은 지장보살의 명호를 들

12-10 부차관세음보살아 약미
復次觀世音菩薩 若未
래세에 유제인등이 의식이 부족하여
來世 有諸人等 衣食 不足
구자괴원 혹다질병하며 혹다흉
求者乖願 或多疾病 或多凶
쇠하여 가택이 불안하고 권속이 분산하며
衰 家宅 不安 眷屬 分散
혹제횡사다래오신하고 수몽지간에
或諸橫事多來忤身 睡夢之間
다유경포어든 여시인등이 문지장
多有驚怖 如是人等 聞地藏

거나, 지장보살의 형상을 보고, 지극한 마음으로 공경하며 염하기를 만 번 채우게 되면, 이 모든 여의치 않은 일들이 점점 사라지고 안락함을 얻으며 의식도 풍족해지고 나아가 꿈속에서까지 모두 안락하게 될 것이니라.

12-11 관세음보살이여! 만약 미래세에 선남자 선여인이 있어서 혹은 생업 때문이거나, 혹은 공적인 일이거나 사적인 일이거나, 혹 나고 죽음의 일이거나, 혹 급한 일로 인하여 산이나 숲 속에 들어가거나, 내와 바다를 건너거나, 큰물을 만나든지, 혹은 험한 길을 지날 때, 이 사람이 먼저 마땅히 지장보살의 명호를 만 번 염하면, 그가 지나가는 곳의 토지신이 그를 보호하여 다니고, 머무르고, 앉거나, 누울 때에 영원히 편안하게 되느니라. 또한 호랑이·늑대·사자와 그 밖의 모든 독을 만나더라도 그가 능히 해를 입지 않게 될 것이니라.' 부처님께서 관세음보살에게 말씀하셨습니다. **'관세음보살이여!** 이 지장보살은 염부제에 큰 인연이 있어 만약 모든 중생이 지장보살을 보고 듣고 하여 이익 되는 일에 대하여, 백천겁 동안을 말하여도 능히 다할 수 없느니라. 그러므로 **관세음보살이여!**

명^커 견지장형^{하고} 지심공경^{하여} 염만
名　見地藏形　至心恭敬　念滿

만편^{하면} 시제불여의사점점소멸^{하여}
萬遍　是諸不如意事漸漸消滅

즉득안락^{하고} 의식^이 풍일^{하며} 내지수
卽得安樂　衣食　豊溢　乃至睡

몽중^에 개실안락^{하리라}
夢中　皆悉安樂

12-11 부차관세음보살^아 약미
復次觀世音菩薩　若未

래세^에 유선남자선여인^이 혹인
來世　有善男子善女人　或因

치생^{하며} 혹인공사^{하며} 혹인생사^{하며} 혹
治生　或因公私　或因生死　或

인급사^{하여} 입산림중^{커나} 과도하해^와
因急事　入山林中　過度河海

내급대수^{커나} 혹경험도^{할새} 시인^이 선
乃及大水　或經險道　是人　先

당념지장보살명만편^{하면} 소과토
當念地藏菩薩名萬遍　所過土

지귀신^이 위호^{하여} 행주좌와^에 영보
地鬼神　衛護　行住坐臥　永保

안락^{하며} 내지봉어호랑사자^와 일
安樂　乃至逢於虎狼獅子　一

체독해^{하여도} 불능손지^{하리라} 불고관세
切毒害　不能損之　佛告觀世

음보살^{하시되} 시지장보살^이 어염부
音菩薩　是地藏菩薩　於閻浮

제^에 유대인연^{하며} 약설어제중생^에
提　有大因緣　若說於諸衆生

견문이익등사^{인대} 백천겁중^에 설
見聞利益等事　百千劫中　說

불능진^{하리라} 시고^로 관세음^아 여이
不能盡　是故　觀世音　汝以

그대는 **신통력**으로 이 **경**을 유포하여 **사바세계 중생**으로 하여금 백 천겁만 겁 동안 **영원히 안락**을 받도록 하라."

신력으로 **유포시경**하여 **영사바세계**
神力 流布是經 令娑婆世界

중생으로 **백천만겁**에 **영수안락**케하라
衆生 百千萬劫 永受安樂

12-12 이때에 **세존**께서 게송으로 말씀하셨습니다.

내가보니 지장보살 위대하신 신통력은
항하사겁 설하여도 다하기가 어렵구나
잠깐동안 보고듣고 우러르며 예배해도
인간이나 천상이나 이익됨이 한량없네

12-12 **이시세존**이 **이설게언**하시되
爾時世尊 而說偈言

오관지장위신력하니 **항하사겁설**
吾觀地藏威神力 恒河沙劫說

난진이로 **견문첨례일념간**하면 **이익**
難盡 見聞瞻禮一念間 利益

인천무량사하리라
人天無量事

12-13 남자거나 여자거나 용이거나 신이거나
업보다해 삼악도에 떨어지게 될지라도
지심으로 보살님께 명을바쳐 귀의하면
수명늘고 모든죄상 남김없이 사라지네

12-13 **약남약녀약용신**이 **보진**
若男若女若龍神 報盡

응당타악도라도 **지심귀의대사신**하면
應當墮惡道 至心歸依大士身

수명전증제죄장하리라
壽命轉增除罪障

12-14 어떤사람 어린시절 부모님을 잃어버려
부모님이 태어난곳 어디인지 알수없고
형제자매 이별하고 일가친척 흩어져서
자란뒤에 애태우며 혼신간곳 모를때에
지장보살 형상모습 그리거나 조성하여
간절하게 쉬지않고 지극정성 절하면서
삼칠일간 일념으로 그명호를 생각하면
지장보살 가없는몸 그의앞에 나타나서
그의권속 있는곳을 낱낱이도 보여주며
악도중에 떨어져도 찾아내어 구해주네
처음마음 잃지않고 끊임없이 정진하면
거룩하신 마정수기 틀림없이 받게되리

12-14 **소실부모은애자**하고 **미지**
少失父母恩愛者 未知

혼신재하취하며 **형제자매급제친**을
魂神在何趣 兄弟姉妹及諸親

생장이래개불식하여 **혹소혹화대**
生長以來皆不識 或塑或畫大

사신하고 **비련첨례불잠사**하여 **삼칠**
士身 悲戀瞻禮不暫捨 三七

일중념기명하면 **보살당현무변체**하여
日中念其名 菩薩當現無邊體

시기권속소생계하고 **종타악취심**
示其眷屬所生界 縱墮惡趣尋

출리하며 **약능불퇴시초심**하면 **즉획**
出離 若能不退是初心 卽獲

마정수성기하리라
摩頂授聖記

12-15 위가없는 보리도를 닦으려고 하는이나
삼계모든 괴로움을 벗어나려 하는이는
모름지기 대비심을 일으키어서
우선먼저 보살존상 우러르며 예배하면
일체모든 원하는일 하루속히 성취되고
영원토록 가로막는 모든업장 사라지네

12-16 어떤사람 발심하여 대승경전 읽으면서
모든중생 피안으로 제도하여 건지려고
부사의한 거룩한원 세웠다고 할지라도
읽고읽고 또읽어도 기억하지 못하는건
그사람의 업장으로 미혹한 - 까닭으로
거룩하온 대승경전 능히외지 못함이니
꽃과향과 의복음식 가지가지 장엄구로
거룩하신 지장보살 존상앞에 공양하고
깨끗하온 정화수로 보살님께 올리고서
하루낮과 하룻밤이 지난다음 마실때에
은근하고 정중하게 5신채를 삼가하고
술과고기 삿된음과 거짓말을 하잖으며
살생등을 엄금하고 삼칠일간 지나도록
지극정성 마음으로 보살명호 생각하면
꿈가운데 가이없는 보살님을 뵈옵고서
깨어서는 눈과귀가 문득총명 얻게되어
이경전의 읽는소리 귓가에만 스쳐가도
천만생을 두고두고 길이길이 기억하리
이것모두 지장보살 부사의한 신력으로
사람들이 이와같이 능히지혜 얻나니라

12-15 욕수무상보리자와 내지
欲修無上菩提者 乃至
출리삼계고인댄 시인기발대비심하여
出離三界苦 是人旣發大悲心
선당첨례대사상하여 일체제원속
先當瞻禮大士像 一切諸願速
성취하여 영무업장능차지하리라
成就 永無業障能遮止

12-16 유인발심념경전하여 욕도
有人發心念經典 欲度
군미초피안할새 수립시원부사의하여도
群迷超彼岸 雖立是願不思議
선독선망다폐실은 사인유업장
旋讀旋忘多廢失 斯人有業障
혹고 어대승경불능기하나니 이향
惑故 於大乘經不能記 以香
화의복음식과 제완구공양지장하고
華衣服飲食 諸玩具供養地藏
이정수안대사전하여 일일일야구
以淨水安大士前 一日一夜求
복지하되 발은중심신오신과 주육
服之 發殷重心愼五辛 酒肉
사음급망어하며 삼칠일내물살생하고
邪淫及妄語 三七日內勿殺生
지심사념대사명하면 즉어몽중견
至心思念大士名 即於夢中見
무변하고 각래변득이안이하여 응시
無邊 覺來便得利眼耳 應是
경교역이문하면 천만생중영불망하리니
經教歷耳聞 千萬生中永不忘
이시대사부사의로 능사사인획
以是大士不思議 能使斯人獲
차혜하나니라
此慧

12-17 가난하고 병이많아 고생하는 많은중생

가택들이 흉쇠하여 권속들이 이별하며
잠을자면 꿈자리가 불안하기 그지없고
구하는것 못구하고 뜻하는것 못이룰때
지심으로 지장보살 우러르며 예배하면
일체모든 악한일이 모두모두 사라지고
설사꿈을 꾸더라도 편안함을 얻게되며
의식들은 풍요하고 착한신들 보호하네

12-18 어쩌다가 험한산과 깊은바다 지나갈때

악한신과 악한바람 모든재난 몰아쳐서
일체고뇌 끊임없이 닥쳐온다 할지라도
거룩하신 지장보살 형상앞에 이르러서
일심으로 예배하고 지성으로 공양하면
산숲이나 깊은바다 가득하던 재난들이
모든재난 남김없이 영원토록 사라지리

12-19 관음이여! 지심으로 들을지니

지장보살 위신력은 끝이없는 불가사의
백천만겁 말하여도 다말할수 없나니라
이와같은 보살공덕 널리널리 알리어라
누구든지 지장보살 염불명호 혹든거나
거룩하신 존상앞에 우러르며 예배하고
향과꽃과 옷과음식 공양하여 올리며는
백천생에 승묘복락 끊임없이 받으리라
이를능히 온법계에 회향하여 베푼다면
마침내는 성불하여 생사고해 벗으리라
그러므로 관음이여! 마땅히 알지니라

12-17 빈궁중생급질병과 가택
貧窮衆生及疾病　家宅

흉쇠이권속하며 수몽지중실불안하고
凶衰離眷屬　睡夢之中悉不安

구자괴위무칭수라도 지심첨례지
求者乖違無稱遂　至心瞻禮地

장상하면 일체악사개소멸하고 지어
藏像　一切惡事皆消滅　至於

몽중진득안하며 의식풍요귀신호리라
夢中盡得安　衣食豊饒鬼神護

12-18 욕입산림급도해하여 독악
欲入山林及渡海　毒惡

금수급악인과 악신악귀병악풍과
禽獸及惡人　惡神惡鬼並惡風

일체제난제고뇌라도 단당첨례급
一切諸難諸苦惱　但當瞻禮及

공양을 지장보살대사상하면 여시
供養　地藏菩薩大士像　如是

산림대해중도 응시제악개소멸하리라
山林大海中　應是諸惡皆消滅

12-19 관음지심청오설하라 지장
觀音至心聽吾說　地藏

무량부사의를 백천만겁설부주하리니
無量不思議　百千萬劫說不周

광선대사여시력하라 지장명자인
廣宣大士如是力　地藏名字人

약문커나 내지견상첨례자는 향화의
若聞　乃至見像瞻禮者　香華衣

복음식봉라고 공양백천수묘락하리니
服飮食奉　供養百千受妙樂

약능이차회법계하면 필경성불초
若能以此廻法界　畢竟成佛超

생사하리 시고관음여당지하여 보고
生死　是故觀音汝當知　普告

한량없는 중생세계 널리널리 알리어라 항사제국토(恒沙諸國土)하라

제 13 품 사람과 천인을 부촉함

13-01 그때에 세존께서 금빛의 팔을 들어 지장보살마하살의 이마를 어루만지시며 이렇게 말씀하셨습니다. "**지장보살**이여! **지장보살**이여! 그대의 **신통력**은 불가사의하고 그대의 **자비**도 불가사의하며, 그대의 **지혜**도 불가사의하고, 그대의 **변재**도 불가사의하도다. 시방의 모든 부처님이 그대의 불가사의한 공덕을 찬탄하기를 천만겁 동안 하여도 다 말할 수 없으리라. **지장보살**이여! 내가 오늘 이 도리천궁 가운데 백 천만 억의 이루 말할 수 없는 모든 불·보살 및 천룡팔부의 큰 모임 가운데에서 다시 부촉하노니, 그대는 모든 중생들이 삼계를 나오지 못하고, 화택 가운데 있는 자들을 하루 낮 하룻밤이라도 악도에 떨어지지 않게 할지니라. 하물며 다시 오무간지옥이나 아비지옥에 떨어져 문득 천만억겁을 지내도 벗어날

제십삼 촉루인천품
第十三 囑累人天品

13-01 이시(爾時)에 세존(世尊)이 거금색비(擧金色臂)하사
우마지장보살마하살정(又摩地藏菩薩摩訶薩頂)하시고 이작(而作)
시언(是言)하시되 지장지장(地藏地藏)아 여지신력(汝之神力)이
불가사의(不可思議)며 여지자비불가사의(汝之慈悲不可思議)며
여지지혜불가사의(汝之智慧不可思議)며 여지변재(汝之辯才)
불가사의(不可思議)라 정사시방제불(正使十方諸佛)이 찬(讚)
탄선설여지부사의사(歎宣說汝之不思議事)하여 천만겁(千萬劫)도
중(中)에 불능득진(不能得盡)에 지장지장(地藏地藏)아 기오(記吾)
금일(今日)에 재도리천중(在忉利天中)하여 어백천만억(於百千萬億)
불가설불가설 일체제불보살(不可說不可說 一切諸佛菩薩)
천룡팔부 대회지중(天龍八部 大會之中)에 재이인천(再以人天)
제중생등(諸衆生等)이 미출삼계(未出三界)하여 재화택(在火宅)
중자(中者)를 부촉어여(付囑於汝)하노니 무령시제중(無令是諸衆)

기약이 없도록 할 수 있겠느냐.

13-02 **지장보살이여!** 이 남염부제 중생들은 뜻과 성품이 정한 바가 없어서 악한 짓을 익히는 자가 많아서 비록 착한 마음을 내어도 곧 사라지며, 만약 악한 인연을 만나면 순간순간 악이 더 늘어나니, 이런 까닭에 내가 이 형상을 천 백억으로 나투어서 교화하여 제도하되 그들의 근기와 성품에 따라서 해탈시키는 것이니라. **지장보살이여!** 내가 이제 간절히 인간과 천상의 무리들을 너에게 부촉하나니라. 만약 미래세의 천상사람과 선남자 선여인이 있어서 불법 가운데에 작은 선근을 하나의 털과 하나의 먼지와 한 알의 모래와 한 방울의 물만큼이라도 심게 되면 그대는 마땅히 도력으로써 이 사람을 옹호하여 점점 위없는 도를 닦게 하여 결코 그로 하여금 물러나지 않게 할지니라.

13-03 **지장보살이여!** 만약 미래세에 하늘이나 인간들이 업보를 따라 악도에 떨어지는 자가 있거든, 그가 떨어진 곳에 나아가고, 혹 지옥문에

생으로 **타악취중**에 **일일일야**케함이 하
生 墮惡趣中 一日一夜 何

황갱락오무간과 **급아비지옥**하여
況更落五無間 及阿鼻地獄

동경천만억겁하여도 **무유출기**리오
動經千萬億劫 無有出期

13-02 **지장**아 **시남염부제중생**이
地藏 是南閻浮提衆生

지성이 **무정**하여 **습악자다**하고 **종발선**
志性 無定 習惡者多 縱發善

심하여도 **수유즉퇴**하며 **약우악연**하면 **염**
心 須臾卽退 若遇惡緣 念

념증장하나니 **이시지고**로 **오분시형**
念增長 以是之故 吾分是形

백천억하여 **화도**하되 **수기근성**하여 **이도**
百千億 化度 隨其根性 而度

탈지하나니 **지장**아 **오금**에 **은근**히 **이천**
脫之 地藏 吾今 慇懃 以天

인중으로 **부촉어여**하노니 **미래지세**에
人衆 付囑於汝 未來之世

약유천인급선남자선여인이 **어**
若有天人及善男子善女人 於

불법중에 **종소선근**하되 **일모일진**이며
佛法中 種少善根 一毛一塵

일사일제라도 **여이도력**으로 **옹호시**
一沙一渧 汝以道力 擁護是

인하여 **점수무상**하여 **물령퇴실**케하라
人 漸修無上 勿令退失

13-03 **부차지장**아 **미래세중**에
復次地藏 未來世中

약천약인이 **수업보응**하여 **낙재악**
若天若人 隨業報應 落在惡

취하리니 **임타취중**하여 **혹지문수**하여 **시**
趣 臨墮趣中 或至門首 是

이르러서 이 모든 중생들이 만약 한 부처님 한 보살의 명호나 대승경전의 한 구절 한 게송만이라도 생각하면, 그대는 이 모든 중생들을 신통력과 방편으로 이들을 구출하여 고통에서 벗어나게 하되, 그 사람이 있는 곳에 끝없는 몸을 나타내어 지옥을 부수고 하늘에 태어나게 하여 승묘한 즐거움을 받도록 할지니라."

세존께서 다시 게송으로 말씀하셨습니다.

현재와 미래세의 모든중생을
내지금 그대에게 부촉하노니
그대는 큰신통과 큰방편으로
중생을 제도하여 삼악도에 들지 않도록 하라.

13-04 이때에 지장보살마하살이 무릎을 꿇고 합장하고 부처님께 사뢰었습니다. "세존이시여! 원컨대 세존께서는 염려하지 마시옵소서. 만약 미래세에 선남자 선여인이 불법 중에서 한 생각이라도 공경심을 낸다면, 저는 백 천 가지 방편으로 이 사람을 제도하여, 나고 죽는 생사의 고통에서 속히 해탈을 얻게 하오리다. 하물며 어찌 여러 가지 착한 일을 듣고 생각생각에 수행하는 자이겠습니까! 자연히 위없는 도에서 영원히 물러서

제중생이 약능염득일불명커나 일
諸衆生 若能念得一佛名 一

보살명하며 일구일게인 대승경전컨든
菩薩名 一句一偈 大乘經典

시제중생을 여이신력으로 방편구
是諸衆生 汝以神力 方便救

발하여 어시인소에 현무변신하여 위쇄
拔 於是人所 現無邊身 爲碎

지옥하고 견령생천하여 수승묘락케하라
地獄 遣令生天 受勝妙樂

이시세존이 이설게언하시되
爾時世尊 而說偈言

　현재미래천인중을
　現在未來天人衆

　오금은근부촉여호노니
　吾今慇懃付囑汝

　이대신통방편도하여
　以大神通方便度

　물령타재제악취케하라
　勿令墮在諸惡趣

13-04 이시에 지장보살마하살이
爾時 地藏菩薩摩訶薩

호궤합장하고 백불언하시되 세존하 유
胡跪合掌 白佛言 世尊 唯

원세존은 불이위려하소서 미래세중에
願世尊 不以爲慮 未來世中

약유선남자선여인이 어불법중에
若有善男子善女人 於佛法中

일념공경하면 아역백천방편으로 도
一念恭敬 我亦百千方便 度

탈시인하여 어생사중에 속득해
脫是人 於生死中 速得解

탈케하리라 하황문제선사하고 염념수행하면
脫 何況聞諸善事 念念修行

지 않도록 하겠나이다."

13-05 이 말씀을 하실 때, 모임에 참석하였던 허공장보살이 부처님께 사뢰었습니다. "**세존이시여!** 제가 스스로 이 도리천에 이르러 여래께서 지장보살의 불가사의한 위신력을 찬탄하시는 말씀을 들었습니다. 미래세에 선남자 선여인을 비롯하여 일체 하늘과 용들이 이 경전과 지장보살의 이름을 듣거나 지장보살의 모습을 우러러 예배하면 그가 얻는 복과 이익은 얼마나 됩니까? 바라옵건대, **세존이시여!** 현재와 미래의 일체 중생들을 위해 간략히 말씀하여 주시옵소서." 부처님께서 허공장보살에게 말씀하셨습니다. "자세히 듣고 잘 들어라. 내가 마땅히 그대를 위하여 분별하여 설하리라. 만약 미래세에 어느 선남자 선여인이 지장보살의 형상을 보거나, 이 경을 듣거나 독송하며, 향·꽃·음식·의복·보배 등으로 보시 공양하고 찬탄하여 우러러 예배하면 마땅히 **스물여덟 가지의 이익**을 얻으리라. **첫째** 하늘과 용이 항상 지켜 주는 것이요, **둘째** 좋은 과보가 날로 더하는 것이요, **셋째** 성인들과 좋은 인연을 더함이요, **넷째** 보리에서 물러서지 않을 것이요, **다섯째** 의식

자연어무상도에 영불퇴전이니까
自然於無上道 永不退轉

13-05 설시어시에 회중에 유일
說是語時 會中 有一

보살하니 명은 허공장이라 백불언하시되 세
菩薩 名虛空藏 白佛言 世

존하 아자지도리하여 문어여래에 찬
尊 我自至忉利 聞於如來 讚

탄지장보살의 위신세력이 불가
歎地藏菩薩 威神勢力 不可

사의이오니 미래세중에 약유선남자
思議 未來世中 若有善男子

선여인과 내급일체천룡이 문차
善女人 乃及一切天龍 聞此

경전과 급지장명자하고 혹첨례형
經典 及地藏名字 或瞻禮形

상하면 득기종복리니까 유원세존하 위
像 得幾種福利 唯願世尊 爲

미래현재일체중등하사 약이설지하소서
未來現在一切衆等 略而說之

불고허공장보살하시되 제청제청하라
佛告虛空藏菩薩 諦聽諦聽

오당위여하여 분별설지하리라 약미래
吾當爲汝 分別說之 若未來

세에 유선남자선여인하시 견지장
世 有善男子善女人 見地藏

형상하며 급문차경하고 내지독송하며 향
形像 及聞此經 乃至讀誦 香

화음식과 의복진보로 보시공양하며
華飲食 衣服珍寶 布施供養

찬탄첨례하면 득이십팔종이익하리니
讚歎瞻禮 得二十八種利益

일자는 천룡호념이요 이자는 선과일
一者 天龍護念 二者 善果日

219

이 풍족할 것이요, **여섯째** 질병이 이르지 못할 것이요, **일곱째** 수재나 화재가 없을 것이요, **여덟째** 도적의 액난이 없을 것이요, **아홉째** 사람들이 흠모하고 공경할 것이요, **열번째** 귀신이 도와줄 것이며, **열한번째** 여자는 내생에 남자의 몸으로 바뀔 것이요, **열두번째** 혹은 왕이나 대신의 딸이 될 것이요, **열세번째** 용모가 단정하게 될 것이요, **열네번째** 천상에 많이 태어날 것이요, **열다섯번째** 혹은 제왕이 될 것이요, **열여섯번째** 전생 내생의 일을 아는 지혜가 통할 것이요, **열일곱번째** 구하는 바가 뜻대로 이루어짐이며, **열여덟번째** 가족들이 모두 기뻐하고 즐거워 할 것이요, **열아홉번째** 모든 재앙이 소멸함이며, **스무번째** 업도가 영원히 사라지며, **스물한번째** 가는 곳마다 다 통할 것이요, **스물두번째** 밤에 꿈이 안락할 것이요, **스물세번째** 선망조상들이 고통을 여읠 것이요, **스물네번째** 숙세의 복을 받아 태어남이며, **스물다섯번째** 모든 성현이 찬탄할 것이요, **스물여섯번째**는 총명하여 근기가 수승함이며, **스물일곱번째**는 자비심이 넉넉할 것이요, **스물여덟번째** 끝내는 부처를 이룸이니라."

증이요 삼자는 집성상인이요 사자는 보
增 三者 集聖上因 四者 菩

리불퇴요 오자는 의식풍족이요 육자는
提不退 五者 衣食豐足 六者

질역불림이요 칠자는 이수화재 팔
疾疫不臨 七者 離水火災 八

자는 무도적액이요 구자는 인견흠경이요
者 無盜賊厄 九者 人見欽敬

십자는 귀신조지요 십일자는 여전
十者 鬼神助持 十一者 女轉

남신이요 십이자는 위왕신녀요 십삼
男身 十二者 爲王臣女 十三

자는 단정상호요 십사자는 다생천
者 端正相好 十四者 多生天

상이요 십오자는 혹위제왕이요 십육자는
上 十五者 或爲帝王 十六者

숙지명통이요 십칠자는 유구개종이요
宿智命通 十七者 有求皆從

십팔자는 권속환락이요 십구자는 제
十八者 眷屬歡樂 十九者 諸

횡소멸이요 이십자는 업도영제요 이
橫消滅 二十者 業道永除 二

십일자는 거처진통이요 이십이자는
十一者 去處盡通 二十二者

야몽안락이요 이십삼자는 선망리
夜夢安樂 二十三者 先亡離

고요 이십사자는 숙복수생이요 이십
苦 二十四者 宿福受生 二十

오자는 제성찬탄이요 이십육자는 총
五者 諸聖讚歎 二十六者 聰

명이근이요 이십칠자는 요자민심이요
明利根 二十七者 饒慈愍心

이십팔자는 필경성불이니라
二十八者 畢竟成佛

13-06 "허공장보살이여! 만약 현재와 미래에 천·용·귀신도 지장보살의 명호를 듣거나 지장보살의 형상에 예배하거나, 혹은 지장보살의 본원에 대한 일을 듣고 수행하고 찬탄하며 우러러 예배하면, **일곱 가지의 이익**을 얻으리라. **첫째**는 속히 성현의 지위에 오름이요, **둘째**는 악업이 소멸됨이요, **셋째**는 모든 부처님이 지켜주심이요, **넷째**는 보리에서 물러서지 않음이요, **다섯째**는 본원력이 더욱 증장됨이요, **여섯째**는 숙명을 통함이요, **일곱째**는 끝내는 부처를 이룸이니라."

13-07 그때 시방의 일체 모든 여래와 말할 수 없고 표현할 수 없는 모든 부처님과 모든 위대한 보살들과 천룡팔부들이, 지장보살의 불가사의하고 크나큰 위신력을 칭찬하고 찬탄하시는 서가모니부처님의 말씀을 듣고 일찍이 없던 일이라며 찬탄하였습니다. 이때에 도리천에는 한량없는 향과 꽃과 하늘의 옷과 보배 구슬이 비 오듯 내려, 석가모니 부처님과 지장보살께 공양하고, 법회에 모였던 모든 대중들은 다 함께 다시 우러러 예경하고 합장하며 물러갔습니다.

13-06 부차허공장보살아 약현재미래천룡귀신이 문지장보살명호커나 예지장보살형상커나 혹문지장보살본원등사하고 수행찬탄첨례하면 득칠종이익하리라 일자는 속초성지요 이자는 악업소멸이요 삼자는 제불호림이요 사자는 보리불퇴요 오자는 증장본력이요 육자는 숙명개통이요 칠자는 필경성불이니라
復次虛空藏菩薩 若現在未來天龍鬼神 聞地藏菩薩 名號 禮地藏菩薩形像 或聞 地藏菩薩本願等事 修行讚歎 瞻禮 得七種利益 一者 速 超聖地 二者 惡業消滅 三者 諸佛護臨 四者 菩提不退 五 者 增長本力 六者 宿命皆 通 七者 畢竟成佛

13-07 이시에 시방일체제여래와 불가설불가설일체제불와 급대보살과 천룡팔부문석가모니불의 칭양찬탄지장보살대위신력불가사의하시옵고 탄미증유하시더니 시시도리천에 우무량향화와 천의주영하여 공양석가모니불과 급지장보살이하오니 일체중회구부첨례하시옵고 합장이퇴하니라
爾時 十方一切諸如來 不可說不可說一切諸佛 及大 菩薩 天龍八部聞釋迦牟尼佛 稱揚讚歎地藏菩薩大威神力不 可思議 歎未曾有 是時忉利 天 雨無量香華 天衣珠瓔 供 養釋迦牟尼佛 及地藏菩薩已 一切衆會俱復瞻禮 合掌而退

원성취 지장기도

초판 인쇄   2013년 1월 10일
재판 인쇄   2013년 3월 20일

편저   법우림 도원
발행처   생활불교 수행도량 삼약사 · 자성사
　　　　주소   경북 문경시 가은읍 갈전리 343번지
　　　　전화   1566-1316
　　　　메일   myomdori@hanmail.net

펴낸곳   도서출판 맑은소리 맑은나라
　　　　주소   부산광역시 중구 대청로 126번길 18
　　　　전화   051)255-0263   **팩스**   051)255-0953
　　　　메일   puremind-ms@daum.net

정가   12,000원